Handboek Welzijn op Recept

Miriam Heijnders
Jan Joost Meijs

Handboek Welzijn op Recept

Zorg en welzijn maken samen het verschil

Houten 2019

ISBN 978-90-368-2375-3   ISBN 978-90-368-2376-0 (eBook)
https://doi.org/10.1007/978-90-368-2376-0

© Bohn Stafleu van Loghum is een imprint van Springer Media B.V., onderdeel van Springer Nature 2019
Alle rechten voorbehouden. Niets uit deze uitgave mag worden verveelvoudigd, opgeslagen in een geautomatiseerd gegevensbestand, of openbaar gemaakt, in enige vorm of op enige wijze, hetzij elektronisch, mechanisch, door fotokopieën of opnamen, hetzij op enige andere manier, zonder voorafgaande schriftelijke toestemming van de uitgever.

Voor zover het maken van kopieën uit deze uitgave is toegestaan op grond van artikel 16b Auteurswet j° het Besluit van 20 juni 1974, Stb. 351, zoals gewijzigd bij het Besluit van 23 augustus 1985, Stb. 471 en artikel 17 Auteurswet, dient men de daarvoor wettelijk verschuldigde vergoedingen te voldoen aan de Stichting Reprorecht (Postbus 3060, 2130 KB Hoofddorp). Voor het overnemen van (een) gedeelte(n) uit deze uitgave in bloemlezingen, readers en andere compilatiewerken (artikel 16 Auteurswet) dient men zich tot de uitgever te wenden.

Samensteller(s) en uitgever zijn zich volledig bewust van hun taak een betrouwbare uitgave te verzorgen. Niettemin kunnen zij geen aansprakelijkheid aanvaarden voor drukfouten en andere onjuistheden die eventueel in deze uitgave voorkomen. De uitgever blijft onpartijdig met betrekking tot juridische aanspraken op geografische aanwijzingen en gebiedsbeschrijvingen in de gepubliceerde landkaarten en institutionele adressen.

NUR 752
Basisontwerp omslag: Studio Bassa, Culemborg
Automatische opmaak: Scientific Publishing Services (P) Ltd., Chennai, India
Illustraties: Marc Kolle en Anneloes Berns

Bohn Stafleu van Loghum
Walmolen 1
Postbus 246
3990 GA Houten

www.bsl.nl

Voorwoord

Welzijn op recept: is dat niet een contradictie? Welzijn wordt toch door de persoon zelf vormgegeven, daar is toch zeker geen recept voor nodig? Dit boek bewijst met grote overtuiging het tegendeel. Hoe graag we het ook zouden willen, welbevinden is lang niet vanzelfsprekend. Het vraagt aandacht, een steun in de rug en soms zelfs een recept.

Patiënten die bij de huisarts komen, hebben soms een eenvoudige vraag of kwaal. In enkele gevallen is doorverwijzing naar de medisch specialist aangewezen. In meer gevallen echter, is sprake van een stapeling van problemen die maar voor een deel terug zijn te voeren op een medische oorzaak. Oververmoeidheid, problemen thuis of op het werk, sociaal isolement, schulden, om maar een paar voorbeelden te noemen. De Volksgezondheid Toekomst Verkenning (VTV) van het RIVM geeft in een prognose aan dat het aantal patiënten met meerdere aandoeningen tegelijkertijd (multi-morbiditeit) toeneemt, een deel van die aandoeningen is chronisch, maar ook dat er steeds meer sprake is van kwetsbaarheid in verschillende levenssferen. Voor dit laatste is het nodig om zorg en ondersteuning te bieden voorbij de grenzen van het sociale en het medische domein.

Welzijn op recept is een mooi en praktisch antwoord op deze ontwikkeling: soms biedt een pil of een doorverwijzing soelaas, in veel gevallen kunnen een welzijnscoach en een activiteitenbegeleider uitkomst bieden. Als je immers je eigen leven weer een beetje op de rit hebt, verdwijnen somberheid en fysiek ongemak naar de achtergrond. Een chronische aandoening blijft, maar ermee leren omgaan kan enorm bijdragen aan een gevoel van welbevinden. De voorbeelden in dit boek laten goed zien wat allemaal mogelijk is en hoe patiënten langzaam maar zeker deze rol verwisselen voor die van cliënt en inwoner en hoe ze zelfredzamer worden.

Dit alles gaat niet vanzelf: het betekent nieuwe routines aanleren en andere afleren. Het vraagt van professionals nieuwe samenwerkingsrelaties, medische oplossingen voor maatschappelijke vragen achterwege te laten en in nieuwe vormen van ondersteuning te investeren.

Dit boek biedt een keur aan veelzijdige recepten die direct in praktijk kunnen worden gebracht.

Prof. dr. Pauline Meurs
Hoogleraar bestuur van de gezondheidszorg, Erasmus Universiteit Rotterdam
Voorzitter Raad voor Volksgezondheid en Samenleving

Dankwoord

Dit boek is mede tot stand gekomen door de inspiratie, inzichten, stimulerende discussies en gesprekken die we op de workshopdagen met de leden van de leergemeenschap van het Landelijk kennisnetwerk Welzijn op Recept hebben mogen ervaren. Deze leden zijn Annemarie Rotteveel, Ineke Smeulers, Conny van den Berg, Fred van der Loo, Greetje en Johan Velema, Raymond Hamar de la Brethonière, Janneke van Reeuwijk, Jacqueline Eggermont, Sanne Huiden, Daphne van Dijk, Sandra van Haren, Elleke Leijten, Ingrid Letsch, Sabrina Eijk, Dorine Werkhoven, Erik Asbreuk, Sigrid van der Meij, Mirjam Dijkstra, Mirjam Schippers, Ingrid Hertogs, Antoinette Smallegange en Judith Ruijs.

We willen IQ healthcare en in het bijzonder Sander Ranke, Stef Groenewoud, Jolanda van Haren en Roos Mesman bedanken voor het verrichten van de internationale literatuurstudie naar de essentiële bestanddelen van Welzijn op Recept.

Dit geldt ook voor die mensen die op een of meerdere bijeenkomsten als expert of externe deelnemer hebben deelgenomen. Dit zijn Diana van Vessem, Herjan Gerlings, Anja Machielse, Judith Wolf, Jeannette Smiesing, Annet Gijsman, Carmen van Wort, Evert Van Rest, Karol Habryka, Anna de Wit, Erik Kramer, Peter Scholten, Niels Springeling, Pieter Jansen, Els Kok en Monica Terhal.

Ook de leden van de advisory board die een aantal keren met ons vergaderd hebben en onze ontwikkelingen, koers en keuzes van kritische reflectie en advies hebben voorzien willen wij graag persoonlijk bedanken. Dit zijn naast eerder al genoemde personen, Marc Roosenboom, Annette Pietersen, Mary Bezuijen en Leonie Voragen.

Daarnaast willen we ook alle personen die hebben meegedacht, meegelezen en concepten van kritisch commentaar voorzien allemaal bedanken voor hun bijdragen. Dit zijn Ineke Smeulers, Jan Walburg, Carl Verheijen, Nienke Kuyvenhoven, Johan Huttinga, Martijn Bol, Maria van den Muijsenbergh, Marianne Dees en Marc Pomp.

Ook willen we het ministerie van VWS bedanken voor hun steun en financiële bijdrage, waarbij we Henk Reijnen en Anna de Wit van de directie DMO van VWS persoonlijk willen noemen.

En natuurlijk de wethouders van de zes leergemeenten die door cofinanciering en inhoudelijk mee te doen hun nek hebben uitgestoken voor dit Welzijn op Recept-avontuur.

Ieder van hen willen wij persoonlijk bedanken door dit boek aan hen allemaal op te dragen als inspirerende vakmensen die gepassioneerd bezig zijn met Welzijn op Recept.

Een ieder die een rol heeft gespeeld en die we ondanks alle pogingen tot zorgvuldigheid toch vergeten zijn, bij dezen ook bedankt.

Tenslotte willen we Guido van der Wiel en Rinus Vermeulen bedanken voor de redactionele ondersteuning.

Inhoud

1	**Het belang van Welzijn op Recept**	1
1.1	Een oplossing voor welk probleem?	4
1.2	Op zoek naar interventies gericht op welbevinden en veerkracht	6
1.3	Uitgangspunten	7
1.4	Maatschappelijke ontwikkelingen	10
1.5	Conclusie	14
2	**De uitvoering van Welzijn op Recept**	15
2.1	Stand van zaken	18
2.2	Effectiviteit	22
2.3	Het onbenut potentieel	24
2.4	Essentiële bestanddelen en kernelementen	25
2.5	Conclusie	29
3	**Indicatiestelling en verwijzing naar Welzijn op Recept door de eerstelijnszorg**	31
3.1	De behoefte van de patiënt aan sociale contacten: inzicht en motivatie	34
3.2	Wie vallen nu binnen en wie buiten de doelgroep?	36
3.3	Verwijzen naar Welzijn op Recept	40
3.4	Welzijn op Recept inbedden in de dagelijkse praktijk	41
3.5	Welzijn op Recept beleidsmatig beter borgen	45
3.6	Conclusie	51
4	**Ondersteuning door de welzijnscoach**	53
4.1	De welzijnscoach binnen Welzijn op Recept	56
4.2	De interactie tussen de welzijnscoach en de cliënt	57
4.3	De juistheid van de verwijzing vanuit zorg	60
4.4	Het plannen van voldoende gesprekken voor de cliënt	61
4.5	De welzijnscoach als aanjager van de samenwerking	61
4.6	Organisatorische randvoorwaarden	65
4.7	Conclusie	70
5	**Activiteiten voor sociale activering**	73
5.1	Welzijn op Recept en de activiteiten	76
5.2	Deelnemen en blijven deelnemen aan een activiteit	79
5.3	De juiste match: weten, willen en kunnen	79
5.4	Randvoorwaarden voor het ontwikkelen en aanbieden van activiteiten	83
5.5	Conclusie	86
6	**De ingewikkeldheid van samenwerken**	87
6.1	Welzijn op Recept en samenwerken	90
6.2	Werken vanuit een gezamenlijk doel	91
6.3	Werken met een werkplan	95
6.4	Vertrouwen, contact before content	95
6.5	Eigenaarschap	96

6.6	Lerend werken	97
6.7	Samen (structureel) overleggen	99
6.8	Conclusie	100

7 Het borgen van Welzijn op Recept 103
7.1	Het belang van het borgen van Welzijn op Recept	105
7.2	Plaats van borgen in de implementatiecyclus	107
7.3	Strategieën voor het borgen van Welzijn op Recept	109
7.4	Conclusie	111

8 Monitoring en evaluatie van Welzijn op Recept 113
8.1	Waarom monitoren en evalueren?	115
8.2	Monitoren van Welzijn op Recept	117
8.3	Procesevaluatie	117
8.4	Zicht op effectiviteit	119
8.5	Monitoring en evaluatie in de nabije toekomst	120
8.6	Conclusie	121

9 Financiering en maatschappelijke kosten en baten van Welzijn op Recept 123
9.1	Financiering van het welzijnswerk en Welzijn op Recept	125
9.2	Financiering van de eerstelijnszorg en Welzijn op Recept	127
9.3	Fases van financiering	128
9.4	Aandachtspunten voor financiering	129
9.5	Maatschappelijke kosten en baten	131
9.6	Conclusie	132

10 Conclusies 133
10.1	Uitgangspunten	135
10.2	Van patiënt via cliënt naar inwoner	135
10.3	Domeinoverstijgende samenwerking	138
10.4	Borgen	139
10.5	Monitoren en evaluatie	139
10.6	Financiering	140
10.7	Welzijn op Recept en de toekomst	140
10.8	Tot slot	142

Bijlagen 143
Bijlage 1 Landelijke programma's	144
Bijlage 2a Trajectbeschrijving Leiden	147
Bijlage 2b Trajectbeschrijving Amsterdam	148
Bijlage 3a Het 4D(omeinen)-gespreksmodel	149
Bijlage 3b Motiverende gespreksvoering	151
Bijlage 3c Oplossingsgerichte gespreksvoering	152
Bijlage 3D Gespreksinstrument Positieve Gezondheid	155
Bijlage 4 Concept functieprofiel welzijnscoach	156
Bijlage 5 Checklijst kernelementen voor het monitoren en evalueren van Welzijn op Recept	160
Literatuur	163

Auteurs

Miriam Heijnders
is vanaf het begin bij Welzijn op Recept betrokken, eerst als lid van de projectgroep, later steeds meer als onderzoeker en projectleider/coördinator.
Miriam werkt hiernaast als projectleider/onderzoeker voor innovaties in de eerstelijns (diabetes)zorg en in welzijn. Zij is een gepromoveerd gezondheidswetenschapper met als specialisatie het patiënten/gebruikersperspectief op zorg en welzijn. Om vandaaruit in co-creatie met patiënten en gebruikers innovaties te ontwikkelen.

Jan Joost Meijs
is in Nederland een van de bedenkers van Welzijn op Recept en heeft zo aan de wieg gestaan van de ontwikkeling van deze interventie.
Jan Joost werkt hiernaast als projectleider positieve gezondheid voor de gemeente Nieuwegein. Hij is van huis uit tropenarts en werkte van 1999 tot 2017 als directeur van gezondheidscentrum de Roerdomp in Nieuwegein. Als directeur heeft hij vele innovaties mede opgestart, waaronder Welzijn en Bewegen op Recept.
Vanaf 2013 adviseren Jan Joost en Miriam bij menige gezondheidscentra, zorggroepen, gemeenten en welzijnsorganisaties over het opzetten en integreren van Welzijn op Recept in heel Nederland. Daarnaast geven zij informatieve inleidingen bij startende projecten. Verder zijn zij betrokken bij evaluatie- en impactstudies en hebben zij het Landelijk kennisnetwerk Welzijn op Recept opgericht.

Lijst met afkortingen

AVG	Algemene Verordening Gegevensbescherming
CBP	Cultureel Planbureau
GGZ	Geestelijke gezondheidszorg
ICPC	International Classification of Primary Care
LHV	Landelijke Huisartsen Vereniging
NHG	Nederlands Huisartsen Genootschap
NJI	Nederlands Jeugd Instituut
NWO	Nederlandse Organisatie voor Wetenschappelijk Onderzoek
O&I	Organisatie en Infrastructuur
POH	Praktijkondersteuner Huisarts
POH-GGZ	Praktijkondersteuner Huisarts Geestelijke Gezondheidszorg
POH-s	Praktijkondersteuner Huisarts Somatiek
RIVM	Rijksinstituut voor Volksgezondheid en Milieu
ROS	Regionale Ondersteuningsstructuur Eerstelijnszorg
RVS	Raad voor Volksgezondheid en Samenleving
RVZ	Raad voor Volksgezondheid en Zorg
SROI	Social Return on Investment
VNG	Vereniging Nederlandse Gemeentes
VWS	Ministerie van Volksgezondheid Welzijn en Sport
WMO	Wet Maatschappelijke Ondersteuning
ZZ naar GG	van ziekte zorg naar gezond gedrag

Inleiding

Aanleiding

Welzijn op Recept bestaat in 2019 zeven jaar. We constateren dat Welzijn op Recept inmiddels een substantiële bijdrage heeft geleverd aan het welbevinden van heel veel mensen, het werkplezier van eerstelijnszorgverleners en welzijnscoaches en in heel veel gemeenten een brug heeft geslagen tussen de eerstelijnszorg en het sociaal domein. Het belang van Welzijn op Recept is duidelijk geworden, de interventie heeft een plek in heel wat nationale programma's en is ook in meer dan zeventig gemeenten in Nederland omarmd. Door de jaren heen zijn we heel wat wijzer geworden en is de methodische onderlegger bij het inzetten van deze interventie verrijkt en verbeterd. We hebben onderzocht aan welke voorwaarden Welzijn op Recept moet voldoen om effectief te kunnen zijn. Denk daarbij aan de uitvoering zelf, aan de wijze waarop de indicatiestelling en de verwijzing tot stand komt, welke samenwerking dit vergt tussen welzijns- en zorgorganisaties, maar ook aan het type financiering dat hierbij past en op welke wijze je nu eigenlijk de maatschappelijke kosten en baten van Welzijn op Recept in beeld brengt. Je komt dan al snel op onderwerpen als monitoring en evaluatie uit. Dit is niet onterecht, want momenteel worden onder de vlag van Welzijn op Recept uiteenlopende initiatieven genomen die methodisch niet allemaal voldoen aan de huidige uitgangspunten. Dat is jammer, want daardoor boeken ze niet overal de maximale resultaten die mogelijk zijn bij goede toepassing van alle onderdelen van de methodiek.

Hoewel Welzijn op Recept en de samenwerking tussen de eerstelijnszorg en welzijn eenvoudig en logisch lijkt, blijkt het samen goed uitvoeren van deze interventie in de praktijk toch behoorlijk ingewikkeld.

Handreiking

Met dit boek willen we iedereen die al werken met Welzijn op Recept aanmoedigen en ondersteunen. Voor mensen die een nieuw Welzijn op Recept-initiatief willen opstarten, is de wens dat zij niet opnieuw het wiel in zijn geheel hoeven uit te vinden. Voor veel zorg- en welzijnsprofessionals zal dit boek dan ook gelden als een handreiking voor de verdere verbetering en verspreiding van Welzijn op Recept. We maken de methodische onderlegger van deze interventie op praktische wijze inzichtelijk. De verschillende onderdelen lopen we stelselmatig langs en we laten zien wat nodig is om Welzijn op Recept op een kwalitatief goede manier uit te voeren. Dit methodische en beproefde framework maakt het mogelijk om overal Welzijn op Recept naar een hoger plan te tillen.

De belangrijkste effecten die we met deze methodiekbeschrijving beogen zijn:
- een hogere kwaliteit realiseren;
- de interventie verder professionaliseren;
- een universele werkwijze aanreiken.

Een universelere werkwijze binnen alle Welzijn op Recept-initiatieven helpt niet alleen de uitvoering en de kwaliteit te borgen, maar maakt het in de toekomst ook mogelijk om de verschillende Welzijn op Recept-gemeenten met elkaar te vergelijken. Nu is dat nog vaak een kwestie van appels en peren vergelijken.

Grotere ambitie

Bovenstaande doelstellingen passen binnen een grotere ambitie die we onszelf stellen. We streven ernaar dat het aantal Welzijn op Recept-verwijzingen in 2020 verdubbeld is ten opzichte van 2018. Het zou fantastisch zijn als Welzijn op Recept het nieuwe normaal wordt om mensen met psychosociale klachten te ondersteunen. Om die gedroomde positie te bereiken, is het nodig om de bestaande initiatieven positief-kritisch tegen het licht te houden en nieuwe initiatieven van een goede methodische onderlegger te voorzien. Hierin speelt deze publicatie een sleutelrol.

Doelgroep

Dit boek is allereerst bedoeld voor mensen die zelf met Welzijn op Recept aan de slag willen of er al mee werken. Dit boek helpt hen deze interventie professioneel en stapsgewijs toe te passen. Denk daarbij aan alle mensen die werken in de eerstelijnszorg, het welzijnswerk of vrijwilligerswerk. Het boek kan bijvoorbeeld gebruikt worden in trainingen voor huisartsen/POH in opleiding of voor de opleiding van sociaal werkers die willen weten hoe je de samenwerking met zorg vormgeeft en hoe je de kwaliteit van je werk meet.

Daarnaast is het boek bedoeld voor alle partijen die direct of indirect bij de opstart, ontwikkeling, organisatie of financiering van deze interventie betrokken zijn. Het gaat dan voornamelijk om regionale ondersteuningsstructuren (ROS-sen), gemeenten en zorgverzekeraars. Zo krijgen zij via dit boek zicht op de wijze waarop je de samenwerking tussen zorg en welzijn stimuleert en hoe je de voortgang en resultaten vervolgens kunt monitoren en evalueren.

Ten derde is het boek geschreven voor mensen die werken bij branche- en kennisorganisaties, zoals LHV, InEen, Sociaal Werk Nederland, Movisie, NHG, Vilans, VNG, RIVM, VWS, Universiteiten en Hogescholen.

De kernelementen van Welzijn op Recept

Dit boek beschrijft de kernelementen van Welzijn op Recept. Kernelementen zijn de methodische onderdelen die van Welzijn op Recept een professionele en effectieve interventie maken. Deze kernelementen dienen stuk voor stuk een plek te hebben binnen een Welzijn op Recept-traject. Ze zijn allen nodig om de kwaliteit te garanderen en te borgen. Tezamen zorgen zij ervoor dat het welzijnsrecept doet waarvoor het bedoeld is:

Het welbevinden verhogen van patiënten in de eerstelijnsgezondheidszorg met psychosociale problematiek.

Hier belichten we alvast een aantal belangrijke kernelementen:

kernelementen voor de eerstelijnszorgverlener:	– het selecteren van de juiste patiënt; – de patiënt motiveren anders naar zijn klacht te kijken; – verwijzen naar de welzijnscoach.
kernelementen voor de welzijnscoach:	– divers aanbod ontwikkelen (welzijnsarrangementen); – de cliënt koppelen aan een bij hem passend aanbod (*matching*).
kernelementen voor de begeleider van activiteiten of vrijwilligerswerk:	– de Welzijn op Recept-deelnemer zich thuis laten voelen; – sturen op positieve groepsvorming van de Welzijn op Recept-deelnemers.
kernelementen voor financierende partijen:	– passende financiering van de welzijnscoach beschikbaar stellen; – de lokale samenwerking stimuleren en aanjagen; – monitoren en evalueren.

Bovenstaande voorbeelden van kernelementen komen in dit boek allemaal uitgebreid aan de orde.

De totstandkoming van dit boek

De inhoud van het boek is tot stand gekomen vanuit de bundeling van drie professionele perspectieven (fig. 1). Het gaat om het empirisch, theoretisch en verdiepend perspectief.

Het empirische perspectief komt voort uit onze persoonlijke en jarenlange ervaring met Welzijn op Recept in en rondom Nieuwegein en in het bijzonder in het gezondheidscentrum De Roerdomp en welzijnsorganisatie MOvactor. Het theoretische perspectief is ontstaan vanuit de beschikbare nationale en internationale literatuur die we samen met IQ healthcare in dit boek hebben verwerkt. Het verdiepend leerperspectief is geworteld in het ontwikkelproces dat we samen met zes gemeenten van de leergemeenschap van 2018 tot 2019 hebben doorlopen.

Het verdiepend leerperspectief verdient nog extra toelichting. In 2018 hebben we immers samen met huisartsen, welzijnsorganisaties en gemeenteambtenaren uit de gemeenten Amsterdam, Den Haag, Houten, Nieuwegein, Lelystad en Schiedam een leergemeenschap gevormd rondom Welzijn op Recept. In deze *Community of Practice* hebben we vastgesteld wat de essentiële elementen van Welzijn op Recept zijn en waar een effectief welzijnsrecept aan dient te voldoen. Aan deze gesprekken hebben ook vaak experts en leden van andere Welzijn op Recept-projecten bijgedragen. De praktijkervaring en wijsheid van meer dan veertig verschillende leden van deze leergemeenschap (waaronder gemeenteambtenaren, sociaal werkers, huisartsen en managers), alsmede een tiental andere experts zijn verwerkt in deze publicatie. Juist hun input maakt het tot een praktijkboek waarin het accent ligt op toepasbaarheid.

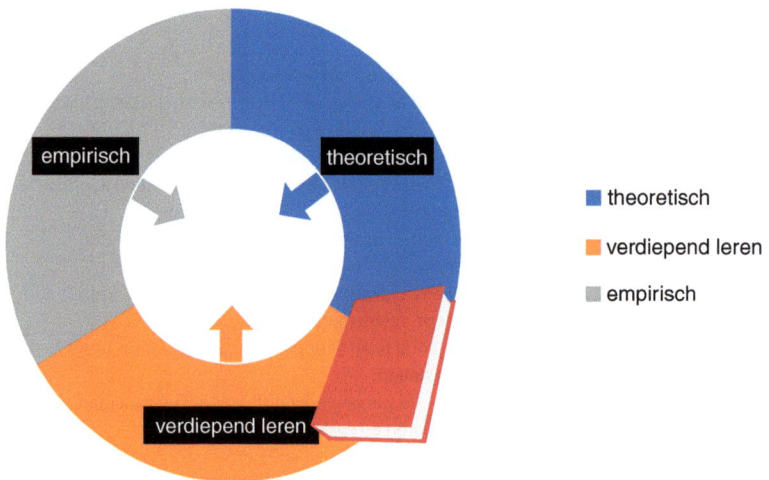

■ **Figuur 1** Bundeling van kennis en perspectieven

Leeswijzer

Nadat we in ▶H. 1 het belang van Welzijn op Recept uit de doeken hebben gedaan, geven we in ▶H. 2 een doorkijkje naar hoe de uitvoering van deze interventie eruit ziet.

Vanaf ▶H. 3 gaan we verdiepen. Achtereenvolgens gaan we in op de indicatiestelling en de verwijzing van patiënten naar Welzijn op Recept door de eerstelijnszorg (▶H. 3). In ▶H. 4 staat juist de ondersteuning door de welzijnscoach centraal, waarbij we in ▶H. 5 aangeven wat de plek is van de activiteiten voor sociale activering. Denk daarbij aan de juiste match van cliënt aan activiteit en aan de randvoorwaarden waaraan activiteiten dienen te voldoen.

Daar waar de voorgaande hoofdstukken over de losse domeinen zorg óf welzijn gaan, kijken we in ▶H. 6 welke uitdagingen er in de samenwerking tussen deze twee domeinen ontstaan. ▶Hoofdstuk 7 gaat over het borgen van Welzijn om Recept om de continuïteit ervan te garanderen. ▶Hoofdstuk 8 behandelt de belangrijke onderwerpen monitoring en evaluatie. Hoe stel je vast of de interventies effectief zijn? Hoe houd je een vinger aan de pols ten aanzien van budgetten, toegevoegde waarde en kwaliteit? In ▶H. 9 gaan we verder in op de financiering en de maatschappelijke kosten en baten van deze interventie. In ▶H. 10 zetten we de belangrijkste conclusies nog eens op een rij.

Om privacy-redenen zijn alle namen in de praktijkvoorbeelden van deze publicatie weggelaten.

Vanwege de leesbaarheid hebben we steeds 'hij' of 'hem' gebruikt in de tekst. Op al die plekken kan de lezer uiteraard ook 'zij' of 'haar' lezen. Daar waar huisarts is gebruikt in de tekst, bedoelen we ook eerstelijnszorgverleners zoals praktijkondersteuner, fysiotherapeut, psycholoog et cetera.

In dit boek gebruiken we voor één en dezelfde persoon verschillende benamingen. De persoon die verwezen wordt binnen Welzijn op Recept doorloopt drie verschillende domeinen, die van zorg, welzijn en een activiteit. Binnen deze domeinen wordt deze persoon anders benoemd. Binnen zorg is dat 'de patiënt', binnen welzijn 'de cliënt' en bij activiteiten is dat 'de deelnemer'. Om het verschil tussen deze domeinen en de plaats in het traject te laten zien, hebben we ervoor gekozen om in de verschillende hoofdstukken ook deze verschillende benamingen te gebruiken.

Bij welzijn gebruiken wij het woord welzijnscoach. In de verschillende praktijken in Nederland worden hiervoor verschillende benamingen gebruikt. Welzijnsorganisaties kiezen vaak heel bewust voor een bepaalde naam voor deze functie. We gaan daar in dit boek niet nader op in en hebben voor de naam welzijnscoach gekozen.

Tot slot

Wij wensen iedereen heel veel leesplezier en we hopen dat dit boek helpt om Welzijn op Recept overal te verbeteren en nieuwe initiatieven een vliegende start te geven. Wij zijn trots op alle bevlogen en vakbekwame professionals die de uitdagingen rond Welzijn op Recept aangaan en overwinnen, zodat uiteindelijk die ene patiënt als mens weer een beetje meer kleur in zijn leven ervaart!

Landelijk Kennisnetwerk Welzijn op Recept

Het Landelijk kennisnetwerk Welzijn op Recept is een learning community van Welzijn op Recept-samenwerkingen die kennis en ervaring met elkaar delen. Het doel van het Landelijk kennisnetwerk is Welzijn op Recept verder te ontwikkelen en een bijdrage te leveren aan de implementatie van Welzijn op Recept door heel Nederland.

Dit doen we onder meer door te werken aan een beschrijving van de essentiële bestanddelen van Welzijn op Recept in dit boek, onderzoek te (laten) uitvoeren, training en bijscholing te ontwikkelen regionale bijeenkomsten en een jaarlijkse landelijke kennisdag te organiseren.

Het belang van Welzijn op Recept

1.1 Een oplossing voor welk probleem? – 4

1.2 Op zoek naar interventies gericht op welbevinden en veerkracht – 6

1.3 Uitgangspunten – 7

1.4 Maatschappelijke ontwikkelingen – 10

1.5 Conclusie – 14

© Bohn Stafleu van Loghum is een imprint van Springer Media B.V., onderdeel van Springer Nature 2019
M. Heijnders en J. J. Meijs, *Handboek Welzijn op Recept*, https://doi.org/10.1007/978-90-368-2376-0_1

Hoofdstuk 1 · Het belang van Welzijn op Recept

> 'Afgelopen week zag ik Sjaak op mijn welzijnsspreekuur in het gezondheidscentrum. Sjaak is een man van 42 die al een paar jaar werkloos is. Het bedrijf waar hij werkte ging failliet en het lukt hem maar niet om een baan te vinden. Sindsdien is hij veel thuis en gaat het niet meer zo goed tussen hem en zijn vrouw Mieke. Ze hebben vaak ruzie en van de uitkering kunnen ze nauwelijks rondkomen. Ook hun twee kinderen merken dit aan den lijve en hebben hier last van: als er schoolreisjes zijn, kunnen ze niet mee omdat het geld ontbreekt. De kinderen melden zich inmiddels ook bovengemiddeld vaak ziek voor school. Mieke poetst af en toe zwart, wat hard nodig is voor de dagelijkse kosten. Sjaak is door de huisarts naar mij verwezen als welzijnscoach, omdat hij last had van zijn rug en zich erg moe en lusteloos voelde. Tijdens de intake sprak ik met Sjaak over zijn oude hobby. Hij was vroeger voetbaltrainer bij de jeugd en daar beleefde hij veel plezier aan. Nu zijn kinderen niet meer op voetbal zitten, is hij ook gestopt met zijn vrijwilligerswerk bij de voetbalclub. Toch leek het hem wel leuk om weer iets voor zijn oude club te doen. Vervolgens heb ik het eerste contact gelegd. Sjaak is inmiddels gestart als vrijwilliger en hij is assistent-trainer bij een aantal jeugdteams. Sjaak voelt zich nu al een stuk fitter en is zelf ook mee gaan voetballen met het veteranenteam. 'Lekker een potje ballen met wat mannen', zoals hij zelf zegt. Thuis gaat het beter en Sjaak en Mieke hebben ook minder ruzie. De vrijwilligersvergoeding is mooi meegenomen. Na mijn vorige sessie met Sjaak bracht ik hem in contact met het gemeentelijk team dat met een nieuwe aanpak voor langdurig werklozen werkt. Sjaak heeft goede hoop dat ook dat zijn vruchten gaat afwerpen.' – een welzijnscoach in Nieuwegein.

Inleiding

Welzijn op Recept is een interventie gericht op mensen die zich met grote regelmaat melden bij hun eerstelijnszorgverlener met klachten zoals piekeren, slecht slapen, vermoeidheid, rug-, schouder-, nek- en hoofdpijn. De ervaring leert dat het vaak gaat om klachten die ontstaan vanuit sociaal-maatschappelijke problematiek. In die gevallen zijn een pilletje of een verwijzing naar fysiotherapeut, psycholoog of medisch specialist niet passend en adequaat. Een verwijzing naar de welzijnscoach sluit beter aan bij de sociaal-maatschappelijke oorzaken van de klachten. De welzijnscoach gaat samen met de cliënt op zoek naar een geschikte activiteit. Deze activiteit dient aan te sluiten op de interessegebieden van de cliënt en levert doorgaans positieve ervaringen en sociale contacten op. Welzijn op Recept sluit aan bij een aantal landelijke en politieke ontwikkelingen waarin beleid zich niet alleen richt op de betaalbaarheid en toegankelijkheid van zorg, maar ook op het optimaliseren van de sociaal-maatschappelijke ondersteuning aan kwetsbare doelgroepen. Welzijn op Recept slaat een brug tussen de domeinen zorg, welzijn en sociaal domein. Ook sluit Welzijn op Recept naadloos aan op de inhoudelijke en beleidsmatige ontwikkelingen, zoals de veranderende visie op ziekte en gezondheid en de dubbele vergrijzing.[1] Voor al deze ontwikkelingen is Welzijn op Recept een uitnodigend alternatief voor 'pillen of praten'. Het methodisch handelen dat ten grondslag ligt aan Welzijn op Recept maakt een gestructureerde en planmatige vorm van samenwerken tussen zorg, welzijn en gemeente mogelijk.

---

1 Dubbele vergrijzing verwijst naar de parallelle ontwikkeling dat het percentage 65+'ers in de populatie toeneemt en dat ouderen bovendien langer leven.

◘ Figuur 1.1 Het operationele werkproces van Welzijn op Recept

In dit hoofdstuk passeren de belangrijkste ontwikkelingen op inhoudelijk en beleidsmatig terrein kort de revue. Het gaat daarbij om ontwikkelingen die, nu en de komende jaren, landelijk een belangrijke rol spelen.

1.1 Een oplossing voor welk probleem?

Welzijn op Recept heeft als doel het welbevinden van mensen met psychosociale problematiek te verhogen door hen te laten deelnemen aan activiteiten. Hierdoor doen zij (weer) sociale contacten op. Welzijn op Recept start zodra een eerstelijnszorgverlener een patiënt naar een welzijnscoach verwijst. Samen met de welzijnscoach bekijkt de cliënt (voorheen patiënt) welke activiteit bij hem past. Laten we nu eerst de vraag beantwoorden voor welk probleem Welzijn op Recept een oplossing is. Zie voor het operationele werkproces van Welzijn op Recept ◘fig. 1.1.

- **Om welke groep patiënten gaat het?**

Welzijn op Recept is ontwikkeld om patiënten met psychosociale problematiek perspectief te bieden. Onder psychosociale problematiek verstaan we klachten die ontstaan ten gevolge van ingrijpende of langdurig aanhoudende situaties zoals eenzaamheid, relatieproblemen, een zieke partner, verlies van werk, diagnose van een ernstige of chronische ziekte. Deze sluimerende of acute levensgebeurtenissen veroorzaken vaak lichamelijke klachten als pijn en vermoeidheid, maar ook mentale klachten als stress, somberheid en angst.

Bij het ontstaan van klachten van psychosociale aard speelt de sociale status een belangrijke rol; mensen met een lage sociale status hebben vaker gezondheidsklachten die voortkomen uit psychosociale factoren. De sociale status of sociaal-economische status wordt afgemeten aan opleiding en inkomen. Verschillen tussen opleiding en inkomen worden nog eens versterkt wanneer sprake is van een eventuele migratieachtergrond. Ongunstige sociale omstandigheden, zoals armoede, eenzaamheid en sociale uitsluiting, komen veel vaker voor bij mensen met een lage sociale status en leiden via het mechanisme van chronische stress tot een ongezonde leefstijl en een grotere kans op ziekte (Scheffer en Muijsenbergh 2019).

- **De groep met psychosociale klachten neemt toe**

De afgelopen jaren neemt in de huisartsenpraktijken het aantal patiënten met klachten van psychosociale aard flink toe. Het Nivel (De Beurs en Nielen 2018) registreerde in de periode 2011–2017 een stijging van het aantal patiënten dat contact heeft gehad met de huisarts voor psychische en sociale problemen van 12 % in 2011 naar 18 % in 2017. Ook het aantal consulten per patiënt is flink gestegen.

Daarnaast steeg het percentage patiënten dat na een consult bij de huisarts een praktijkondersteuner (POH-GGZ) ziet in deze periode van 0,7 % naar 4 %. Reden hiervoor is (onder meer) de verandering in overheidsbeleid per januari 2014 om de GGZ zorg toegankelijk en betaalbaar te houden. Deze verandering in overheidsbeleid hield in dat patiënten vanaf achttien jaar met lichte psychische of sociale problemen binnen de huisartsenzorg geholpen dienden te worden. Alleen patiënten met een (vermoeden van een) psychische stoornis konden worden doorverwezen naar meer specialistische zorg. Ook moest een deel van de huisartsenzorg vervangen worden door zelfzorg. De bedoeling hiervan was dat patiënten met lichte klachten dichter bij huis en goedkoper behandeld worden. Deze ontwikkelingen hebben er volgens het Nivel toe geleid dat meer mensen met psychische en sociale problematiek in de eerstelijnszorg terechtkomen.

Daarnaast zijn er schattingen dat bij zeker 50 % van de mensen die met klachten bij de huisarts komen, sprake is van psychosociale problemen (Rosenberg et al. 2002; Walters et al. 2008). Ook blijkt uit studies dat mensen met psychosociale problematiek meer gebruikmaken van de eerstelijnszorg dan anderen (Smits et al. 2009).

- **De huisarts en de POH-GGZ**

Promotieonderzoek van Magnée (2017) bevestigt de toename van patiënten met psychosociale klachten en het aantal consulten daarmee per patiënt in de huisartsenpraktijk. Haar onderzoek toont aan dat de huisartsenpraktijk een belangrijke en laagdrempelige rol speelt voor mensen met psychosociale klachten. Om de aanwas van dit soort klachten in de eerstelijnszorg goed op te kunnen vangen, is gekozen voor het introduceren van de zogenaamde POH-GGZ. Uit het onderzoek van Magnée blijkt echter dat de taakherschikking tussen huisarts en de praktijkondersteuners (POH-GGZ) niet leidt tot de gewenste taakverlichting bij huisartsen. Het resulteert in betere en aanvullende kwaliteit in de zorgketen, maar deze patiëntengroep blijft de huisarts in dezelfde mate bezoeken. De werkdruk voor huisartsen, die deels ontstaat door patiënten met psychosociale klachten, blijft daardoor onverminderd hoog.

- **Een alternatief voor pillen of verwijzen?**

Psychosociale problematiek neemt een behoorlijk deel van het spreekuur van de huisarts in beslag. Niet zelden is de huisarts de helft van zijn tijd bezig om mensen gerust te stellen en persoonlijke gesprekken te voeren. De huisarts voelt zich daarin – vanwege consulten die maximaal tien minuten mogen duren – tekortschieten. En de patiënt voelt zich tekortgedaan. Willen de mensen meer, dan is daar de tijd niet voor. Vóór het ontstaan van Welzijn op Recept, had de huisarts geen goed alternatief voor het voorschrijven van medicatie (bijvoorbeeld benzodiazepines en antidepressiva) en het verwijzen naar een fysiotherapeut, een POH-GGZ of een psycholoog. Deze oplossingen leveren doorgaans wel enige 'verlichting' op van de klachten, maar deden niets aan het onderliggende probleem waar het symptoom naar verwijst. Er bestaat zelfs gerede twijfel over de effectiviteit van bijvoorbeeld slaapmedicatie bij klachten van psychosociale aard (Thio en Balkom 2009). Met alleen al ruim 1,1 miljoen Nederlanders die een antidepressivum slikken (Stichting Farmaceutische Kengetallen 2017) is duidelijk dat hier veel kosten mee zijn gemoeid, terwijl de baten betwijfeld worden en de lasten in de vorm van medicijnverslaving groot zijn.

1.2 Op zoek naar interventies gericht op welbevinden en veerkracht

- **Wat de patiënten eigenlijk zelf willen (en hoe Welzijn op Recept hierop aansluit)**

Mensen die met lichte psychosociale problematiek hun huisarts bezoeken, geven in 50 % van de gevallen aan hiervoor geen professionele hulp te willen (Walters et al. 2008). Zij spreken hun voorkeur uit voor informele ondersteuning door familie en vrienden. Hun interesse gaat uit naar het starten met activiteiten, zoals yoga, sport of bewegen. Dit is een wensenprofiel waar Welzijn op Recept naadloos op aansluit. De deelname aan welzijnsactiviteiten verhoogt het welbevinden van individuen, gemeenschappen en wijken (Cooke et al. 2011). Verschillende studies tonen aan dat deelname aan activiteiten sociale inclusie versterkt. Daarnaast heeft zij een positief effect op de ervaren lichamelijke en psychische gezondheid en het welbevinden van mensen (Jones et al. 2013; Stickley en Hui 2012; White 2012).

- **De kracht van positief-psychologische interventies**

Er wordt steeds meer onderzoek gedaan naar de effectiviteit van positief-psychologische interventies. Dit zijn interventies die gericht zijn op het verhogen van het welbevinden en de veerkracht van mensen. In twee meta-analyses (Bolier et al. 2013; Sin en Lyubomirsky 2009) zijn significante effecten van deze interventies gevonden op het vergroten van een gevoel van welbevinden en het verminderen van depressieve symptomen. In de meta-analyse van Bolier et al. (2013) lagen de effectgroottes wat lager en bleek de kwaliteit van de studies niet erg hoog. Door welzijnsinterventies aan te bieden die effectief gebleken zijn of waarschijnlijk effectief zijn, is er een grotere kans dat het welbevinden van de deelnemers vergroot wordt.

Uit onderzoek blijkt dat een vergroting van het welbevinden een positieve invloed heeft op de gezondheid van mensen. Uit een onderzoek aan de universiteit van Michigan (Kim et al. 2014) is gebleken dat gelukkige mensen minder vaak naar de dokter gaan. De onderzoekers verklaren dit door een verband tussen geluk en gezondheid dat twee kanten op werkt.

Gelukkige mensen maken veelal gezondere levenskeuzes, bijvoorbeeld op het gebied van eten en drinken. Ze bewegen meer en hebben meer sociale contacten. Dit alles leidt tot een betere gezondheid, die weer leidt tot een gelukkiger leven. Op die manier leiden geluk en gezondheid tot een positieve spiraal. Dit maakt het aannemelijk dat interventies gericht op welbevinden effect kunnen hebben op vermindering van gezondheidsklachten.

1.3 Uitgangspunten

Welzijn op Recept is bij uitstek een interventie die positief-psychologisch van aard is, gericht op het vergroten van welbevinden en het versterken van veerkracht. Daarmee is Welzijn op Recept een goed alternatief voor huisartsen om mensen met psychosociale klachten verder te helpen.

- **Korte omschrijving**

Hoe ziet Welzijn op Recept eruit? Mensen komen bij de huisarts met psychosociale klachten. De huisarts sluit eerst alle mogelijke somatische oorzaken uit. Vervolgens verwijst hij hen naar het welzijn. De welzijnscoach ondersteunt deze patiënten/cliënten bij het kiezen en opstarten van een sociale activiteit. Door deel te nemen aan deze activiteiten neemt hun welbevinden toe en evenzo wordt hun zelfbeeld positiever. Hierdoor zijn ze in staat om weer de regie te nemen over hun leven. De eerste onderzoeksresultaten in Nederland (Heijnders et al. 2015; Vissers 2015) laten zien dat de ervaren gezondheid, het zelfvertrouwen, de zelfredzaamheid, het vertrouwen in de toekomst en het welbevinden toenemen. Dit wordt breed gesteund door onderzoek naar *Social Prescribing* uit Engeland, waarbij de gezondheid, de zelfredzaamheid en het zelfvertrouwen en welbevinden eveneens significant toenemen (Chatterjee et al. 2018; Dayson 2017; Kimberlee 2015, 2016; Morton et al. 2015).

- **Integrale zorg**

Om psychosociale klachten en ziekten te bestrijden, is het belangrijk dat de zorgverleners aandacht schenken aan zowel de lichamelijke, psychische als sociale problemen en omstandigheden. We zijn in de kern immers allemaal sociale wezens, met een lichaam en een geest. Die niveaus interacteren met elkaar. Daarom is het bij deze klachten van het grootste belang dat zorgverleners leren samenwerken met andere disciplines (Scheffer en Muijsenbergh 2019). Zo'n benadering wordt 'integrale zorg' genoemd.

Welzijn op Recept past binnen dit kader van integrale zorg. Welzijn op Recept is een schoolvoorbeeld van een succesvolle en vruchtbare samenwerking tussen verschillende domeinen. Deze interventie helpt om de sociaal-maatschappelijke ongelijkheid te adresseren en te verkleinen. Daarnaast vergroot het de zelfredzaamheid van mensen, worden ze sociaal geactiveerd en kunnen ze gezondheidsvaardigheden aanleren. Juist bij mensen met een lagere sociaal-economische status is hier veel winst te behalen en zorgt Welzijn op Recept dus voor het verkleinen van de gezondheidsverschillen.

Huisartsen en andere eerstelijnszorgverleners verkeren in een unieke positie om bij te dragen aan het verminderen van de sociaal-economische gezondheidsverschillen. Zij kennen de mensen, komen bij hen thuis en zien vaak de gevolgen van sociale misstanden, zoals armoede, slechte huisvesting, verslavingsproblematiek, verwaarlozing, fysiek of psychisch geweld en andere bronnen van chronische stress. Door Welzijn op Recept heeft de eerstelijnshulpverlener een interventie in handen die aansluit op de onderliggende problemen van de klacht. Het vormt de eerste stap naar meer welzijn en welbevinden als basis voor een betere gezondheid. Dit vraagt, volgens huisartsen zelf, niet alleen aanvullende gespreks- en samenwerkingsvaardigheden, maar ook extra tijd om Welzijn op Recept-projecten in gang te zetten.

- Toekomstgerichte ontwikkelingen in de zorg

Welzijn op Recept past bij enkele inhoudelijke en beleidsmatige ontwikkelingen die het afgelopen decennium plaatsvonden. De volgende ontwikkelingen in de zorg zijn bepalend geweest voor de uitgangspunten van het welzijnsrecept:
- het veranderde denken van ziekte en zorg naar gezondheid en gedrag;
- persoonsgerichte zorg;
- sociale determinanten van zorg;
- positieve gezondheid;
- positieve psychologie.

- Van ziekte en zorg naar gezondheid en gedrag

De discussienota *Zorg voor je gezondheid!* (RvZ 2010) markeert een keerpunt in het denken over zorg. Het laat een paradigmaverschuiving zien van een dominant medisch curatief denken naar een veel bredere blik op gezondheid. Dit keerpunt in denken krijgt daarna invulling in bewegingen, zoals zelfmanagement, *shared decision making* en persoonsgerichte zorg bij mensen met een chronische aandoening. De omslag van ZZ (ziekte – zorg) naar GG (gezondheid – gedrag) betekent veel voor de inrichting en focus in de eerstelijnszorgpraktijk. Eerstelijnszorgverleners richten zich voortaan op gedrag en gezondheid in plaats van op zorg en ziekte. Patiënten die aankloppen met psychosociale of aan leefstijl gerelateerde klachten, krijgen een wezenlijk ander gesprek. Daarom komen er andere opties in beeld dan enkel diagnosticeren en (medisch) behandelen. Vanuit dit andere paradigma kunnen zorgverleners meer investeren in preventie (ook voor mensen met een chronische aandoening), welzijn, werk en wonen.

De zorgverlening verschuift ook van behandelen in praktijk, polikliniek of ziekenhuis naar ondersteuning bieden bij mensen thuis of in de wijk. Patiënten gaan zelf meer verantwoordelijkheid dragen voor hun ziekte en hulpvraag. Ze gaan meer zelf doen en krijgen – waar zij dat zelf nodig achten – hulp en ondersteuning. De verschuiving van ZZ naar GG zorgt voor een radicaal andere visie op patiëntenzorg en het vak van zorgverlener. Deze verandering in visie is in de eerstelijnspraktijk concreet handen en voeten gegeven in de persoonsgerichte zorg.

- Persoonsgerichte zorg

Bij persoonsgerichte zorg biedt de zorgverlener zorg die past bij een specifieke persoon, bij diens waarden, kennis en (gezondheids)vaardigheden. Het is de bedoeling dat de patiënt zelf de regie neemt en gestimuleerd wordt tot een proactieve en veerkrachtige houding.

De zorgverlener heeft een meer coachende rol. Door middel van gezamenlijke besluitvorming beslissen patiënt en zorgverleners wat de patiënt zelf doet in zijn leven en wat de zorgverlener daarop aansluitend kan bieden. Acties in het GG-domein liggen vaak in het maatschappelijke, sociale domein. Het gaat dan om hulp en ondersteuning die geboden kunnen worden door bijvoorbeeld buren, familie, vrijwilligersorganisaties, gemeenten, et cetera.

- **Sociale determinanten van zorg**

Breder denken over gezondheid betekent dat een zorgverlener ook kijkt naar de sociale determinanten van zorg. Het medische, curatieve denken kijkt naar ziekte als iets dat gediagnosticeerd en behandeld kan worden. De behandeling richt zich dan op de oorzaak in lichaam of geest. Hoewel dit een beperkte definitie is van het kijken naar gezondheid en ziekte, is de eerste stap binnen de eerstelijnspraktijk gericht op het uitsluiten van medische oorzaken. Door de drukte in de praktijken is er weinig tijd voor een tweede stap: een uitgebreide verkenning van de sociale determinanten van gezondheid. De uitdaging is dat deze sociale determinanten van zorg niet alleen worden toegevoegd aan zorg, maar dat deze daadwerkelijk geïntegreerd worden in de dagelijkse werkwijze van zorgverleners (Haslam et al. 2018; Scheffer en Muijsenbergh 2019).

- **Positieve gezondheid**

De definitie van Machteld Huber over positieve gezondheid en de gespreksstool die hierbij hoort maken dat gezondheid wordt gekoppeld aan andere levensdomeinen dan enkel het medische curatieve domein. De definitie van positieve gezondheid van Huber et al. (2011) luidt:

> 'Gezondheid als het vermogen om je aan te passen en je eigen regie te voeren, in het licht van de sociale, fysieke en emotionele uitdagingen van het leven.'

Bij positieve gezondheid wordt gezondheid niet meer gezien als de af- of aanwezigheid van ziekte, maar als het vermogen om met fysieke, emotionele en sociale levensuitdagingen om te gaan. Eigen regie voeren staat daarbij centraal. Het concept positieve gezondheid gaat uit van enig vermogen tot eigen regie. Belangrijk is te beseffen dat in de eerstelijnszorgpraktijk een deel van de patiënten een zeer beperkt vermogen heeft op dit gebied. Soms gaat het om een structureel onvermogen. In andere gevallen wordt de mogelijkheid tot regievoering tijdelijk beperkt door levensgebeurtenissen of leefomstandigheden. Ook een migratieachtergrond, die we steeds frequenter zien, kan bijdragen aan een verschil in nemen van eigen regie en ontwikkelen van gezondheidsvaardigheden (Scheffer en Muijsenbergh 2019). Niet iedereen heeft de vaardigheden om aan eigen regie te werken. Er is inzicht in de eigen situatie noodzakelijk. Afhankelijk hiervan is meer of minder begeleiding nodig om de bijpassende vaardigheden te kunnen leren. Soms staan andere zaken op de voorgrond die eerst aandacht vragen, voordat je ontwikkelgericht aan de slag kunt. Neem Cor, die niet alleen eenzaam is, maar ook moeite met lezen heeft, zijn post nooit openmaakt en daardoor inmiddels fikse schulden heeft opgebouwd. Andere mensen worden volledig in beslag genomen door een onveilige woonomgeving, verslavingsproblematiek, de zorg voor een chronisch zieke partner et cetera. In alle gevallen geldt dat er eerst samen gekeken moet worden naar het oplossen van deze problemen voordat er aan Welzijn op Recept gewerkt kan worden.

- **Positieve psychologie**

Een andere ontwikkeling binnen de zorg betreft de positieve psychologie. Deze moderne stroming is uitgangspunt geweest bij de ontwikkeling van Welzijn op Recept. Binnen de positieve psychologie gaat het over drie onderwerpen (Seligman en Csikszentmihalyi 2000):
1. positieve *ervaringen* die mensen kunnen hebben, zoals geluk, hoop en liefde;
2. positieve *eigenschappen*, zoals vitaliteit, doorzettingsvermogen en wijsheid;
3. positieve *instituties,* oftewel manieren waarop instellingen een positief verschil kunnen maken binnen de maatschappij.

De positieve psychologie biedt handvatten voor omgaan met sociale omstandigheden of levensgebeurtenissen, ook wel kantelmomenten genoemd. Daarbij moet je denken aan verlies van een baan, een verhuizing, de geboorte van een kind, het verlies van naaste et cetera. Het gaat daarbij niet alleen om omgaan met gevoelens van verdriet of verlies, maar ook om hanteren van positieve emoties. Binnen de positieve psychologie is veerkracht (zowel fysiek als mentaal) een belangrijk begrip. Veerkracht staat voor 'het vermogen om te herstellen van stress en tegenslag, om het evenwicht weer te hervinden en terug te keren naar gezondheid en welbevinden'. Het boek *Mentaal vermogen, investeren in geluk* (Walburg 2008) geeft zes principes waarmee iemand zijn veerkracht kan versterken:
1. positief en optimistisch denken;
2. leven vanuit een betekenisvolle missie en die succesvol kunnen nastreven;
3. bewust leven en genieten;
4. interactie en verbonden zijn met anderen;
5. gezonde leefstijl;
6. geluk delen met anderen.

De Broaden and Build-Theory van Fredrickson (2001) is een ander belangrijk concept binnen de positieve psychologie. Deze theorie onderzoekt de rol en invloed van positieve emoties in ons leven. Positieve emoties blijken belangrijk te zijn voor ons welbevinden, ons geluk en onze veerkracht. Fredrickson ontdekte dat plezier maken en je plezierig voelen vaak ontstaat als mensen aan het spelen zijn. Dat leidt niet alleen tot toenadering en niet-vermijdend gedrag, maar stimuleert ook de nieuwsgierigheid. Op zijn beurt vormt dat de basis voor het opdoen van (nieuwe) kennis, vaardigheden en persoonlijke groei. Uiteindelijk gaat positieve psychologie over de voorwaarden die zowel een individu als een gemeenschap nodig heeft om maximaal tot bloei te komen. Daarbij staat bloei voor – naar vermogen – optimaal functioneren, waarbij iemand gebruikmaakt van al zijn capaciteiten en talenten. Dit maakt dat iemand autonoom, competent en verbonden in de wereld staat.

1.4 Maatschappelijke ontwikkelingen

Welzijn op Recept staat niet op zichzelf, het is ingebed in een waaier aan actuele maatschappelijke ontwikkelingen. Het is niet vreemd dat veel mensen het welzijnsrecept omarmen, omdat dit de zorg en het sociaal domein opnieuw met elkaar verbindt. Een betere samenwerking tussen beide sectoren levert immers een positieve bijdrage aan het oplossen van een aantal maatschappelijke vraagstukken:
a. toegankelijk en betaalbaar houden van de zorg;
b. verkleinen van maatschappelijke ongelijkheid;
c. vormgeven aan gemeentelijke transities.

1.4 · Maatschappelijke ontwikkelingen

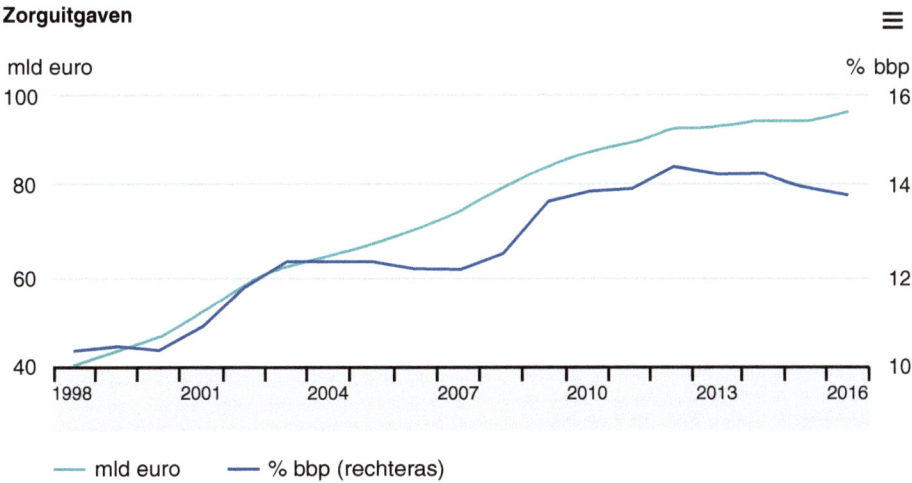

● Figuur 1.2   Ontwikkeling zorgkosten ten opzichte van ontwikkeling bruto binnenlands product. Bron: CBS (2017)

■ a. Toegankelijk en betaalbaar houden van de zorg

Welzijn op Recept lijkt een passende oplossing voor de toenemende medicalisering van sociaal-maatschappelijke vraagstukken en de daarmee gepaard gaande kostenstijging in de zorg. Dit is noodzakelijk, omdat de kostenontwikkeling van de verzorgingsstaat de afgelopen decennia een dusdanige groei laat zien, dat je kunt spreken van een financiële explosie. Zoals ●fig. 1.2 laat zien zijn de totale zorguitgaven per jaar in absolute getallen gestegen van € 40 miljard in 1998 naar bijna € 100 miljard in 2016. Als percentage van het bruto binnenlands product (bbp) zijn de kosten gestegen van minder dan 10 % in 1998 tot bijna 14 % in 2016.

Nog verontrustender zijn de voorspellingen over de ontwikkeling van de zorgkosten, uitgedrukt als percentage van het bruto binnenlands product. Zie hiervoor ●fig. 1.3. Als de zorgkosten net zo hard groeien als de afgelopen tien jaar, dan vormen de zorguitgaven in 2040 ruim 30 % van het bbp. Maar zelfs als de zorgkosten minder stijgen, dan vormen de zorguitgaven in 2040 alsnog 20 % van het bbp. Kortom, in de toekomst moeten we een steeds groter deel van wat we met zijn allen verdienen aan de zorg besteden.

Een publicatie van Vektis over de zorgkosten in alle gemeenten in Nederland (Vektis 2017) laat grote verschillen in zorgkosten en hun oorzaken zien. De publicatie gaat over de optelsom van alle zorgkosten in Nederland vanuit de zorgverzekeringswet. Hierbij zijn twee hoofdlijnen te zien:
1. 17 % van de Nederlanders is verantwoordelijk voor 80 % van de totale zorgkosten.
2. Er zijn in Nederland grote regionale verschillen tussen de gemiddelde zorgkosten per persoon per jaar: € 1.788 op Urk en € 3.292 in Heerlen. Hierbij lijken sociaal-economische en maatschappelijke factoren cruciaal te zijn. In dit verband spelen bijvoorbeeld sociale samenhang, veiligheid op straat, openbaar groen, werkloosheid en opleidingsniveau een belangrijke rol.

Dit soort onderzoeksgegevens vraagt om een bredere en andere kijk op het begrip individuele verantwoordelijkheid voor gezondheid en welbevinden en daarmee ook om een andere aanpak. De toenemende druk op de eerstelijnsgezondheidszorg vertaalt zich in overvolle

De zorguitgaven blijven stijgen

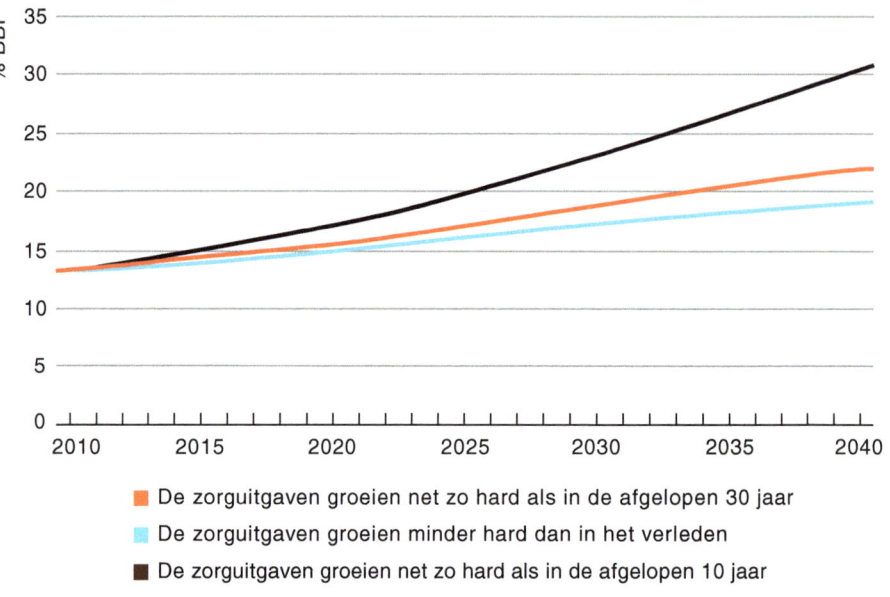

■ De zorguitgaven groeien net zo hard als in de afgelopen 30 jaar
■ De zorguitgaven groeien minder hard dan in het verleden
■ De zorguitgaven groeien net zo hard als in de afgelopen 10 jaar

Figuur 1.3 Diverse scenario's ontwikkeling zorguitgaven 2010–2040 (Horst et al. 2011)

spreekuren van de huisartsen. De overbelasting van huisartsen leidt niet tot het meest passende en kostenefficiënte aanbod van zorg, omdat zij onder deze omstandigheden hun poortwachtersfunctie niet naar behoren kunnen vervullen.

■ **b. Verkleinen van maatschappelijke ongelijkheid**

Het Sociaal Cultureel Planbureau (SCP) concludeert in zijn rapport *De sociale staat van Nederland* (Bijl et al. 2017) het volgende: tussen 1990 en 2015 is de leefsituatie en daarmee de levensverwachting in Nederland over het algemeen toegenomen. Daar staat echter tegenover dat de verschillen naar opleidingsniveau en gezondheid in dezelfde periode ook sterk zijn toegenomen. Ook de afgelopen twee jaar zijn de verschillen tussen gezonde en ongezonde mensen, tussen hoog- en laagopgeleiden, tussen werkenden en niet-werkenden en tussen hoge en lage inkomens weer groter geworden. Dit betekent dat vooral het hoger opgeleide, werkende deel van de bevolking optimaal profiteert van de betere levensomstandigheden en toegenomen levensverwachting. Een bijzondere groep, ongeveer 5 % van de bevolking, betreft de 'gedepriveerden'. Mensen die geen gebruik weten te maken van de kansen en mogelijkheden die wonen in Nederland met zich mee kan brengen. Zij ervaren een lage kwaliteit van leven en zien geen kansen of mogelijkheden om vooruit te komen in het leven.

Al jaren is bekend dat de gezondheidsverschillen tussen hoog- en laagopgeleiden in Nederland bijna onoverbrugbaar groot zijn. Lager opgeleiden hebben gemiddeld een zeven jaar kortere levensverwachting dan hoger opgeleiden. En een misschien nog wel heftiger cijfer: laagopgeleiden krijgen gemiddeld achttien jaar (!) eerder dan hoogopgeleiden te maken met een chronisch ziekte (VTV 2018). Met andere woorden: deze gezondheidsverschillen tussen verschillende groepen zijn voortdurend een punt van aandacht voor de Rijksoverheid en lokale overheden. Combineer dit met de wetenschap dat 5 % van de bevolking bijna 'erfelijk' veroordeeld is tot kansarm vastzitten in ongezondheid, dan is daarmee het grote knelpunt van maatschappelijke ongelijkheid volop in beeld gebracht.

De interventie Welzijn op Recept is gericht op iedereen die zich met sociaal-maatschappelijke problemen, en bijbehorende klachten, bij de eerstelijnszorg meldt. Een welzijnsrecept helpt door de gezondheidsvaardigheden te verbeteren, de zelfredzaamheid te verhogen en door mensen – juist ook doelgroepen met een lagere sociaaleconomische status – sociaal te activeren.

- **c. Gemeentelijke transitie**

Een derde ontwikkeling waarop Welzijn op Recept inspeelt is de gemeentelijke transitie op het gebied van werk en inkomen, sociaal-maatschappelijke ondersteuning en participatie, en jeugd. Het gaat dan om de wettelijke verantwoordelijkheden en middelen die van de centrale rijksoverheid naar de gemeenten zijn verplaatst, zodat gemeenten meer op maat kunnen zorgen voor hun (kwetsbare) inwoners. Binnen het domein van de WMO hebben gemeenten de opdracht om beter aan te sluiten bij de behoeftes van burgers. In het kader van de participatiesamenleving wordt hierbij een appel gedaan op de eigen verantwoordelijkheid en mogelijkheden van de inwoners. De inzet van veel gemeenten is om de eigen kracht van haar inwoners te mobiliseren. Achter deze transitie schuilt het motto 'meedoen naar vermogen'. Daarbij ligt de focus op wat iemand (nog) kan, zodat iedereen op een betekenisvolle manier kan participeren in de samenleving.

Ook op het gebied van jeugd speelt een vergelijkbaar uitgangspunt: organiseer het lokale aanbod samen met de jongeren om wie het gaat. Dit leidt tot een betere kwaliteit van de zorg voor de jeugd tegen lagere kosten. De transitie – ander, beter en goedkoper aanbod realiseren – blijkt voor veel gemeenten een ingewikkelde opdracht te zijn. Zeker gezien het krappe tijdbestek waarin alles moet gebeuren, de noodzakelijke expertise die soms ontbreekt en de hoge opstartkosten die gemaakt moeten worden voordat kostenbesparingen geboekt kunnen worden.

In deze transformatie zijn de huisarts en andere professionals in de eerstelijnsgezondheidszorg belangrijke partners voor de gemeenten. De huisarts is vaak de eerste professional waar inwoners met klachten en problemen naartoe gaan. De huisartsenpraktijk is een vindplaats van mensen met problemen op het gebied van jeugd en opvoeding, werk en inkomen, ouderenproblematiek, et cetera. Daarom is het voor gemeenten cruciaal om de samenwerking met huisartsen te intensiveren. In de eerstelijnsgezondheidszorg worden immers veel problemen vroegtijdig gesignaleerd. Met de juiste doorverwijzing kan verergering van problematiek, die veelal met specialistische zorg en hoge kosten gepaard gaat, voorkomen worden. De meeste gemeenten investeerden tot voor kort niet of nauwelijks in samenwerkingsrelaties met de huisartsen. Vaak weten zij niet op welke manier zij aansluiting kunnen vinden bij de, vaak al overbelaste, huisartsen.

Naast bovenstaande maatschappelijke ontwikkelingen, blijkt Welzijn op Recept ook naadloos aan te sluiten bij de landelijke programma's 'de Juiste Zorg op de Juiste Plek', 'Langer thuis' en 'Eén tegen eenzaamheid'. Hoe de verbinding tussen Welzijn op Recept en deze landelijke programma's eruitziet, staat beschreven in bijlage 1.

1.5 Conclusie

Welzijn op Recept is een niet-medische interventie die primair bedoeld is om het welbevinden van mensen met psychosociale klachten te verhogen. Bij Welzijn op Recept verwijst de huisarts of andere eerstelijnszorgverlener zijn patiënten met psychosociale klachten naar de welzijnscoach. Deze gaat samen met hen op zoek naar een passende activiteit. Deelname aan de activiteit zorgt ervoor dat de cliënten sociaal actiever worden, dat hun zelfredzaamheid toeneemt en dat hun welbevinden stijgt.

In dit hoofdstuk beschreven we een aantal van de belangrijke uitgangspunten. We lieten zien hoe Welzijn op Recept een voorbeeld is van een integrale benadering van zorg en hoe deze interventie gebruikt kan worden om concreet de paradigmaverschuiving van ziekte en zorg naar gezondheid en gedrag handen en voeten te geven. De interventie past bovendien binnen de ontwikkelingen van steeds meer persoonsgerichte zorg, positieve gezondheid en positieve psychologie.

Welzijn op Recept wordt zowel door zorg en welzijn, gemeenten en het ministerie van VWS gezien als een kansrijke interventie. In dit hoofdstuk zagen we dan ook hoe Welzijn op Recept door de laagdrempelige ondersteuning als interventie past bij een groot aantal actuele maatschappelijke ontwikkelingen. De interventie bevordert gezondheidsvaardigheden, welbevinden en veerkracht. Hierdoor neemt de maatschappelijke ongelijkheid af. Tegelijkertijd verbetert de toegankelijkheid en betaalbaarheid van de zorg.

De uitvoering van Welzijn op Recept

2.1 Stand van zaken – 18

2.2 Effectiviteit – 22

2.3 Het onbenut potentieel – 24

2.4 Essentiële bestanddelen en kernelementen – 25

2.5 Conclusie – 29

© Bohn Stafleu van Loghum is een imprint van Springer Media B.V., onderdeel van Springer Nature 2019
M. Heijnders en J. J. Meijs, *Handboek Welzijn op Recept*, https://doi.org/10.1007/978-90-368-2376-0_2

> 'Welzijn op Recept, in het begin dacht ik wat moet ik ermee. Als dokters hebben we het allemaal druk en ik dacht echt: zo'n welzijnswerker, wat moet ik ermee? Door haar volharding ben ik echt de meerwaarde van Welzijn op Recept gaan zien. Ik schrijf het nu voor aan patiënten die komen met hoofdpijn, buikpijn, verveling, en angstklachten. Patiënten dus met lichte psychosociale klachten en zeker de patiënten met een grote sociale problematiek. Niet voor de 'grande psychiatrie'. Ik werk in een achterstandswijk en heb altijd al te maken met patiënten die veel problemen hebben. Daardoor heb ik geleerd om ook bij psychische en sociale problematiek mijn tijd goed te benutten. Zeker als je maar tien minuten hebt, is het zaak om snel te kunnen overstappen van een medisch uitvraaggesprek naar een Welzijn op Recept-aanpak. Je moet het gesprek over Welzijn op Recept wel echt integreren in je werk. Voor de groep patiënten waarvan je denkt 'daar staat ze weer' is dit een goede oplossing, want deze groep patiënten kost je anders veel energie. Dus dat geeft wat meer plezier in het werk. Ik denk dat patiënten verwezen moeten worden naar waar ze het beste geholpen worden. Ik heb het voordeel dat zorg en welzijn bij ons in één gebouw zitten en dat ik patiënten mee aan de hand kan nemen naar de balie van welzijn, zodat er meteen een afspraak wordt gemaakt in de agenda van de welzijnscoach.' – een huisarts, Lelystad.

■ Inleiding

In dit hoofdstuk lichten we kort de stand van zaken van Welzijn op Recept toe. Dit doen we zowel vanuit het perspectief van een individuele huisartsenpraktijk, als vanuit landelijk perspectief. Welzijn op Recept wordt in steeds meer gemeenten toegepast. Dat is heel mooi. Tegelijkertijd komen we daarbij voor een aantal knelpunten te staan. Een van die knelpunten is: een grote verscheidenheid van de manieren waarop Welzijn op Recept momenteel wordt ingericht. Een interventie in de Randstad kan op allerlei wezenlijke punten afwijken van Welzijn op Recept in de Achterhoek. Dit komt de kwaliteit van de interventie niet ten goede. Daarnaast is er het knelpunt van het beperkte aantal verwijzingen. Dit kan veel beter, zeker gezien de grote en groeiende patiëntenpopulatie met psychosociale problematiek in de eerstelijnspraktijk.

Om de kwaliteit te borgen en het aantal verwijzingen te verhogen, heeft de leergemeenschap van het Landelijk kennisnetwerk Welzijn op Recept de bouwblokken en kernelementen van Welzijn op Recept geïnventariseerd en beschreven. Bouwblokken zijn de hoofdelementen waaruit Welzijn op Recept is opgebouwd. De meeste mensen denken dat Welzijn op Recept enkel bestaat uit samenwerken tussen zorg en welzijn. Maar er is in methodische zin veel meer over Welzijn op Recept te zeggen! Een kwalitatief hoogstaand Welzijn op Recept-traject kent altijd meerdere bouwblokken. Pas als die aanwezig zijn, heb je te maken met een traject dat met recht de naam van 'Welzijn op Recept' zou mogen dragen. Ieder bouwblok kent vervolgens een aantal kernelementen. Kernelementen zijn de elementen die essentieel zijn om Welzijn op Recept goed uit te voeren en de kwaliteit ervan te bewaken.

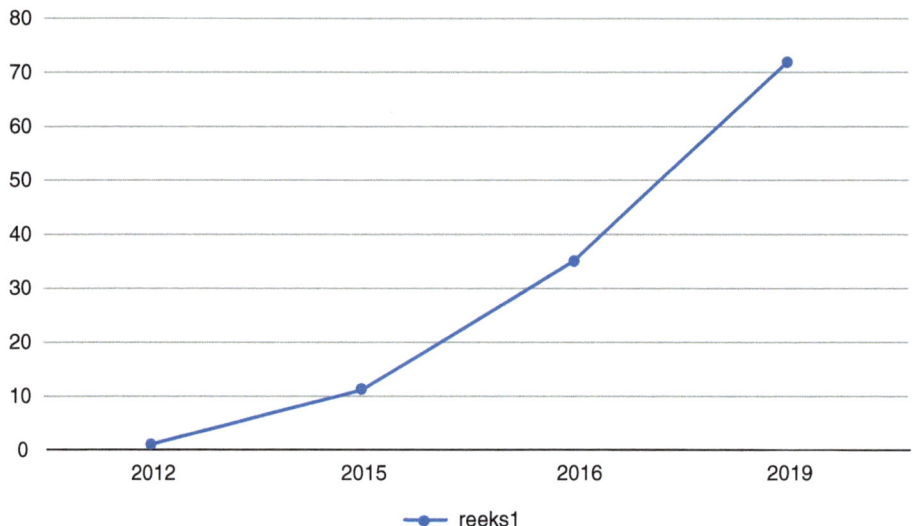

◘ **Figuur 2.1** Aantal gemeenten die werken met Welzijn op Recept

2.1 Stand van zaken

▪ Opkomst

Welzijn op Recept is gestart in 2012 in Nieuwegein, in gezondheidscentrum de Roerdomp en in welzijnsorganisatie MOvactor. Eind 2015 bestonden er al tien tot twaalf Welzijn op Recept-projecten in Nederland. De inventarisatie eind 2016 voor de eerste landelijke werkconferentie over Welzijn op Recept liet zien dat er 35 gemeenten waren waarbinnen gewerkt werd met een vorm van Welzijn op Recept. Een update begin 2019 liet zien dat er inmiddels in meer dan zeventig gemeenten met Welzijn op Recept wordt gewerkt (◘ fig. 2.1).

Deze groei onderstreept de behoefte aan Welzijn op Recept. Tegelijkertijd blijkt het in veel gevallen lastig om de continuïteit en kwaliteit van Welzijn op Recept blijvend te borgen. Het lastigste punt is om het aantal verwijzingen op peil te houden. Laat staan dat het lukt om het aantal verwijzingen te laten toenemen. Toch is dit nodig om ervoor te zorgen dat de interventie een blijvende plek verdient binnen het gemeentelijke en landelijke aanbod van zorg en welzijn. Voorgaand knelpunt kwam als een van de conclusies uitgebreid naar voren tijdens de landelijke werkconferentie van februari 2017 in Nieuwegein.

Het feit dat Welzijn op Recept op steeds meer plaatsen omarmd wordt, is op zichzelf een positieve ontwikkeling. Het goede nieuws is dan ook dat steeds meer mensen gehoord hebben van – of te maken hebben gehad met – Welzijn op Recept. De interventie geniet op steeds meer plaatsen bekendheid.

Tabel 2.1 Welzijn op Recept vergeleken met reguliere benadering en aanpak door eerstelijnszorgverlener

twee interventies voor mensen met psychosociale problematiek vergeleken		
interventie	**Medisch model**	**Welzijn op Recept**
betrokken zorgverlener	eerstelijnszorgverlener	eerstelijnszorgverlener én welzijnscoach
gerichtheid van de interventie	probleemgericht en klachtgericht	toekomstgericht en oplossingsgericht
effect van de interventie	symptoombestrijding of -behandeling	verhogen welbevinden door sociale activering
nadelen	geen aanpak en oplossing onderliggend sociaal maatschappelijk probleem: vaak terugkerende patiënten	samenwerking noodzakelijk over verschillende sectoren heen; verkokerde financiering

■ **Positieve ervaringen van patiënten én professionals**

Mensen die verwezen zijn, zeggen dat zij zich door Welzijn op Recept gezonder voelen, dat ze meer zelfvertrouwen hebben, dat ze zich beter kunnen redden en dat ze weer zin hebben in het leven (Heijnders et al. 2015). Of zoals een Welzijn op Recept-deelnemer zelf zegt: 'Ik zie de toekomst nu weer rooskleurig tegemoet.' Welzijn op Recept is ooit bedacht en ontwikkeld om juist deze impact te bereiken.

Welzijn op Recept sluit volgens huisartsen ook goed aan bij veel van de onderliggende vraagstukken voor de klachten waarmee deze mensen op hun spreekuur komen. Ook zeggen huisartsen dat ze in de dagelijkse praktijk zien dat het deze patiënten daadwerkelijk verder helpt en dat het daarna beter met ze gaat. Een huisarts van de leergemeenschap zegt expliciet: 'Ik heb eindelijk het gevoel dat ik deze patiënten met Welzijn op Recept echt wat te bieden heb.' Een andere huisarts zei tijdens een van de leerbijeenkomsten:

> 'Ik hoef geen aanvullend of verder onderzoek te hebben voor Welzijn op Recept. Als ik naar mijn patiënten kijk, zie ik dat het beter met ze gaat en dat Welzijn op Recept werkt! Hiervoor heb ik geen wetenschappelijk onderzoek nodig.'

Daarnaast zeggen de huisartsen dat ze sterk het gevoel hebben dat patiënten na een verwijzing naar Welzijn op Recept minder vaak op hun spreekuur komen. Zien ze deze mensen toch terug op het spreekuur, dan zijn de gesprekken 'lichter' van aard en ervaren ze in minder gevallen een energielek door de patiënt. Het karakter van het gesprek verandert onder invloed van een Welzijn op Recept-interventie vaak van probleem- en klachtgericht, naar toekomst- en oplossingsgericht. In ◘tab. 2.1 zetten we kort de belangrijkste verschillen tussen klassieke medische spreekuurbenadering en Welzijn op Recept op een rij.

In ◘tab. 2.1 gaan we niet in op de voordelen van beide benaderingen. Het moge duidelijk zijn dat we bij de verschillende voordelen door het boek heen stil zullen blijven staan, net als bij de nadelen en de valkuilen. Hieronder zetten we als eerste inventarisatie de voordelen voor elke beroepsgroep kort op een rij.

Een van de voordelen is dat eerstelijnszorgverleners beter bekend raken met de welzijnscoach en het welzijnsaanbod en veel vaker dan voorheen welzijnscoaches en het sociaal domein gaan betrekken bij hun werk en initiatieven die ze ontplooien in de wijk. Voorbeelden hiervan zijn een huisartsenpraktijk in Den Haag die de welzijnscoach als teamlid in het multidisciplinair overleg over 'kwetsbare ouderen' heeft opgenomen, en een gezondheidscentrum in Nieuwegein waar de welzijnscoach structureel contact heeft met de huisarts, de POH-GGZ en POH-Jeugd over hun patiënten.

De welzijnscoaches op hun beurt geven aan dat zij, dankzij Welzijn op Recept, een ander type cliënt zijn gaan zien. Het gaat dan om cliënten die uit zichzelf, of via de reguliere wegen, niet snel bij welzijn zouden uitkomen. Ook is de relatie met de huisarts en andere eerstelijnszorgverleners van toegevoegde waarde voor hun werk. Natuurlijk geldt daarbij ook dat alle begin nieuw en spannend is. Samenwerken rondom een cliënt met professionals uit verschillende domeinen is voor de meeste zorgverleners onbekend terrein. Toch hoor je dat professionals, zodra ze eenmaal op deze wijze gaan samenwerken, al heel snel de meerwaarde ervan in de dagelijkse praktijk ervaren. Zo is het voor de welzijnscoach heel stimulerend om met de praktijkondersteuners samen te werken.

Ook voor de gemeente levert Welzijn op Recept veel op. De gemeente is verantwoordelijk voor de transities en de transformatie voor de jeugd, mensen die langer thuis wonen of bijvoorbeeld voor mensen met een fysieke of geestelijke beperking. In al deze gevallen kan Welzijn op Recept een belangrijke rol spelen. Welzijn op Recept kan worden voorgeschreven, met als oogmerk dat mensen sociaal actief en verbonden blijven met andere inwoners. Dit soort vroegtijdige interventies kan een rol spelen bij de aanpak en het voorkomen van eenzaamheid. Van eenzaamheid is bekend dat het kan leiden tot klachten van psychosociale aard. De huisartsen zijn enorm waardevolle partners voor de gemeente. Mensen zien hun huisarts als een vertrouwenspersoon en iemand die erg toegankelijk is, iemand bij wie je met al je vragen terecht kunt. Welzijn op Recept levert de logische verbinding van de gemeente en het sociaal domein met de eerstelijnszorg.

Welzijn op Recept vergeleken met het Britse model van Social Prescribing

Vergelijk je Nederland met Engeland (Polley et al. 2017), dan is daar een vergelijkbare beweging gaande. Aan de andere kant van de Noordzee hebben ze het over 'Social Prescribing'. De redenen die Polley aandraagt over het belang van Social Prescribing zijn vergelijkbaar met ons betoog: Social Prescribing en de *link worker* (= een soort welzijnscoach) maken een aantal individuele interventies toegankelijk die de gezondheidszorg ontlasten. Patiënten ervaren dankzij Social Prescribing een verbetering van hun gezondheid en toename van hun welbevinden. Zowel patiënten als huisartsen zijn hier blij mee en omarmen deze interventie. De kosten voor de uitvoering van Social Prescribing worden door diverse sectoren gedragen. Hierdoor blijft de interventie betaalbaar. Daarmee wordt het een effectief en serieus alternatief dat meer dan de moeite waard is voor de gezondheidszorg. Ten slotte laten kostenbatenanalyses van Social Prescribing zien dat de interventie kosteneffectief is. Zeker als je vanuit *social return on investment* (SROI) naar Social Prescribing gaat kijken. Al met al levert dit een dusdanig interessant en wenkend perspectief op voor alle relevante belanghebbenden dat er ook inderdaad vanuit verschillende sectoren wordt geïnvesteerd om Social Prescribing maximaal te ontwikkelen. De analyse van Polley ondersteunt en verklaart waarschijnlijk ook heel goed een deel van de groei in Nederland. Grootste verschil tussen Nederland en Engeland is dat in Nederland de zorgverzekeraars zeer beperkt in Welzijn op Recept investeren, terwijl dat in Engeland op grote schaal gebeurt.

- **Het gemis van een methodische onderlegger**

Op dit moment gebeuren er op talloze plekken mooie dingen die uit hoofde van een Welzijn op Recept-project tot stand komen. Eenzaamheid wordt tegengegaan, sommige gemeenten hebben welzijnsarrangementen en er vindt samenwerking plaats tussen welzijn en de eerstelijnszorg. Dit is vooral afhankelijk van de kwaliteit en inzet van de lokale kartrekkers en de lokale omstandigheden. Een methodologische onderlegger resulteert in een set van criteria waaraan een goed welzijnsrecept moet voldoen, zodat niet iedere gemeente zelf het wiel hoeft uit te vinden. Ook maakt dit Welzijn op Recept-projecten minder kwetsbaar voor bijvoorbeeld het vertrek van een lokale kartrekker of de komst van een nieuwe gemeenteraad met een andere koers en ander beleid. Hieronder geven we een aantal essentialia weer waaruit blijkt hoe groot de verschillen tussen gemeenten kunnen zijn bij de uitvoering van Welzijn op Recept.

- Ten eerste zijn er de ernst en de mate waarin de psychosociale problematiek voorkomt. Welzijn op Recept is ontwikkeld om mensen met *lichte* psychosociale problematiek via welzijn tot een beter welbevinden te leiden. In sommige Welzijn op Recept-projecten zien we echter patiënten met complexe, meervoudige, sociaal-maatschappelijke en financiële problematiek een doorverwijzing krijgen.
- Op een vergelijkbare wijze is Welzijn op Recept ontworpen als 'kortdurende' interventie. In meerdere gevallen zien we echter dat Welzijn op Recept-trajecten aangewend worden om patiënten langdurige ondersteuning en begeleiding te bieden. Maar daar is de interventie nooit voor bedoeld. Doe je dit wel, dan verschuif je het capaciteitsprobleem van het overvolle spreekuur van de huisarts naar de onvermijdelijke wachtlijst bij de welzijnscoach.
- Ook zien we dat het aantal verwijzende instanties toeneemt. Het is niet langer alleen de eerstelijnszorg die het welzijnsrecept voorschrijft; het ziekenhuis en de GGZ-instelling beginnen Welzijn op Recept als (medisch) hersteltraject te zien en zetten hier op sommige plekken ook op in. Welzijn op Recept is hiervoor niet ontwikkeld en niet bedoeld. Ook is de capaciteit van Welzijn op Recept daar nooit op ingericht. In structurele zin is er dus helemaal geen ruimte voor die extra verwijzingen.

Veel gemeenten die werken met Welzijn op Recept maken op dit moment gebruik van de Welzijn op Recept-handleiding uit 2014 (Sinnema et al. 2014). Deze handleiding is altijd bedoeld geweest als stappenplan voor de praktische planning en implementatie van Welzijn op Recept. De handleiding is momenteel echter niet meer helemaal up-to-date. Zo staat er nog in deze handleiding dat de patiënt zelf moet bellen voor een afspraak. Onderzoek wijst uit dat dit in de praktijk leidt tot een drop-outpercentage van 50 tot 60 % van de eerstelijnszorg naar de welzijnscoach. De ervaring heeft echter geleerd dat het beter is in de beginfase van Welzijn op Recept elke drempel weg te halen. Het is dus veel effectiever gebleken om het initiatief voor het eerste contact bij de welzijnscoach te houden.

Sinds de handleiding uit 2014 zijn er wezenlijke en structurele methodische verbeteringen aangebracht in Welzijn op Recept. Ook geldt dat die handleiding geschreven is voor de implementatie van de interventie; deze zegt dus nog niets over de kwaliteit van de uitvoering. Er zijn helaas nog steeds gemeenten waar Welzijn op Recept gewoon gestart wordt zonder actuele handleiding of begeleiding in de vorm van workshops of trainingen. Hierdoor moeten mensen steeds opnieuw het wiel uitvinden, terwijl er al zo veel kennis voorhanden is over hoe je te werk moet gaan om zo veel mogelijk mensen te bereiken en zo weinig mogelijk mensen tussentijds uit te laten vallen. De uitnodiging vanuit dit boek is om methodisch en praktisch verder te bouwen op eerdere ervaringen die zijn opgedaan in andere Welzijn op Recept-projecten.

Waar we voor moeten waken is dat Welzijn op Recept een vergaarbak wordt voor iedereen die doorverwezen wordt vanuit zorg naar welzijn. Staan we dit toe, dan vervuilt dat als het ware het beeld. Er zijn in het verleden wel pogingen gedaan om dit oneigenlijke gebruik van Welzijn op Recept aanhangig te maken en de werkwijze te stroomlijnen, maar het effect daarvan is nog niet overal merkbaar. We merken nu soms al dat Welzijn op Recept een slecht imago krijgt, omdat er bijvoorbeeld patiënten met te zware problematiek naar doorverwezen zijn. Met de uitbreiding van Welzijn op Recept over zo veel gemeenten is het belangrijk om iets te zeggen over de kwaliteit van de uitvoering. Wanneer kunnen we spreken over een goed welzijnsrecept? Wanneer weet je als gemeente dat je een goede investering doet met Welzijn op Recept? Gezien de steeds grotere belangen van verschillende stakeholders, zoals de gemeenten, de zorgverzekeraars en VWS, neemt de roep om resultaten toe. Daarom wordt het verspreiden van een methodische onderlegger bij de start van Welzijn op Recept steeds belangrijker. Daarnaast is een landelijke opbouw van data gewenst. Het is van belang dat Welzijn op Recept volgens een aantal universele criteria wordt ingericht. Alleen dan kunnen we de kwaliteit van de uitvoering gaan meten en de effectiviteit van de interventie betrouwbaar blijven beoordelen.

Vanuit bovenstaand perspectief zijn er op dit moment drie belangrijke aandachtspunten bij de verdere doorontwikkeling van Welzijn op Recept als innovatieve interventie:
1. zorgen voor het borgen van Welzijn op Recept in de uitvoeringspraktijk;
2. verbeteren van de kwaliteit van Welzijn op Recept;
3. verbeteren van de samenwerking tussen de Welzijn op Recept-partners.

2.2 Effectiviteit

In de vorige paragraaf beschreven we onder meer de positieve ervaringen met Welzijn op Recept, alsook de eerste voordelen voor elke betrokken partij. Een van de doelstellingen van Welzijn op Recept is het zorggebruik in de eerstelijnszorg te laten dalen.

De onderzoeken die tot nog toe in Nederland (Pomp et al. 2015; Vissers 2015) hebben plaatsgevonden, geven een eerste indicatie dat het zorggebruik in de eerstelijnszorg na een welzijnsrecept afneemt. Dit geldt in ieder geval voor patiënten die zeer frequent op het spreekuur van de huisarts komen. Dit onderzoek levert echter nog geen hard wetenschappelijk bewijs, omdat het of geen significant verschil met de controlegroep laat zien of een matige methodologische kwaliteit heeft. Kortom: hard bewijs voor een daling in zorggebruik en zorgkosten dankzij de inzet van Welzijn op Recept is er in Nederland nog niet. Onderzoek in Engeland (Bertotti et al. 2018; Fuller 2017; Kimberlee 2015, 2016; Mossabir et al. 2015; Polley et al. 2017; Thomson et al. 2015) laat een significante daling zien van de bezoeken aan de huisarts door Social Prescribing. In meerdere onderzoeken vindt ook een significante daling plaats van het aantal verwijzingen naar de specialistische zorg (de tweede lijn). Belangrijk om te vermelden is dat Social Prescribing en Welzijn op Recept niet precies hetzelfde zijn. Zo vallen verwijzingen van mensen met een chronische aandoening naar beweeg- en zelfmanagementprogramma's ook onder Social Prescribing, terwijl deze mensen bij Welzijn op Recept buiten de doelgroep en de interventie vallen.

2.2 · Effectiviteit

- **Conclusies uit literatuurstudies**

Binnen alle beperkingen is er ook een aantal literatuurstudies uitgevoerd naar Welzijn op Recept en Social Prescribing; zowel in Nederland (Ranke et al. 2018) als in Engeland (Bickerdike et al. 2017; Husk et al. 2016; Pescheny et al. 2018; Polley et al. 2017; Rempel et al. 2017; Woodall et al. 2018). Deze literatuurreviews geven een goede indruk van de (meer) waarde ervan voor de patiënt, de huisarts dan wel eerstelijnszorg en de maatschappij. We kunnen het volgende concluderen:

- Welzijn op Recept en Social Prescribing resulteren in een betere ervaren gezondheid, beter welbevinden, groter zelfvertrouwen en betere zelfredzaamheid van de patiënt. Zowel patiënten als verwijzers zeggen dat dit het belangrijkste doel is om aan Welzijn op Recept- of Social Prescribing-projecten deel te nemen, dan wel ernaar te verwijzen.
- Engels onderzoek geeft een significante daling van de zorgconsumptie in de huisartsenpraktijk dan wel eerstelijnszorg weer. Het gaat dan om een daling van gemiddeld 28 % (met een spreiding van 2 tot 70 %).
- Engels onderzoek laat een daling zien van de verwijzingen naar de spoedeisende hulp van gemiddeld 24 % (spreiding: 8 tot 26,8 %) en een daling van 6 tot 33,6 % van het aantal ziekenhuisopnames.
- Engels onderzoek naar de sociaal-maatschappelijke kosten en baten pakt eveneens positief uit. Met iedere geïnvesteerde euro wordt een besparing van gemiddeld 2,3 euro gerealiseerd.

- **Kritiek op de veelvormigheid van de interventie**

De literatuurstudies en editorials waarin Social Prescribing onder de loep wordt genomen, plaatsen ook een aantal kritische kanttekeningen bij deze interventie. Het belangrijkste punt van kritiek is dat de effectiviteit van Social Prescribing op de ene plek nog niets zegt over Social Prescribing op de andere plek. Social Prescribing kent immers, in verschillende diverse context, een groot aantal verschillende patiëntengroepen. Sommige interventies richten zich op patiënten met een chronische aandoening, andere op psychosociale en psychiatrische problematiek en in een derde categorie gaat het om mensen met sociaal-maatschappelijke problemen, zoals schulden, huisvestingsproblemen of werkeloosheid. Door deze grote verscheidenheid is het onmogelijk om onderzoeken onderling te vergelijken en generaliseerbare conclusies te trekken. Er is door de aard van de interventies slechts zeer beperkt gerandomiseerd onderzoek met een controlegroep gedaan, laat staan dat dit onderzoek dubbelblind is uitgevoerd. De onderzoeksgroep is doorgaans te klein om tot een representatieve steekproef te komen op basis waarvan je harde conclusies kunt trekken. Ook wordt een groot aantal, vaak niet-gevalideerde, meetinstrumenten gebruikt: een review vermeldt dat er 154 verschillende meetinstrumenten zijn gebruikt om tot alle gegevens te komen. Conclusie is dan ook dat er eerst meer gedegen wetenschappelijk onderzoek naar Social Prescribing moet worden verricht voordat onderzoekers wetenschappelijk bewezen effecten kunnen presenteren. De verwachting is dat dit in Engeland snel wordt opgepakt, gezien de enorme aandacht en stevige formele positie van Social Prescribing binnen de Engelse gezondheidszorg op alle niveaus.

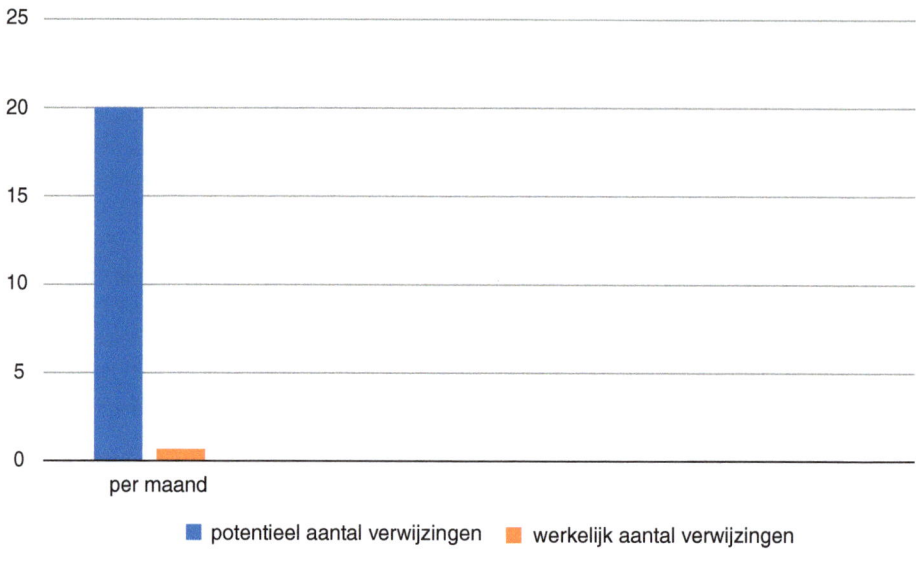

◘ **Figuur 2.2** Het aantal verwijzingen naar Welzijn op Recept: potentieel versus werkelijk gerealiseerd

2.3 Het onbenut potentieel

Het aantal gemeenten dat werkt met Welzijn op Recept mag dan uitbreiden, het aantal daadwerkelijke verwijzingen door huisartsen naar Welzijn op Recept blijft laag. Een gemiddelde huisartsenpraktijk (1 fte-huisarts) omvat ongeveer tweeduizend patiënten. Van deze patiënten heeft naar schatting 20 tot 50 % psychosociale klachten (De Beurs en Nielen 2018; Rosenberg et al. 2002; Walters et al. 2008). Als we ervan uitgaan dat een huisarts minimaal vierentwintig patiëntcontacten per dag heeft, dan zou dat betekenen dat hij iedere dag tussen de vijf en twaalf mensen met psychosociale klachten ziet. Natuurlijk zullen niet al deze mensen objectief gezien in aanmerking komen voor Welzijn op Recept. Sommige patiënten zullen beter af zijn met medicatie of hebben een andere behandeling nodig die op dat moment beter bij hun klachten past. Toch zou je mogen aannemen dat elke huisarts elke dag ten minste wel één patiënt ziet die voor verwijzing naar Welzijn op Recept in aanmerking komt. Dat zou dus per fulltime huisarts een minimum van twintig verwijzingen per maand opleveren. Dit soort cijfers zien we op dit moment echter in zijn geheel niet terug in de statistieken van de huisartsenpraktijken waar Welzijn op Recept op het programma staat. In de praktijk komt het hierop neer: op dit moment schrijft een fulltime huisarts, werkzaam in een gemeente die Welzijn op Recept heeft geadopteerd, gemiddeld tussen de vijf en tien Welzijn op Recept-verwijzingen per jaar (!) uit (zie ◘ fig. 2.2).

Welzijn op Recept lijkt daarmee op een formule 1-auto die gemakkelijk de 360 km per uur kan rijden, maar die met slechts 30 km per uur de weg op gaat. Zie ◘ fig. 2.3. We zullen dat onbenutte potentieel van Welzijn op Recept hieronder aan de hand van twee vraagstukken analyseren.

Figuur 2.3 Het onbenut potentieel in een metafoor gegoten

- **Vraagstuk 1: Waarom blijven verwijzingen door huisartsen achter?**

Huisartsen geven verschillende redenen aan voor het lage aantal verwijzingen. Ten eerste stellen ze dat ze door de drukte in hun praktijk niet toekomen aan deze vorm van verwijzen. Ten tweede geven ze aan dat verwijzen naar Welzijn op Recept zo anders is, dat ze er eenvoudigweg vaak niet aan denken. Als laatste speelt het adagium 'onbekend maakt onbemind' mee. De onbekendheid met welzijn speelt daarbij zowel de huisarts als de patiënt parten. Doordat veel patiënten zich geen beeld weten te vormen van de functie van de welzijnscoach of van de interventie Welzijn op Recept, kost het de huisarts veel tijd en moeite om Welzijn op Recept aan de man te brengen. Sommige huisartsen geven aan dat ze soms het gevoel hebben dat ze Welzijn op Recept aan de patiënt moeten 'verkopen'.

- **Vraagstuk 2: Wat als de verwijzingen flink toenemen?**

Vanuit scenario denken is het belangrijk om ook de andere kant van het spectrum in de analyse mee te nemen. Wat nu als huisartsen ineens wel veel meer gaan verwijzen naar welzijnsorganisaties dan nu het geval is? Mocht dat gaan gebeuren, dan moeten we er rekening mee houden dat de capaciteit op korte termijn onder druk komt te staan. Denk dan ten eerste aan de capaciteit van het aantal welzijnscoach(es) dat beschikbaar is. Denk daarnaast aan de capaciteit van het aantal Welzijn op Recept-activiteiten dat beschikbaar is, zowel wat locaties betreft als personeel (denk aan: begeleiding, conceptontwikkeling, planning). Een uitbreiding van de formatie en een opschalen van dit soort activiteiten zal voor de gemeente een flinke, extra kostenpost kunnen betekenen. Tegelijkertijd zullen hier de eerste paar jaar geen extra inkomsten voor de gemeente tegenover staan. Hierover volgt meer in ►H. 9 Financiën.

2.4 Essentiële bestanddelen en kernelementen

De hierboven genoemde vraagstukken over de kwaliteit van de interventie, de verscheidenheid waarin Welzijn op Recept-projecten op dit moment ingezet worden en het onbenut potentieel hebben ertoe geleid dat we samen met de zes leergemeenten van het Landelijk kennisnetwerk Welzijn op Recept het welzijnsrecept en het gehele bijbehorende traject met elkaar hebben geanalyseerd. We hebben ons gebogen over de vraag wat nu eigenlijk, objectief gezien, de kenmerken zijn van een goed welzijnsrecept. Daartoe zijn we tot een framework van Welzijn op Recept gekomen. Dat framework bevat de volgende zes essentiële bestanddelen die ingevuld dienen te worden om Welzijn op Recept goed en volledig uit te kunnen voeren:

- de uitgangspunten van Welzijn op Recept;
- de indicatiestelling en verwijzing van de patiënt;
- de gesprekken van de welzijnscoach met de cliënt;
- de activiteiten die de deelnemer uiteindelijk gaat doen;
- een monitoring-en-evaluatiesysteem;
- de randvoorwaarden waaronder Welzijn op Recept plaatsvindt.

Vervolgens hebben we per essentieel bestanddeel bekeken wat daarbinnen de kernelementen zijn die je goed dient te verzorgen. Deze kernelementen zijn vaak de succesfactoren voor implementatie en borgen. We hebben deze beschreven op basis van onze ervaringen tot nog toe met alle bestaande Welzijn op Recept-projecten. Het goed verzorgen van de kernelementen zorgt ervoor dat je veel valkuilen kunt vermijden. Tevens geven ze aan waar zich de beperkingen bevinden: wat werkt nu wel, wat werkt minder en waar moet je bij de implementatie en bij het borgen rekening mee houden? We hebben dit hieronder uitgebeeld in de vorm van een hamburger.

Welzijn op Recept als broodje hamburger?

Met behulp van de metafoor van het broodje hamburger kunnen we uitleggen wat we bedoelen met essentiële bestanddelen die in fig. 2.4 worden genoemd. Als je een broodje hamburger bestelt in een café of een restaurant, heb je van tevoren wel een idee wat de essentiële bestanddelen van zo'n broodje zijn. Het broodje zelf kan groter of kleiner zijn en de hamburger zelf kan pittig of zacht van smaak zijn, maar elk broodje hamburger bestaat hoe dan ook uit een aantal bestanddelen die aanwezig moeten zijn om het te kunnen hebben over … een broodje hamburger: in ieder geval een doormidden gesneden broodje, met daartussen de hamburger (die vaak bestaat uit vlees) met daarop de saus die overal doorheen te proeven is. Zijn deze zaken er niet, dan is er geen sprake van een broodje hamburger.

En precies deze essentiële bestanddelen was wat lange tijd het probleem is geweest met Welzijn op Recept. Want als je mensen vraagt om zich een Welzijn op Recept traject voor te stellen, dan gaan de beelden al snel alle kanten op. Terwijl als je mensen deze vraag stelt bij een hamburger, dan heeft iedereen hier een gelijksoortig beeld bij. Zo komen we op de metafoor van de hamburger. Een belangrijk doel van het boek is immers om tot een eenduidige beeldvorming te komen van wat Welzijn op Recept wel en niet inhoudt.

Essentieel bestanddeel Uitgangspunten

De meeste Welzijn op Recept-projecten starten met het vormgeven van het essentieel bestanddeel Uitgangspunten, de bovenste helft van het broodje. Hieronder vallen de visie op zorg en welzijn (bijvoorbeeld de expliciete keuze om te gaan werken vanuit positieve

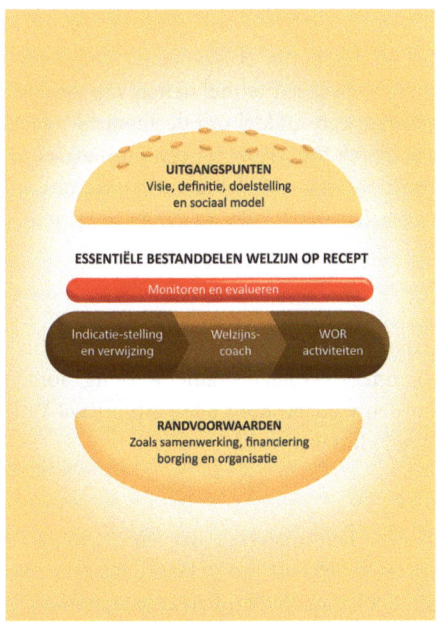

Figuur 2.4 Het hamburgermodel: alle essentiële bestanddelen voor succesvolle uitvoering van Welzijn op Recept

gezondheid of positieve psychologie) en de plaats van Welzijn op Recept hierbinnen. Verder gaat het over de doelstelling van Welzijn op Recept en het verwijzen van niet medische problematiek. Zie hiervoor ▶H. 1.

De volgende drie essentiële bestanddelen vormen samen het operationele proces.

- **Essentieel bestanddeel Indicatiestelling en verwijzing**

Als eerste gaat de eerstelijnszorgverlener na of de individuele patiënt met psychosociale klachten in aanmerking komt voor Welzijn op Recept. Is hij bereid en gemotiveerd om andere (gedrags)keuzes te maken? De huisarts begrijpt dat er wat koudwatervrees kan optreden, wanneer hij iets nieuws voorstelt. (We gaan in ▶H. 3 dieper op dit Essentieel bestanddeel in.)

- **Essentieel bestanddeel ondersteuning door de Welzijnscoach**

Na de indicatiestelling neemt de welzijnscoach het stokje over van de eerstelijnszorgverlener. De welzijnscoach zoekt contact met de doorverwezen patiënt, die hij *cliënt* noemt. Bij de intake controleert de welzijnscoach de juistheid van de verwijzing vanuit zijn expertise en ervaring. Kan hij deze persoon inderdaad helpen met Welzijn op Recept? De welzijnscoach werkt in deze fase aan de vertrouwensrelatie met de cliënt. Aansluitend start het gezamenlijk zoekproces naar een passende activiteit. Hiertoe inventariseert de welzijnscoach de wensen en behoeften van de cliënt. (Over de ondersteuning die een welzijnscoach biedt, lees je meer in ▶H. 4.)

- **Essentieel bestanddeel Welzijn op Recept-activiteit**

Het derde essentieel bestanddeel begint vanaf het moment dat er een activiteit gekozen wordt. Deze activiteit dient volledig aan te sluiten bij de wensen en behoeften van de deelnemer. De activiteit is geen doel op zich, maar ze vormt een middel om deelnemers sociaal te activeren. Belangrijk criterium is dan ook of de activiteit inderdaad tot een positieve ervaring leidt en of er contacten met andere deelnemers door ontstaan. Het kan dan gaan om een groepsactiviteit, een maatjesproject of vrijwilligerswerk. (In ▶H. 5 gaan we dieper in op activiteiten voor sociale activering.)

- **Essentieel bestanddeel Randvoorwaarden**

De onderste helft van het broodje wordt gevormd door het Essentieel bestanddeel Randvoorwaarden. Bij randvoorwaarden dien je te denken aan onderwerpen als samenwerking, borgen en financiering. Dit zijn de eisen waaraan moet worden voldaan door alle partners wil Welzijn op Recept goed, effectief en efficiënt plaats kunnen vinden.

Samenwerking

Om een goede samenwerking tot stand te brengen, is het belangrijk dat alle partners de noodzaak tot het investeren in samenwerking erkennen. Het is van belang dat zij in hun werkplan duidelijk een gezamenlijk doel formuleren. Ook dienen de rollen en verantwoordelijkheden van de verschillende partners goed omschreven te worden. Samenwerken is gebaseerd op vertrouwen. Dat ontstaat alleen als je elkaar en elkaars werkwijze kent. Hiervoor zijn structureel overleg en afspraken over lerend werken en monitoren nodig (zie ▶H. 6).

Borgen

Borgen is een essentieel element in de samenwerking. Wil je deze interventie landelijk laten floreren en wil je zorgen dat Welzijn op Recept optimaal blijft draaien, dan dient zij daadwerkelijk ingebed te geraken in de dagelijkse routines. De kern van het borgen is: je vergroot de kans dat je wat je vandaag ontwikkelt morgen opnieuw en in een verbeterde versie ook terug zult zien. Borgen van Welzijn op Recept betekent dat je de goede punten in de uitvoering behoudt, dat je deze in concrete afspraken giet en dat je zo de kwaliteit bewaakt (zie ▶H. 7).

Financiering

Ten aanzien van de financiering is Welzijn op Recept een vreemde eend in de bijt. Niet in de laatste plaats omdat het twee domeinen combineert die van oudsher hun eigen financieringsstromen kennen. De financiering van eerstelijnszorgverleners loopt klassiek langs zorgverzekeraars, terwijl welzijn juist vanuit gemeentelijke gelden bekostigd wordt. Welzijn op Recept lijkt op het eerste oog vooral extra geld te kosten, maar deze investeringen dien je af te zetten tegen de maatschappelijke kosten en baten op de langere termijn (zie ▶H. 9).

- **Essentieel bestanddeel Monitoring en evaluatie**

Om Welzijn op Recept goed uit te voeren is meer nodig dan enkel het verwoorden van de uitgangspunten en het inrichten van het operationele werkproces. Monitoring en evaluatie zijn essentieel. Het (geautomatiseerd) verzamelen van data en informatie rondom Welzijn op Recept is daarom een doorlopende activiteit. Dit is nodig om realtime te kunnen monitoren hoe het werkproces loopt en welke tussentijdse resultaten geboekt worden. Monitoren en evalueren zijn nodig om het proces en de uitvoering van Welzijn op Recept te borgen en op tijd bij te sturen. Zij houden het proces levend en bewaken de kwaliteit van de samenwerking en de uitvoering van Welzijn op Recept. (Zie hiervoor ▶H. 8.)

2.5 Conclusie

Welzijn op Recept wordt inmiddels in meer dan zeventig gemeenten voorgeschreven. Ondanks de positieve ervaringen van patiënten en de voordelen voor huisartsen en welzijnscoaches, valt vooral op dat het aantal Welzijn op Recept-verwijzingen in relatie tot het aantal patiënten met psychosociale problematiek in de eerstelijnspraktijk erg laag is. Er is nog veel terrein te winnen.

Welzijn op Recept wordt momenteel op veel verschillende manieren uitgevoerd. Hierdoor kan de kwaliteit niet goed beoordeeld worden. In 2018 inventariseerde en omschreef de leergemeenschap van het Landelijk kennisnetwerk Welzijn op Recept die bestanddelen die essentieel zijn om Welzijn op Recept kwalitatief goed uit te voeren. Er zijn zes essentiële bestanddelen geïdentificeerd die als methodische onderlegger kunnen dienen:
- de uitgangspunten van Welzijn op Recept;
- de indicatiestelling en verwijzing van de patiënt;
- de gesprekken van de welzijnscoach met de cliënt;
- de activiteiten die de deelnemer uiteindelijk gaat doen;
- een monitoring-en-evaluatiesysteem;
- de randvoorwaarden waaronder Welzijn op Recept plaatsvindt.

We benoemden kort alle essentiële bestanddelen hoe deze de uitvoering van Welzijn op Recept tot een succes kunnen maken. Werken volgens de essentiële bestanddelen van Welzijn op Recept zorgt voor meer kwaliteit in de uitvoering. Alleen de combinatie van alle essentiële bestanddelen *samen* vormt Welzijn op Recept. Bovendien horen ze alle zes met een bepaalde kwaliteit uitgevoerd te worden om Welzijn op Recept tot een succes te maken.

Binnen ieder essentieel bestanddeel zijn kernelementen benoemd. Per essentieel bestanddeel bekeken we wat nu maakt dat iets wel of niet werkt, wat dat essentieel bestanddeel tot een succes maakt en wat de beperkingen zijn. Dit leidde per essentieel bestanddeel tot een aantal kernelementen. In de volgende hoofdstukken gaan we dieper in op de verschillende essentiële bestanddelen en de bijbehorende kernelementen.

Indicatiestelling en verwijzing naar Welzijn op Recept door de eerstelijnszorg

3.1 De behoefte van de patiënt aan sociale contacten: inzicht en motivatie – 34

3.2 Wie vallen nu binnen en wie buiten de doelgroep? – 36

3.3 Verwijzen naar Welzijn op Recept – 40

3.4 Welzijn op Recept inbedden in de dagelijkse praktijk – 41

3.5 Welzijn op Recept beleidsmatig beter borgen – 45

3.6 Conclusie – 51

© Bohn Stafleu van Loghum is een imprint van Springer Media B.V., onderdeel van Springer Nature 2019
M. Heijnders en J. J. Meijs, *Handboek Welzijn op Recept*, https://doi.org/10.1007/978-90-368-2376-0_3

> 'De afgelopen jaren heb ik voor mijn vrouw gezorgd. Zij had longkanker. Ik heb tot het laatste moment voor haar gezorgd. In het laatste jaar reden we heel wat af naar het ziekenhuis in Rotterdam voor haar chemobehandelingen. Ondanks dat ik zelf beperkt ben met mijn COPD en diabetes, ben ik blij dat ik dat heb kunnen doen. Door de intensieve tijd met mijn vrouw ben ik veel bekenden en kennissen uit het oog verloren. Nu merk ik dat ik veel thuis zit. Ergens alleen naartoe gaan doe ik niet zo snel. De huisarts stuurde mij door naar de welzijnscoach. Wie of wat dat was, was voor mij niet helemaal duidelijk, maar ik vertrouwde zijn advies. Ik had geen idee wat ik van deze verwijzing kon verwachten en wat die in zou houden. Ik dacht bij mezelf: ik zie wel wat het is. Ik ben er gewoon naartoe gegaan en heb mijn verhaal gedaan. Uiteindelijk ben ik gaan zwemmen en zo heb ik wat mensen leren kennen. Ik voel me nu beter en pieker minder.' – een inwoner van Nieuwegein.

'Mensen met spanningsklachten komen regelmatig op mijn spreekuur. Ik kan met hen de oorzaak van deze klachten bespreken, maar als het alleen daarbij blijft, dan weet ik dat ik hen vroeg of laat weer terugzie op mijn spreekuur. Ik heb als huisarts maar tien minuten en in die tijd heb ik wel geleerd om de klachten medisch af te handelen maar nog niet om een Welzijn op Recept-gesprek te voeren. Dat vraagt om andere kennis en vaardigheden dan ik nu heb. In ieder geval om dit in tien minuten te doen. Voor Welzijn op Recept werk ik samen met een welzijnscoach. Fijn is dat zij ook in mijn gezondheidscentrum spreekuur houdt. Hierdoor kan ik een patiënt gericht verwijzen, gemakkelijk overleggen en kan de welzijnscoach op haar beurt eenvoudig en laagdrempelig aan mij terug rapporteren welke stappen zijn gezet. Hierdoor kan ik de patiënt beter begeleiden.' – een huisarts, Den Haag.

Inleiding

Dit hoofdstuk gaat over het essentieel bestanddeel Indicatiestelling en verwijzing door eerstelijnszorg. Hierbinnen is de relatie tussen de eerstelijnszorgverlener en de patiënt erg belangrijk; zeker die tussen de huisarts en de patiënt. Deze relatie bestaat vaak al langer en is gebaseerd op vertrouwen en (medische) expertise. Hierdoor geniet de huisarts doorgaans een bepaalde autoriteit en is hij bij uitstek degene om de juiste indicatie te stellen en iemand door te verwijzen naar Welzijn op Recept.

Welzijn op Recept richt zich op de patiëntengroep met psychosociale klachten die regelmatig bij de eerstelijnszorgverlener komt. De praktijkervaring met Welzijn op Recept laat op dit moment echter ook zien dat een groep patiënten wordt verwezen waarvoor Welzijn op Recept niet helemaal bedoeld is. Het gaat dan om een groep patiënten met te 'zware' problematiek voor Welzijn op Recept.

De eerstelijnszorgverlener schat in of hij iemand wel of niet door zal verwijzen door allereerst te kijken naar de zwaarte van de psychosociale problematiek. Daarnaast gaat hij na of de patiënt zelf gemotiveerd is om iets aan zijn situatie te veranderen. Om met Welzijn op Recept te kunnen werken is kennis over de interventie nodig, maar de eerstelijnszorgverlener moet zich ook met een aantal randvoorwaardelijke zaken bezighouden om dit goed te kunnen uitvoeren in de dagelijkse praktijk. We sluiten dit hoofdstuk af met een concreet stappenplan voor het voorschrijven van een welzijnsrecept in de eerstelijnspraktijk.

> **Kernelementen**
> Kernelementen binnen het essentiële bestanddeel Indicatiestelling en verwijzing door eerstelijnszorgzorgverlener zijn:
> - interactie tussen zorgverlener en patiënt;
> - autoriteit van de huisarts;
> - motivatie van de patiënt om zijn alternatieve keuze te maken;
> - kennis van de doelgroep en de verwijsprocedure;
> - terugkoppeling en feedback;
> - monitoring en evaluatie;
> - structureel overleg met samenwerkingspartners;
> - organisatorische randvoorwaarden.

3.1 De behoefte van de patiënt aan sociale contacten: inzicht en motivatie

- **Huisarts als sparringpartner, autoriteit en vertrouwenspersoon**

De huisarts vervult in de maatschappij van vandaag de dag steeds meer de functie van sociaalmaatschappelijke vraagbaak voor problemen en klachten van allerlei aard. Natuurlijk blijft hij ook de eerst aangewezene om zijn medische expertise voor zijn patiënten in te zetten bij ziekte en andere medische aandoeningen. Maar dit is al lang niet meer de enige rol die de huisarts heeft. Hij is voor veel mensen een sparringpartner en vertrouwenspersoon gedurende de verschillende fasen in hun leven. Idealiter bouwt een huisarts een langdurige relatie op met zijn patiënten. Hij is laagdrempelig beschikbaar en kan meedenken op een groot gebied aan vraagstukken. Voor een bezoek aan de huisarts worden aan de patiënt geen kosten doorberekend. Dit is een goede zaak, want dit versterkt de laagdrempeligheid. Hierdoor is het mogelijk dat mensen niet alleen voor lichamelijke klachten en problemen naar de huisarts gaan, maar vaak ook voor andere problemen.

Het basisvertrouwen in de huisarts, gecombineerd met zijn expertise, geven de huisarts de autoriteit en het mandaat om het gesprek ook over de onderliggende oorzaak van de klachten van psychosociale aard met de patiënt aan te gaan (Becker 2015; Carnes et al. 2017). In dit gesprek kan de huisarts voor zichzelf nagaan of Welzijn op Recept een goede verwijzing voor deze patiënt is. Wanneer de zwaarte en aard van de psychosociale klachten overeenkomen met het profiel dat geschikt is voor Welzijn op Recept, kan hij hierover met de patiënt in gesprek gaan en meer informatie geven. Naast de autoriteit die de patiënt de huisarts toedicht, is ook de interpersoonlijke relatie tussen de huisarts en patiënt een belangrijk kernelement om Welzijn op Recept goed uit te voeren (Bertotti et al. 2018). De ervaring leert dat patiënten een verwijzing naar Welzijn op Recept niet verwachten en ook wel spannend vinden, maar dat de meeste patiënten de huisarts als verwijzer wel volledig vertrouwen (Heijnders et al. 2015).

- **Bereidheid en intrinsieke motivatie bij de patiënt**

Voor de verwijzing naar Welzijn op Recept is het belangrijk dat de patiënt tot het inzicht is gekomen dat zijn klachten en problemen zich niet door een bezoek aan de huisarts oplossen en dat ook medicatie of een verwijzing naar bijvoorbeeld een psycholoog, fysiotherapeut of medisch specialist niet de beste en meest passende oplossing is om aan het onderliggende probleem te werken. De intrinsieke motivatie van de patiënt is een belangrijk kernelement. De huisarts gaat na in hoeverre de patiënt intrinsiek gemotiveerd is om van zijn probleem af te komen. Hij schat in in welke mate de patiënt bereid is om iets nieuws uit te proberen, ook al is dat spannend. Kan de patiënt ervoor open staan om na te gaan of Welzijn op Recept een passende stap is op weg naar een duurzame oplossing (Husk et al. 2016; Polley et al. 2017; Reijnen 2017a en b)?

Veel huisartsen zeggen dat ze Welzijn op Recept echt moeten verkopen aan de patiënt. Daar zijn soms meerdere gesprekken voor nodig. De huisartsen die zitting hebben in de leergemeenschap geven daarvoor als reden dat Welzijn op Recept bij de meeste patiënten nog niet bekend is. Dit betekent dat het in de praktijk extra tijd kost om uit te leggen wat een welzijnsrecept is en wat een welzijnscoach precies doet. Een huisarts in Leiden zegt bovendien dat patiënten hun psychosociale klachten zo medicaliseren dat er nauwelijks een opening is om er een gesprek over te voeren. Als dat het geval is, dan wordt het lastig naar Welzijn op Recept te verwijzen. Deze huisarts zegt hierover:

> 'Een van mijn patiënten komt heel regelmatig met allerlei wisselende klachten op mijn spreekuur. Omdat ik denk dat zij gebaat zou zijn bij een verwijzing naar het welzijn, ben ik deze keer het consult gestart met de vraag: "Als ik naar het afgelopen jaar kijk, hebben we elkaar ruim twintig keer gesproken. Ik heb niet het gevoel dat ik je iets heb kunnen bieden. Hoe zou je het vinden als we het eens over een andere boeg zouden gooien?" Ik vertelde haar over Welzijn op Recept en over mijn plan om haar naar de welzijnscoach te verwijzen. Hierop werd patiënte enorm boos, ze stelde dat het geen aanstellerij is en dat ze wel degelijk ziek is. Vervolgens liep ze de spreekkamer uit. Als huisarts voelde ik me erg schuldig en probeerde ik telefonisch contact te zoeken, maar patiënte wilde niet met me praten. Na drie maanden kwam ze weer op consult (mijn assistente had gelukkig een dubbel consult ingepland aan het einde van het spreekuur) en voerden we samen een stevig, maar niet onplezierig gesprek. Daarop zei ze een verwijzing naar de welzijnscoach wel te willen proberen. Dit heeft goed uitgepakt. Patiënte neemt inmiddels deel aan diverse activiteiten bij haar in de buurt en komt nog met regelmaat bij mij langs. Deze consulten zijn echter niet meer zoals vroeger gericht op de klachten, maar op hoe het telkens iets beter met haar gaat. De klachten die voor die tijd hardnekkig aanwezig bleven, verdwijnen nu steeds meer naar de achtergrond. Het zijn nu consulten waar ook ik als huisarts vrolijk van word en energie van krijg.'

De huisarts die hier aan het woord is, vertelt in feite dat niet alleen de eerstelijnszorgverlener moet wennen aan Welzijn op Recept, maar dat het ook voor veel patiënten nog heel erg onwennig is. De huisarts in Leiden had behoorlijk wat verbale druk nodig om zijn patiënte te motiveren om een andere keuze te maken. Dit voelde ook voor de huisarts erg ongemakkelijk, maar leidde uiteindelijk wel tot de gewenste oplossing voor beide partijen. Dit 'professioneel forceren' is een handelingsrepertoire dat mogelijk nog niet gemeengoed is bij veel huisartsen, maar wel noodzakelijk om de juiste zorg op de juiste plaats te bieden.

3.2 Wie vallen nu binnen en wie buiten de doelgroep?

In deze paragraaf laten we zien wie de potentiële patiënten voor Welzijn op Recept zijn. Wie valt binnen de doelgroep (en bereiken we nu nog niet altijd goed)? In het tweede deel van deze paragraaf draaien we het om en gaan we in op het vraagstuk wie nu eigenlijk buiten de doelgroep valt. Door beide groepen scherp te benoemen, hopen we de eerstelijnszorgverleners te helpen deze interventie beter te verspreiden onder de juiste doelgroep.

- **Potentiële deelnemers aan de interventie Welzijn op Recept**

Welzijn op Recept richt zich op de groep patiënten met psychosociale klachten die veel voorkomen in de huisartsenpraktijk. Het aantal patiënten met psychosociale problemen neemt flink toe, zo beschrijft het Nivel. Ook het aantal bezoeken aan de huisarts per patiënt stijgt. Schattingen van de prevalentie van patiënten die met psychosociale klachten bij hun huisarts komen, liggen sinds jaar en dag rond de 50 % (Walters et al. 2008; Rosenberg et al. 2002).

De doelgroep die in aanmerking komt voor een welzijnsrecept bestaat uit alle patiënten aan wie een huisarts in het consult een psychische of sociale diagnosecode geeft (ICPC-codering[1]). Dit zijn de zogenaamde P- en Z-codes waarmee de huisarts in het dossier van de patiënt het bezoek classificeert. Waarvoor kwam deze patiënt op dit moment bij mij? Dit kan bijvoorbeeld met ICPC-code P03 = down gevoel; P76 = depressie; Z12 = relatieproblemen; Z15 = verlies of overlijden partner et cetera.

Uit een recente literatuurstudie naar Welzijn op Recept (Ranke et al. 2018) blijkt dat de doelgroep die verwezen wordt een gemiddelde leeftijd heeft van vijftig jaar. Daarnaast heeft dit patiënttype een relatief hoog aantal contacten met de huisarts, is sprake van een langdurig ziektebeloop en is de patiënt vaak met psychosociale klachten bekend. Een evaluatiestudie in Nieuwegein (Pomp et al. 2015) liet zien dat huisartsen patiënten in de praktijk pas naar Welzijn op Recept verwijzen als sprake is van een combinatie van problemen. Het blijkt dat een combinatie van twee of meer P- en Z-codes een leidend principe is. Patiënten met slechts één code gekoppeld aan hun klachten, worden vanuit Nieuwegein bijna nooit verwezen naar Welzijn op Recept.

In de interventiebeschrijving van Welzijn op Recept (Sinnema et al. 2014) staat de doelgroep van Welzijn op Recept als volgt beschreven:

'(…) volwassenen met een laag welbevinden samenhangend met psychosociale problemen die regelmatig bij de huisarts komen.'

Met volwassenen worden mensen bedoeld van achttien jaar en ouder. In veel gemeenten die werken met Welzijn op Recept beperkt de doelgroep zich echter in de praktijk tot de groep 55+ of ouderen.

---

1 ICPC-codering is de afkorting van International Classificatie of Primary Care en is in Nederland geaccepteerd als de standaard voor het coderen en classificeren van klachten, symptomen en aandoeningen in de huisartspraktijk. In Nederland gebruiken huisartsen de ICPC-1.

Problemen die een rol kunnen spelen

De volgende problemen (enkelvoudig of in combinatie met elkaar) kunnen een rol spelen:
- psychische klachten: somber voelen, angstig gevoel, veel piekeren, stress en overspannenheid, overige psychische klachten;
- eenzaamheid, dreiging sociaal isolement, beperkt netwerk;
- vastlopen in het leven, problemen op het werk, relatieproblemen, meemaken van een ingrijpende gebeurtenis;
- problemen met chronische lichamelijke ziekte;
- chronische psychische klachten (al behandeld en nu stabiel);
- problemen met ziekte van ouders, familie, partner, kind (bij mantelzorgers);
- lichamelijk onvoldoende verklaarde klachten (veel wisselende lichamelijke klachten);
- slaapproblemen;
- ongezonde leefstijl (roken, te weinig bewegen, overgewicht);
- niet naar de zin in de wijk, zich onveilig voelen.

Hieronder volgen vier concrete cases waarbij Welzijn op Recept als geschikte interventie is ingezet:

Casus 1

Een 88-jarige mevrouw komt regelmatig op het spreekuur van de huisarts. Ze heeft steeds vage klachten. Bij doorvragen geeft ze aan dat ze vroeger veel aan zwemmen deed. Dat sporten zorgde ervoor dat ze twee keer per week een fijne groep mensen ontmoette in het zwembad. Gezien haar leeftijd en haar teruglopende gezondheid is ze nu alweer een paar jaar niet meer in het zwembad te vinden geweest. Ze heeft er moeite mee dat met het wegvallen van zwemmen ook de sociale contacten weg zijn komen te vallen. Ze geeft aan veel thuis te zitten en het moeilijk te vinden dat ze niets meer om handen heeft. Na verwijzing naar Welzijn op Recept en na gesprekken met de welzijnscoach is mevrouw mee gaan doen met de spelletjesmiddag in het buurthuis. Omdat mevrouw slecht ter been is, halen buurtbewoners haar op. Na een aantal maanden ziet de huisarts mevrouw weer op zijn spreekuur. Ze vertelt enthousiast dat ze inmiddels ook meedoet met de kaartclub en dat ze één keer per week mee-eet in het buurthuis. Voor haar betekent Welzijn op Recept dat ze weer meedraait in de maatschappij en dat ze zich weer gezien en gewaardeerd voelt.

Casus 2

Een mevrouw heeft een halfjaar geleden een hartinfarct gehad. Ze is daar zonder restschade van hersteld. Wel heeft ze daarna een moeilijke periode doorgemaakt. Om deze zorgen van zich af te praten, heeft ze een tijdje gesprekken gehad met de POH-GGZ. Ze komt nog regelmatig op het spreekuur van de huisarts. Mevrouw is nog wat angstig en neemt langzaam in gewicht toe. De huisarts geeft het advies om meer te gaan bewegen en wat af te vallen. Mevrouw vindt dit moeilijk. Na een verwijzing naar Welzijn op Recept en gesprekken met de welzijnscoach besluit mevrouw mee te doen met de wandelclub in de wijk. Eens per maand doet ze ook mee met de kookclub die in het gemeenschapshuis bijeenkomt. In de bezoeken op het spreekuur in de periode hierna ziet de huisarts dat mevrouw langzamaan haar plekje aan het terugveroveren is en dat het steeds beter met haar gaat.

> **Casus 3**
>
> Een man van begin zeventig wiens partner vorig jaar is overleden, komt sindsdien regelmatig op het spreekuur van de huisarts met klachten van depressieve aard. Sinds zijn vrouw is overleden, trekt hij zich terug in zijn appartement en heeft hij nog maar weinig sociale contacten. Meneer is een klassiek voorbeeld van iemand bij wie zijn wat minder ontwikkelde sociale vaardigheden gecompenseerd werden door de aanwezigheid van een partner. Zijn partner zorgde voor een dagelijkse routine. Als de partner overlijdt raakt hij in een sociaal isolement en zijn de routines die voorheen heel gewoon waren weg. Op advies van de welzijnscoach neemt de man deel aan de cursus creatief leven. Dat is een cursus die zich richt op het leren van vaardigheden om meer inzicht te krijgen in je situatie. De cursus maakt het mogelijk om laagdrempelig stappen te zetten naar het opbouwen van een sociaal netwerk dat past bij wie je bent. Na de cursus geeft meneer zich op voor een cursus samen koken die in de wijk gegeven wordt. Heel langzaam gaat het daarna beter met meneer. Het blijft echter een aandachtspunt om dat wat hij in de cursus geleerd heeft in de praktijk te brengen.

> **Casus 4**
>
> Een Marokkaanse man komt op het spreekuur van de huisarts. Hij uit een aantal vage klachten, is duidelijk vermoeid en hij geeft aan veel stress te ervaren. Na wat doorvragen vertelt hij dat hij vorig jaar ontslagen is op zijn werk, maar dat zijn familie dit niet mag weten. Hij geeft aan veel te piekeren over de financiële problemen die zijn ontslag hebben veroorzaakt en de problemen die hem nog boven het hoofd hangen. Door een angstaanval die hij achter het stuur van zijn auto kreeg, durft hij nu niet meer met zijn auto op pad. De angstklachten beginnen zich verder uit te breiden naar claustrofobie in liften en recentelijk leek het er even op dat hij pleinvrees aan het ontwikkelen was. In de eerste gesprekken besteedt de welzijnscoach veel tijd en energie aan hun onderlinge vertrouwensrelatie. Dan stelt hij de vraag hoe de man binnen zijn familie het gesprek zou kunnen beginnen over zijn werkloosheid. Samen met iemand van schuldhulpverlening brengt de man zijn financiën in kaart. Zo ontstaat er weer overzicht. Deze sessie zorgt dat er weer wat ruimte in zijn hoofd ontstaat. Na een paar maanden kan hij weer deelnemen aan het verkeer en begint hij met vrijwilligerswerk in het buurthuis.

- **Een aantal reflecties op deze cases**

Casus 1 laat een voorbeeld van eenzaamheid onder ouderen zien. Deze groep wordt de komende jaren – onder invloed van de dubbele vergrijzing – steeds groter. Voor deze groep wordt de wereld waarin zij leven alsmaar kleiner. In al deze gevallen kan Welzijn op Recept uitkomst bieden.

Casus 2 laat zien dat Welzijn op Recept er niet alleen is voor eenzame mensen, maar dat de interventie door de laagdrempeligheid ook goed kan worden ingezet voor mensen die jonger zijn en door ziekte thuis zijn komen te zitten.

Casus 3 laat zien wat de impact is van het wegvallen van een levenspartner die zorgde voor de dagstructuur en sociale contacten. Voordat zo iemand kan deelnemen aan Welzijn op Recept is een cursus als 'Grip en Glans' of 'Creatief Leven' aan te raden.

Casus 4 laat zien wat de directe effecten zijn van werkloosheid en wat ook de indirecte gevolgen ervan kunnen zijn in termen van spijt, schuld en schaamte. Als iemand veel piekert, is het zaak om zo goed mogelijk zicht te krijgen op de bron van het piekeren. Zo kunnen bijvoorbeeld financiële problemen en schaamtegevoelens aan het licht komen.

> **Contra-indicaties voor Welzijn op Recept**
> Voor wie is een Welzijn op Recept-verwijzing nu niet geschikt? We zetten hier een aantal mensbeschrijvingen op een rij, waarvan we kunnen stellen dat het beter is om ze niet naar Welzijn op Recept te verwijzen:
> - mensen die al heel uitgebreid, en vaak langdurig, in een zorgtraject lopen en begeleid worden;
> - mensen met chronische psychiatrie (aan wie al veel zorg wordt verleend);
> - mensen met een verstandelijke beperking die intensief begeleid worden;
> - mensen met ernstig drugsgebruik, zij hebben eerst andere hulp nodig;
> - mensen met een ernstige persoonlijkheidsstoornis.

Doorverwijzen zware problematiek

De praktijkervaring met Welzijn op Recept leert dat in eerstelijnscentra waar Welzijn op Recept-verwijzingen regelmatig worden voorgeschreven na verloop van tijd ook patiënten met zwaardere en complexere problematiek worden doorverwezen (zie ook: Meije et al. 2017; Rijcken 2017). Maar het succes met de ene groep (van lichte psychosomatische klachten) is nog geen garantie voor succes voor de andere groep (met zwaardere en complexere problematiek). Sterker nog, daar is de interventie niet voor bedoeld en dus niet voor ingericht. Welzijn op Recept richt zich immers niet op het behandelen van onderliggende problemen; het is een kortdurende oplossingsgerichte interventie, die zich vooral richt op sociale activering. Dit is echter bij complexe problematiek niet het geval. Daarbij is de welzijnscoach niet opgeleid om met deze zwaardere ziektebeelden om te gaan. Dit soort problematiek hoort dus echt thuis bij het sociale wijkteam.

> **Twee verwijskanalen**
> Ga je differentiëren tussen de zwaarte van de psychosomatische klachten, dan ontstaan er feitelijk twee verwijskanalen. Als volgt:
> 1. lichte psychosociale problematiek → verwijzen naar Welzijn op Recept;
> 2. zware psychosociale problematiek → verwijzen naar het sociale wijkteam.

Voor het onderscheid lichte en zware psychosociale problematiek en dus verwijzen naar Welzijn op Recept versus verwijzing naar het sociale wijkteam, vond de leergemeenschap het belangrijk om onderscheid te maken tussen de situationele 'lichte' problematiek waarbij je al vroeg in het traject van het ontstaan van sociaal-maatschappelijke problematiek verwijst (bijvoorbeeld net ontslagen, partner net overleden) en structurele, chronische problematiek die al jaren bestaat en er vaak een patroon van frequent bezoek (veelgebruik) aan de huisarts is ontstaan.

Situationele en structurele problematiek refereert aan de duur van de situatie (Machielse 2011): zijn bij Welzijn op Recept de psychosociale problemen ontstaan door ingrijpende levensgebeurtenissen of spelen de problemen al langer of is de aanleiding voor de psychosociale problematiek niet (meer) duidelijk? De studie van Machielse laat zien dat naarmate het probleem langer duurt, het lastiger is om het probleem op te lossen; dit vraagt om een intensiever begeleidingstraject.

Binnen de leergemeenschap leerde de ervaring wel dat de situationele problematiek uitstekend past bij de verwijzing naar het welzijn. De ervaring binnen de leergemeenschap leert echter ook dat verwijzingen van mensen met meer structurele problematiek toenemen. Dit leidt tot een verzwaring van het werk van de welzijnscoach, die hier niet voor is opgeleid. De structurele problematiek kan verwezen worden binnen Welzijn op Recept als de lokale situatie hierom vraagt, maar hierover moeten dan wel afspraken gemaakt worden met de welzijnsorganisatie. Zoals de studie van Machielse al aantoont, vraagt deze structurele problematiek om een andere en vaak langduriger vorm van begeleiding.

- **Triage in het sociale domein?**

Om het bovenstaande onderscheid goed te blijven maken, werd binnen de leergemeenschap geadviseerd om, net als voor medische problematiek, ook voor het sociale domein te triageren en differentiëren. Als vuistregel bij de triage gelden dan de verwijsregels, zoals gesteld in het kader Twee verwijskanalen op pagina 39.

Dit betekent in de praktijk dat een huisarts twee kanalen heeft om toe te leiden naar het sociale domein: voor (lichtere) psychosociale problematiek naar de welzijnscoach en de rest naar het sociaal wijkteam. 'Verkeerde' verwijzingen die bij de welzijnscoach komen, verwijst de welzijnscoach dan niet terug naar de huisarts, maar verwijst hij door naar de plek waar deze thuishoren: sociaal wijkteam, schuldhulpverlening, werk en inkomen et cetera. Hetzelfde geldt dan voor het sociale wijkteam. Waarbij we ervoor moeten oppassen om de welzijnscoach als poortwachter of werkverdeler voor het sociaal domein te gaan zien.

- **Wijkteams die niet toekomen aan vroegsignalering**

Uit een recente peiling van Movisie onder gemeenten naar de stand van zaken bij sociale (wijk)teams weten we dat de wijkteams hun handen vol hebben aan de aanpak van complexe meervoudige problematiek van hun cliënten. Ze komen door de hoge caseload van individuele hulpvragen en zware problematiek niet toe aan vroege signalering of preventie onder de wijkbewoners. Maar liefst 44 % van de gemeenten geeft aan dat wijkteams onvoldoende toekomen aan dit zogenaamd *outreachend* werken (Arum en Enden 2018). De vroeg signalering en 'preventie van erger' zijn nu juist zaken waar Welzijn op Recept zich op richt.

3.3 Verwijzen naar Welzijn op Recept

Als de patiënt geïnteresseerd en gemotiveerd is, verwijst de zorgverlener naar Welzijn op Recept. Bij het verwijzen naar Welzijn op Recept blijkt uit verschillende rapporten dat de huisarts de belangrijkste verwijzer is. Andere verwijzers naar Welzijn op Recept zijn de praktijkondersteuner (POH), de psycholoog, de fysiotherapeut, de wijkverpleegkundige en het loket zorg, werk en inkomen (Becker 2015; Pomp et al. 2015; Reijnen 2017a en b; Rijcken 2017; Steekelenburg en Dijk 2017).

Een kernelement is dat tussen de eerstelijnspraktijk en de welzijnscoach afspraken zijn gemaakt over de verwijsprocedure. In de verwijsprocedure wordt duidelijk vastgelegd welke manier de verwijzingen plaatsvinden en welke informatie met elkaar gedeeld wordt. Sommige steden reiken het verwijstraject ook uit aan samenwerkingspartners om op deze manier de rol en taken van de welzijnscoach duidelijk te profileren. Zie bijlage 2 voor beschrijvingen uit Leiden en Amsterdam.

Het is hierbij belangrijk dat verwijzen binnen Welzijn op Recept eenvoudig is en aansluit bij de manier van werken die gebruikelijk is binnen de dagelijkse eerstelijnspraktijk. Dit rekening houdend met de kaders van de nieuwe wet- en regelgeving (AVG). Het is belangrijk dit voor alle zorgverleners in de praktijk helder en op schrift te hebben en dit in het inwerkprotocol voor nieuwe medewerkers opgenomen te hebben. Eigenlijk onderstrepen alle evaluatierapporten over Welzijn op Recept het belang van verwijzen en dat dit via een officieel kanaal moet verlopen (Annegarn 2016; Bertotti et al. 2018; Gray en Corish 2013; Heijnders et al. 2015; Kimberlee 2013; Loftus et al. 2017; Meije et al. 2017; Polly et al. 2017; Pomp et al. 2015; Wood et al. 2016). De lokale context en samenwerking is bepalend voor de manier waarop de verwijzing precies plaatsvindt. Zie voor een invulling van de verwijsprocedure het stappenplan aan het einde van dit hoofdstuk.

De literatuur gaat maar zeer beperkt in op de vraag: wat maakt een goede verwijzing? Polley et al. (2017) geeft belangrijke randvoorwaarden voor een goede verwijzing; deze zijn:

- toestemming van de patiënt die wordt verwezen;
- duidelijkheid en helderheid over de vraag waarom de patiënt is verwezen en wat deze nodig heeft. In de praktijk zal de taak om dit scherper te krijgen vooral bij de welzijnscoach liggen;
- bereidheid en intrinsieke motivatie bij de patiënt om zelf aan de slag te gaan. De patiënt heeft een idee van wat hij wil en nodig heeft; daar sluit je met de interventie op aan;
- minimale communicatievaardigheden van de patiënt. Dit helpt om tot meerdere opties van welzijnsarrangementen te komen;
- de welzijnscoach moet een risico-inschatting kunnen maken. Wanneer het om complexe of meervoudige problematiek gaat, moet de verwijzer ervoor zorgen dat de welzijnscoach alle relevante informatie heeft om de eigen veiligheid te kunnen borgen en te weten wat de grenzen zijn om in te grijpen;
- procesafspraken tussen de verwijzer en de welzijnscoach:
  - duidelijkheid over hoe en op welke wijze de verwijzer terugkoppeling verwacht;
  - duidelijkheid over voor welke taken de welzijnscoach nu verantwoordelijk is;
  - duidelijkheid over wat wel en wat niet onder Welzijn op Recept valt.

3.4 Welzijn op Recept inbedden in de dagelijkse praktijk

- **Blijvend voorschrijven Welzijn op Recept niet eenvoudig**

In de praktijk blijkt dat het voor eerstelijnszorgverleners niet eenvoudig is om Welzijn op Recept te *blijven* voorschrijven. De medische training en comorbiditeit bij patiënten zorgen er vaak voor dat ze eerst naar medische oplossingen zoeken en als deze niet de gewenste uitkomsten of oplossingen bieden dat ze dan pas denken aan de mogelijkheid van Welzijn op Recept (Bertotti et al. 2018; Hutt 2017; Reijnen 2017b). Ook het feit dat patiënten psychosociale problemen uiten in medische klachten werkt denken volgens het medisch diagnostisch model in de hand. Zie ook de volgende quotes van huisartsen.

> 'Welzijn en gezondheid liggen heel dicht bij elkaar. Ik zie dat wij als huisartsen een heleboel problemen niet opgelost krijgen als het welzijn van onze patiënten niet goed is. Door mijn opleiding denk ik echter eerst aan het lichamelijke, bijvoorbeeld de pijnbestrijding, dan aan het psychische, bijvoorbeeld de overspannenheid. Pas als laatste optie denk ik aan het derde alternatief: "Oh ja, we hebben ook nog welzijn." Dat schiet echter vaak pas door mijn hoofd als ik merk dat het niet werkt wat ik aan het doen ben. Pas dan word ik getriggerd om zelf eens op een heel ander spoor te gaan zitten. Ik ben mij ervan bewust: als ik weer intensiever met het project rondom Welzijn op Recept bezig ben, of als ik de welzijnscoach tegenkom op de gang, dan ga ik automatisch weer meer verwijzen via die route. Ook binnen ons centrum proberen we welzijn een groter podium te geven. Het zit niet zo in ons systeem, in mijn systeem, en ik denk dat ik voor een heleboel dokters spreek. Maar dat is natuurlijk de omgekeerde wereld en betekent in heel veel andere gevallen wellicht een gemiste kans!' (huisarts, Nieuwegein).

'Voordat ik Welzijn op Recept bespreekbaar maak met de patiënt, zijn er vaak al een aantal gesprekken aan voorafgegaan. Ik denk er ook niet altijd meteen aan dat Welzijn op Recept een goede mogelijkheid zou kunnen zijn. Soms ben ik aan het puzzelen en me aan het afvragen waar deze persoon nu het beste mee geholpen zou kunnen zijn. Vaak als ik dan zelf niets te bieden heb aan medicijnen of therapie, ontstaat pas het moment dat ik aan Welzijn op Recept denk als alternatief.' (huisarts, Houten).

De huidige context binnen huisartsenpraktijken moeten we daarbij niet over het hoofd zien. De druk op de huisartsenpraktijken is de afgelopen jaren flink toegenomen. Dit komt door allerlei zorginhoudelijke, beleidsmatige en maatschappelijke ontwikkelingen. Al deze ontwikkelingen maken het structureel en blijvend voorschrijven van welzijnsrecepten er niet eenvoudiger op.

- **Wat is er nodig om Welzijn op Recept in de praktijk te borgen?**

Uit gesprekken met de leergemeenschap bleek dat er een aantal reminders zijn die helpen om Welzijn op Recept op het netvlies van zorgverleners te houden en waarmee het aantal verwijzingen op peil gehouden kunnen worden. Reminders die vaak genoemd worden zijn de volgende:
- de structurele terugkoppeling van de welzijnscoach richting zorg;
- succesverhalen delen;
- de zichtbaarheid van de welzijnscoach in de eerstelijnspraktijk;
- overleg- en feedbackmomenten tussen zorg en welzijn instellen;
- resultaten via monitoring meetbaar maken en evaluatie;
- Welzijn op Recept opnemen in de dagelijkse praktijkvoering.

Hieronder bespreken we deze reminders. Een aantal van deze reminders komt verderop in andere hoofdstukken uitgebreid aan de orde, die stippen we hier dan ook slechts kort aan.

- **Terugkoppeling van de welzijnscoach richting zorg**

Om Welzijn op Recept op het netvlies te houden en structureel te maken, is terugkoppeling over de patiënt/cliënt van de welzijnscoach naar de verwijzer cruciaal (Bertotti et al. 2018; Pomp et al. 2015; Reijnen 2017a; Steekelenburg en Dijk 2017). Als een welzijnscoach niet regelmatig terugkoppelt, dan verdwijnt Welzijn op Recept bij de verwijzers van de radar. Terugkoppeling is hiermee een reminder om Welzijn op Recept als mogelijkheid in het vizier te houden. Het is van belang om over deze terugkoppeling afspraken te maken met zowel de patiënt als de welzijnscoach: hoe vaak en op welke wijze wordt de verwijzer op de hoogte gehouden over het vervolg? Uit onderzoek blijkt dat patiënten het zeer waarderen als hun huisarts bij een volgende afspraak op het spreekuur vraagt hoe het traject binnen Welzijn op Recept verloopt of verlopen is (Heijnders et al. 2015; Pomp et al. 2015). Het is belangrijk om met elkaar afspraken te maken over de vorm, inhoud en frequentie van terugkoppeling over verwezen patiënten. (Zie meer over het terugkoppelen over individuele patiënten door de welzijnscoach in ▶ par. 4.5.)

Om het vertrouwen in de interventie te laten groeien is het eveneens van belang het totaal aantal resultaten van Welzijn op Recept zichtbaar te maken. Eerstelijnszorgverleners geven immers met het verwijzen de verantwoordelijkheid voor hun patiënt voor dat moment uit handen. Inzicht in het verloop van het aantal verwijzingen over een bepaalde periode en de resultaten op collectief niveau (wat zijn activiteiten die ze zijn gaan doen?) leiden tot meer kennis over het activiteitenaanbod en meer vertrouwen in het verwijsproces (zie ▶ H. 6).

- **Succesverhalen delen**

Een eenvoudige manier waarop de welzijnscoach Welzijn op Recept bij de huisarts op het netvlies houdt, is succesverhalen delen. Het kan dan gaan om de korte mededeling dat het zo goed gaat met 'mevrouw Jansen' nu ze is gaan schilderen. Dat is waardevol om te doen en te blijven doen. Ook horen we terug dat de enthousiaste verhalen van patiënten zélf enorm veel effect kunnen sorteren in de spreekkamer van de eerstelijn. Op deze manier kan de interventie directer en actiever ingezet worden. Eerstelijnszorgverleners en welzijnsprofessionals die op congressen en bij nascholingen succesverhalen delen, vormen ook een strategische component bij het verder verspreiden van de waarde van Welzijn op Recept in Nederland.

- **De zichtbaarheid van de welzijnscoach in de eerstelijnspraktijk**

Een veelgehoorde reminder is de zichtbaarheid van de welzijnscoach in de eerstelijnspraktijk. Als de welzijnscoach zichtbaar is, wordt doorverwijzen eenvoudiger en laagdrempeliger. Deze zichtbaarheid kan vele vormen aannemen. Het kan zijn dat de welzijnscoach spreekuur houdt in de eerstelijnspraktijk, dat hij deelneemt aan lunches of koffiepauzes of dat hij aanwezig is bij andere informele contactmomenten. Keer op keer blijkt dat het helpt om elkaar te kennen en te ontmoeten als je Welzijn op Recept tot een succes wilt maken.

- **Structureel overleg tussen zorg en welzijn en plannen van feedback en monitoring**

Structureel overleg plannen tussen zorg en welzijn, waarbinnen plaats is voor casuïstiekbesprekingen en voor feedback over wat wel en niet loopt binnen de samenwerking, zorgt ervoor dat de mogelijkheden van Welzijn op Recept letterlijk op de agenda blijven staan (zie hiervoor ▶H. 6). Binnen dit structurele overleg dient ook aandacht te zijn voor het plannen van feedback en monitoring. Het is zaak om in een cultuur van verbetering tot een steeds beter verlopende dienstverlening te komen. Hoe stellen we met elkaar vast welke werkwijze wel goed gewerkt heeft en welke niet, wat kunnen we met elkaar leren over de afgelopen periode? Door feedback en monitoring te plannen, stellen we met elkaar vast of we nog op de goede weg zijn met elkaar en op welke resultaten we onderling aanspreekbaar zijn. Dit is ook nodig om de kwaliteit objectief vast te kunnen stellen. Is het helder wanneer bijsturing gewenst is? Hoe halen we met elkaar op en leggen we vast wat we van belangrijke casussen kunnen leren met elkaar? Daarnaast kun je via monitoring op elk moment nagaan hoe het de deelnemers aan Welzijn op Recept-interventies vergaat en vergaan is. Dit is ook van belang in het licht van de verantwoording van externe gelden.

- **Welzijn op Recept opnemen in de dagelijkse praktijkvoering**

Wil Welzijn op Recept duurzaam geborgd worden binnen de dagelijkse praktijkvoering, dan is het belangrijk dat eerstelijnszorgorganisaties en welzijnsorganisaties Welzijn op Recept opnemen in het beleid van de organisatie. Hierbij valt te denken aan:

- Welzijn op Recept-spreekuurplekken plannen. Zeker in het begin helpt het om met dubbele consulten of consulten met uitloopmogelijkheid te werken om Welzijn op Recept ook daadwerkelijk goed uit te kunnen voeren;
- de mogelijkheid bieden aan de welzijnscoach om spreekuur te houden in de eerstelijnszorgpraktijk. Als de welzijnscoach in het eerstelijnscentrum spreekuur houdt, ontstaat direct de mogelijkheid van een zogenaamde 'warme overdracht';
- mogelijke patiënten vroegtijdig identificeren. Sommige huisartsen wennen zich aan om de doorverwijzing naar Welzijn op Recept al vroegtijdig voor te bereiden. Zij gebruiken daar bijvoorbeeld hun voorbereidingstijd op het spreekuur voor, of ze laten bij casuïstiekbesprekingen Welzijn op Recept als vast onderdeel passeren. Sommige huisartsen analyseren hun patiëntenpopulatie proactief op frequentie en type klacht (denk aan het selecteren van patiënten met een gecombineerd aantal ICPC-codes). Zo ontstaat de kans om patiënten vroegtijdig te identificeren als 'mogelijk geschikt voor Welzijn op Recept';
- zorgdragen voor voldoende en blijvende expertise van Welzijn op Recept:
    - scholing, na- en bijscholing over Welzijn op Recept;
    - training in motiverende gespreksvoering of training in het gebruik van het zogenaamde 'spinnenweb van positieve gezondheid';
    - intervisie, supervisie en training zodat je al doende van elkaar leert;
    - videocoaching (zowel bij de huisarts als de welzijnscoach) is een goede manier om met het andere gesprek te leren werken en continu te blijven verbeteren;
    - scholing, training, supervisie en intervisie kunnen puur gericht zijn op de eerstelijnszorg, maar je kunt deze ook inrichten samen met het welzijn of met de gemeente;
- voldoende informatiemateriaal beschikbaar hebben voor de patiënten, zorgverleners, gemeente en zorgverzekeraars over Welzijn op Recept;
- Welzijn op Recept opnemen in het inwerkprotocol of de introductiecursus voor nieuwe medewerkers.

Samen helpen bovenstaande reminders om Welzijn op Recept structureel aan het palet van mogelijkheden van de huisarts toe te voegen. Ze zorgen ervoor dat het aantal verwijzingen op peil blijft en ze helpen om de waarde van Welzijn op Recept blijvend te vergroten.

3.5 Welzijn op Recept beleidsmatig beter borgen

Ook beleidsmakers, ambtenaren en zorgverzekeraars kunnen aan een aantal randvoorwaarden werken om Welzijn op Recept in de dagelijkse praktijk goed te laten verlopen en de continuïteit ervan te borgen, bijvoorbeeld door:
- één praktijkregisseur aan te stellen; en
- Welzijn op Recept op te nemen in de reguliere zorgpaden.

Eén praktijkregisseur aanstellen
Bij de introductie van Welzijn op Recept in een praktijk of gemeente is veel aandacht voor deze nieuwe aanpak. De verwijzingen volgen in de beginperiode dan meestal wel vanzelf. Maar na verloop van tijd leeft vaak het idee onder huisartsen dat ze alle patiënten die ervoor in aanmerking komen wel hebben verwezen, terwijl dit natuurlijk niet zo is. Mensen blijven levensgebeurtenissen meemaken en er blijven nieuwe psychosociale problemen ontstaan waarmee patiënten op het spreekuur komen. Onze uitdaging is dat huisartsen Welzijn op Recept op het netvlies blijven houden, dat zij ook bij nieuwe casussen blijven denken aan deze interventie en dat zo het aantal verwijzingen naar Welzijn op Recept op peil blijft. Net als iedere nieuwe werkwijze moet deze als het ware inslijten totdat hij onderdeel wordt van de dagelijkse praktijkroutine. Aanwijzen van een praktijkregisseur die ervoor verantwoordelijk is Welzijn op Recept op de agenda te houden, kan hierbij helpen. Dit is doorgaans een van de huisartsen of een van de praktijkondersteuners. Deze persoon blijft binnen de eerstelijnsprakrijk het belang van het welzijnsrecept benadrukken, plant casuïstiekbesprekingen in en geeft regelmatige updates van het aantal nieuwe verwijzingen naar Welzijn op Recept. Net als de kaderhuisarts diabetes zou de praktijkregisseur Welzijn op Recept zorg kunnen dragen voor de deskundigheid en kwaliteit van Welzijn op Recept binnen de eerstelijnspraktijk en de contacten kunnen onderhouden met de samenwerkingspartners. Wij benoemen het als een kernelement voor werken met Welzijn op Recept om een praktijkregisseur te hebben.

Welzijn op Recept opnemen in de reguliere zorgpaden
Een tweede beleidsinstrument om Welzijn op Recept optimaal te benutten, is om de interventie in de reguliere standaarden en zorgpaden op te nemen als verwijsmogelijkheid. Het is wellicht niet realistisch om te stellen dat Welzijn op Recept van vandaag op morgen direct als verwijsmogelijkheid opgenomen dient te worden in de NHG-standaarden. De eerste stap die daaraan voorafgaat, is om Welzijn op Recept alvast in de lokale omschrijving van de zorgpaden op te nemen als verwijsmogelijkheid. Deze zorgpaden zijn gebaseerd op de NHG-standaarden en ze vormen een logische ingang om Welzijn op Recept op steeds meer plekken als reëel alternatief te positioneren. Zo kan een goed begin gemaakt worden bij het beschrijven van de zorgpaden voor psychosociale problematiek, zoals depressie, angst en SOLK. Alleen al door de discussie over de positionering van Welzijn op Recept in de huidige zorgpaden, zal Welzijn op Recept meer onder de aandacht komen, en vaker worden voorgeschreven (fig. 3.1).

STAPPENPLAN EERSTELIJNSZORG

STAP 1 **EEN VERANDEREND PERSPECTIEF OP ZORG**

en erkennen Welzijn op Recept als alternatief voor psychosociale problematiek.

STAP 2 **SIGNALEREN EN IDENTIFICEREN**

van potentiële patiënten voor Welzijn op Recept.

STAP 3 **HET VOEREN VAN HET ANDERE GESPREK**

Een andere startvraag kan een hulpmiddel zijn, bijvoorbeeld:
- Als je nu even los van je problemen kijkt, wat zou je dan willen doen, waar word je dan blij van?
- Wat voor cijfer geef je nu aan je leven en wat zou er moeten gebeuren om dit cijfer te verbeteren? Wat zou je dan daaraan willen doen?
- Wat moet er met jou gebeuren dat je weer zin in het leven krijgt?
- Of de wondervraag: je bent gaan slapen en er is vannacht een wonder gebeurd. Je wordt wakker en hoe ziet je leven er dan uit?

STAP 4 **BEPALEN VAN JUISTE MOMENT VAN VERWIJZEN**

naar Welzijn op Recept. Motivatie tot veranderen en het aanwezig zijn van andere problematiek zijn hierin belangrijk.

STAP 5 **VERWIJZEN**

naar Welzijn op Recept (de manier waarop is afhankelijk van de lokale afspraken).

STAP 6 **REGISTREREN**

van de verwijzing in het patiëntendossier.

STAP 7 **TERUGKOPPELEN MET PATIËNT**

bij vervolgafspraak en afspraak maken met welzijnscoach over manier van terugkoppelen.

Figuur 3.1 Stappenplan Eerstelijnszorg

Stappenplan Eerstelijnszorg

Het vraagt tijd en aandacht van de zorgverlener om een welzijnsrecept voor te schrijven. Dat gebeurt in een aantal stappen. In de drukte van de dagelijkse praktijkvoering is het niet eenvoudig om Welzijn op Recept op ieders netvlies te blijven houden. Om het gesprek over Welzijn op Recept te openen is een andere startvraag wenselijk. Het bespreken van Welzijn op Recept met de patiënt moet in gezamenlijkheid gebeuren. Voordat een patiënt verwezen wordt, is enige mate van motivatie bij de patiënt noodzakelijk: in hoeverre ziet hij zelf Welzijn op Recept als kans om zich beter te gaan voelen? Ten slotte is het van belang om de verwijzing in het HIS te registreren zodat er bij een vervolgconsult op teruggekomen kan worden.

Stap 1 Een veranderend perspectief op zorg

Welzijn op Recept start met de identificatie en verwijzing van mensen die geschikt zijn voor Welzijn op Recept door de huisarts, praktijkondersteuner huisarts (POH) of een andere eerstelijnszorgverlener. De rol van de eerstelijnszorgverlener verandert in dat geval. Deze andere samenwerking vergt een omslag in het denken van deze zorgverleners (Becker 2015; Vissers 2015). Begrippen die hier veel genoemd worden, zijn het denken van alleen maar 'ziekte en zorg' naar 'gezondheid en gedrag' (afgekort: van ZZ naar GG), 'persoonsgericht werken' en 'het betrekken van de welzijnscomponent bij zorg' (zie ▶ par. 1.3).

Welzijn op Recept in de eerstelijnspraktijk kan worden samengevat als: de juiste zorg op de juiste plek door de juiste persoon. Het gaat om patiënten in de eerstelijnspraktijk met psychosociale klachten waar een sociaal-maatschappelijke oorzaak aan ten grondslag ligt; denk aan eenzaamheid, werkloosheid, verlies van partner et cetera. Voor de groep die geschikt is voor Welzijn op Recept geldt dat ze wel klachten hebben, maar dat de klachten van dien aard zijn dat er geen medische behandeling noodzakelijk is. Zij kunnen 'veilig' en effectief verwezen worden naar het welzijn via Welzijn op Recept.

Stap 2 Identificatie van potentiële patiënten aan de interventie Welzijn op Recept

Op de meeste plekken waar Welzijn op Recept in Nederland wordt uitgevoerd, heeft de huisarts nu nog niet alle potentiële patiënten voor Welzijn op Recept op het netvlies. Vaak denkt de huisarts pas tijdens het consult aan deze verwijsmogelijkheid; soms zelfs pas als al zijn andere opties doorlopen zijn. Dit betekent dat de huisarts binnen de drukte van de dagelijkse praktijk en het tienminutenschema van het reguliere spreekuur, niet eenvoudig toekomt aan het gesprek met de patiënt over de niet-medische oorzaak van de klachten waarmee hij op het spreekuur komt. Daardoor blijft ook vaak buiten beeld om alternatieve keuzes aan te reiken zoals de andere verwijsmogelijkheid naar de welzijnscoach. Onder de huidige tijdsdruk blijkt dit in de praktijk een bijna onmogelijke opgave voor huisartsen te zijn. Als huisartsen gemotiveerd zijn om patiënten te verwijzen, dan kiezen zij er nu in de praktijk vaak voor om de patiënt twee à drie keer te laten terugkomen. Dit om aan het zelfinzicht van de patiënt en aan zijn motivatie voor een welzijnsrecept te werken. Pas daarna volgt de daadwerkelijke verwijzing van de patiënt. Deze late identificatie van potentiële patiënten, gecombineerd met de hoge werkdruk, zou er weleens de belangrijkste oorzaak van kunnen zijn dat de gemiddelde huisarts in Nederland slechts vijf à tien welzijnsrecepten per jaar voorschrijft.

Stap 3 Het andere gesprek of de andere startvraag
Het blijkt in de dagelijkse eerstelijnszorgpraktijk belangrijk om het Welzijn op Recept-gesprek te starten met een andere vraag dan de klassieker: 'Wat zijn je klachten of problemen en wat kan ik nu voor je doen?' Startvragen die beter passen bij Welzijn op Recept zijn bijvoorbeeld:
- Even los van je huidige fysieke problemen: wat voor soort activiteiten mis je nu in je leven? Waar word je blij van?
- Wat zou moeten veranderen, waardoor het leven weer betekenisvol voor je wordt? Wat zie ik jou dan praktisch doen?
- Wat voor cijfer geef je nu aan je leven en wat zou er moeten gebeuren om dit cijfer te verbeteren? Wat zou je dan daaraan willen doen?
- Wat moet met jou gebeuren zodat je weer zin in het leven krijgt?
- Of de wondervraag: Je bent gaan slapen en er is vannacht een wonder gebeurd. Je wordt wakker. Hoe ziet je leven er dan uit? Wat is het eerste waar je dat aan merkt?

Het is belangrijk om na deze openingsvraag niet weer terug te vallen in vraagstellingen die behoren bij het probleemgeoriënteerde ziektemodel. Gesprekstechnieken die goed werken zijn de methode van oplossingsgericht werken, het gebruik van motiverende gespreksvoering, de inzet van het 4D-model en het spinnenweb van positieve gezondheid (Becker 2015; Kimberlee 2013; Polley et al. 2017). Al deze methodes stellen de zorgverlener na een goede basistraining en wat oefening in staat om de bal in het gesprek bij de patiënt te leggen en die daar te laten liggen. De patiënt is en blijft aan zet, hij zal zelf moeten aangeven wat hij wel en niet wil en waar hij eventueel ondersteuning van de professional voor nodig heeft. Niet de eerstelijnszorgzorgverlener, maar de patiënt moet daarbij aan het werk. Dit is een andere rol dan die waar de meeste eerstelijnszorgverleners voor opgeleid zijn. Zij zijn er meestal in bekwaamd om een goede en juiste hulpverlener te zijn binnen het diagnose-receptmodel. (Zie voor een uitgebreidere beschrijving van deze gespreks-modellen bijlage 3: Gesprekstechnieken bij Welzijn op Recept).

Stap 4 Het moment van verwijzen
Welzijn op Recept met zijn focus op sociale activering en netwerkontwikkeling is niet voor iedereen een goede oplossing. Al dan niet verwijzen is dus een belangrijk punt. We beschreven eerder al dat de motivatie van de patiënt om iets aan zijn situatie te willen doen erg belangrijk is voor het slagen van een welzijnsrecept. Sommige mensen zijn hier (nog) niet aan toe, bijvoorbeeld omdat een depressie te veel op de voorgrond staat, of omdat de schuldenproblematiek nog te groot is en daar eerst een oplossing voor gevonden moet worden. In dat soort gevallen kunnen beter eerst die interventies worden ingezet die het probleem dat op dat moment op de voorgrond staat eerst gericht op te lossen. In dit voorbeeld gaat het er dan om, om eerst de depressie te behandelen of om eerst met de schuldenproblematiek aan de slag te gaan.

Neem als voorbeeld de Schilderswijk in Den Haag. De huisartsen die daar werken met Welzijn op Recept, merkten na verloop van tijd op dat de focus van Welzijn op Recept te beperkt was voor hun doelgroep. Zij merkten dat Welzijn op Recept niet voldoende aansloot bij de kenmerken van hun wijk en de vraagstukken die daardoor bij de bewoners ervan leefden.

> **Casebeschrijving De Schilderswijk**
>
> De huisarts verwijst een Surinaamse vrouw door naar de welzijnscoach voor dagbesteding. De vrouw ervaart veel stress en de huisarts schat in dat ze te weinig omhanden heeft en dat een sociaal isolement dreigt. Deze vrouw heeft zelf geen werk, haar man is kostwinner. Hun woonsituatie is verre van ideaal, ze hebben maar een klein sociaal netwerk en weinig bezigheden. In meerdere gesprekken met de welzijnscoach wint hij eerst het vertrouwen. Tijdens deze gesprekken komt aan het licht wat de werkelijke bron van de stress is. Het blijkt dat hun inkomen erg laag is. De vrouw vertelt dat er hierdoor schulden zijn ontstaan. Ze ziet niet meer hoe dit is op te lossen. Vanuit deze gesprekken biedt de welzijnscoach ondersteuning om de financiën op orde te krijgen en een andere woning te vinden die passend is bij hun inkomen. Pas als dat geregeld is, kan de welzijnscoach aan de slag met de vraag om een passende activiteit, te weten: het vergroten van het sociale netwerk.

Deze casus laat zien dat deze Surinaamse mevrouw nog geen behoefte had aan sociale contacten, omdat haar schuldenproblematiek en haar woonsituatie haar te veel zorgen baarden. Hier moesten eerst oplossingen voor komen. Nadat deze ondersteuning geregeld was en er oplossingen in zicht waren, ontstond bij deze mevrouw meer ruimte voor andere zaken en kon zij gaan werken aan haar welbevinden. In haar geval ging dat om het uitbreiden van het sociale netwerk via deelname aan activiteiten bij welzijn.

Voor Welzijn op Recept betekent dit dat lokaal bekeken moet worden of er naast de verwijzing naar Welzijn op Recept ook andere vormen van ondersteuning te bieden zijn. In de doorverwijzing naar de welzijnscoach blijkt het in dit soort achterstandswijken van belang te zijn om eerst de vertrouwensband goed te ontwikkelen. Pas dan komt in beeld wat de voorliggende problematiek is waar welzijn of andere partijen mee aan de slag moeten. Welzijn op Recept heeft dus niet altijd tot doel om mensen zo snel mogelijk naar een welzijnsactiviteit te bewegen. Bovenal gaat het erom aan te sluiten bij wat iemand in essentie nu eerst nodig heeft om een volgende goede stap te kunnen zetten. Per keer zal bekeken moeten worden of het wenselijk is andere manieren van ondersteuning voor of naast een Welzijn op Recept-traject te laten lopen. Dit zal per deelnemer verschillend zijn; het is goed om hier lokaal afspraken met elkaar over te maken.

> **Stappenplan Eerstelijnszorg (vervolg)**
> **Stap 5 De verwijsprocedure**
> Vaak wordt gesproken over een welzijnsrecept als ware het een echt recept op een receptformulier. Dit kan zo zijn, maar dit recept hoeft uiteraard niet letterlijk zo opgeschreven te worden. In sommige eerstelijnspraktijken is als welzijnsrecept een soort van intakeformulier ontwikkeld. Daarop kan de patiënt vaak aangeven in wat voor soort activiteit hij geïnteresseerd is. Op dit formulier staan dan ook vaak de contactgegevens vermeld van de welzijnsorganisatie en welzijnscoach. In de meeste praktijken is dit uitschrijven van een recept losgelaten en houdt het welzijnsrecept in dat met de patiënt is besproken dat er, met zijn goedkeuring, een verwijzing naar welzijn plaats gaat vinden. De verwijzing kan vervolgens op verschillende manieren gebeuren.
> In eerdere pilots is er weleens voor gekozen om de patiënt het welzijnsrecept mee te geven. In dat geval lag de verantwoordelijkheid dus bij de patiënt om contact op te nemen met de welzijnscoach. Het bleek echter dat dit tot dusdanig veel drop-outs leidde (tot 60 %)

dat het advies inmiddels is om het proces zo in te richten dat de huisarts de verwijzing naar de welzijnscoach doet en dat de welzijnscoach op zijn beurt contact opneemt met de aanstaande deelnemer. Dit om onnodige uitval al direct bij het begin tegen te gaan.
De hierboven beschreven werkwijze is een van de belangrijkste aanpassingen op de oude implementatiehandleiding voor Welzijn op Recept (Sinnema et al. 2014). Deze nieuwe routing van huisarts via welzijnscoach naar deelnemer is logischer en past volledig bij de problematiek van deze patiëntencategorie. Al met al kent Welzijn op Recept in de praktijk de volgende varianten met betrekking tot verwijzen:

- Vragen of de contactgegevens (via beveiligde e-mail, WhatsApp of telefoon) mogen worden doorgegeven aan de welzijnscoach. Die zal dan vervolgens contact opnemen. Er wordt ook wel een naamsticker geprint en op een welzijnsreceptformulier geplakt in het postbakje van de welzijnscoach gelegd. (Dit is de standaardaanpak die de voorkeur geniet).
- Warme overdracht kan plaatsvinden als zorg en welzijn onder één dak zitten en de welzijnscoach voldoende aanwezig is. Soms, zoals in een praktijk in Lelystad het geval is, neemt de huisarts de patiënt letterlijk mee naar de balie van welzijn in hetzelfde pand.
- De arts kan zelf een afspraak voor de patiënt (laten) maken bij de welzijnscoach.
- De arts kan een welzijnsrecept meegeven aan de patiënt en een kopie daarvan in het bakje van de welzijnscoach leggen, met eventueel een daarop geschreven advies om actief contact op te nemen.

In verband met het beroepsgeheim van de arts, zeker in deze tijd van de Algemene verordening gegevensbescherming (AVG), is het cruciaal om vooraf expliciet toestemming te vragen aan de patiënt om zijn contactgegevens te mogen doorgeven. Denk er daarbij ook aan om expliciet toestemming te vragen voor eventueel relevante, aanvullende informatie, bijvoorbeeld met welke vraag de patiënt bij het welzijn terechtkomt of de reden waarom de huisarts of POH de patiënt naar het welzijn verwijst. Leg ook vast of de welzijnscoach informatie met de huisarts mag delen over het vervolg van het welzijnsrecept en hoe het gedurende het traject met de patiënt gaat.
Idealiter vindt de verwijzing plaats vanuit het HIS: digitaal en beveiligd dus. Zorgdomein of zorgmail zijn bijvoorbeeld systemen die hier geschikt voor zijn. In de praktijk zie je echter dat deze systemen vaak nog niet geïntegreerd zijn in het welzijnsdomein. Houd hier rekening mee.
Welke manier van verwijzen je kiest, is afhankelijk van de lokale partners en situatie. Het is belangrijk om de manier van verwijzen goed met elkaar te bespreken en vast te leggen. Zorg ervoor dat de gekozen manier van verwijzen zo is opgeschreven dat nieuwe zorgverleners hier snel van op de hoogte gesteld kunnen worden en dat zij de procedure eenvoudig kunnen terugvinden in hun informatiesysteem.

Stap 6 Registratie van de verwijzing
Het is belangrijk om een Welzijn op Recept-verwijzing te registreren in het HIS. Op deze manier kan de zorgverlener in het volgende contact met de patiënt meteen zien dat deze zo'n recept heeft gekregen. Hierdoor kan hij er nog eens naar vragen: hoe loopt het en wat levert het iemand op? Verder is registratie van een welzijnsrecept belangrijk voor de eigen administratie en voor het monitoren en evalueren van Welzijn op Recept (zie ▶ par. 8.2).

Op dit moment zijn er twee vormen van registratie bekend:

- De ICPC-codering Z68: Op dit moment wordt in Leiden voor Welzijn op Recept de ICPC-codering Z68 gebruikt. De ICPC-codering zou logischerwijze de voorkeur hebben, omdat deze integraal past binnen de standaardmanier van werken en registeren van de huisarts. Een ander voordeel is dat zo binnen alle HIS-systemen Welzijn op Recept universeel kan worden geregistreerd. Of de ICPC-codering Z68 beschikbaar is en toegekend mag en kan worden aan Welzijn op Recept moet nog uitgezocht worden.
- Een X-verrichting: In vaktaal gaat het om het gebruik van de code 'XWOR' binnen het systeem van Promedico. In Nieuwegein is op dit moment gekozen voor het maken van een X-verrichting. Daarbij geef je de patiënt als het ware een label waarmee je hem kunt traceren. Deze keuze is gemaakt, omdat er ook met Bewegen op Recept- en Kunst op Recept-interventies wordt gewerkt. Op deze manier zijn met één druk op de knop alle patiënten aan wie ooit een welzijnsrecept is voorgeschreven naar voren te halen in dit systeem. De optie van het labelen van patiënten verloopt echter binnen ieder HIS weer anders. Daardoor is het lastig om deze stap landelijk in te voeren.

Het is uiteraard wenselijk om één universele keuze te maken voor registratie van Welzijn op Recept in het HIS. Het Nederlands Huisartsen Genootschap, dat de beroepsstandaarden voor de huisartsenzorg ontwikkelt, vaststelt en publiceert, zal in overleg met het landelijk kennisnetwerk Welzijn op Recept een advies uitbrengen over de beste manier van registreren.

Op basis van deze registratie is het op praktijkniveau essentieel om minimaal één keer per jaar gezamenlijk met het hele lokale Welzijn op Recept-team, inclusief de welzijnsprofessionals, Welzijn op Recept als interventie te evalueren. Het gaat dan om het traject en de communicatie daaromtrent, de voortgang en de behaalde kwaliteit en een reflectie op de onderlinge samenwerking. Aanbevolen wordt om in ieder geval de volgende data daarbij periodiek met elkaar te evalueren:

- het aantal verwijzingen naar Welzijn op Recept over een bepaalde periode;
- vaststellen wie de verwijzers zijn (en welke potentiële verwijzers nog achterblijven);
- het gebruik van de ICPC-codering van de verwijzing en achterliggende problematiek.

Stap 7 Vervolgafspraak en terugkoppeling
Nadat een patiënt is verwezen naar Welzijn op Recept is het belangrijk om hierop terug te komen bij volgende consulten. Onderzoek toont aan dat patiënten het op prijs stellen als de verwijzer er regelmatig navraag over doet. Dat begint met het navragen of de patiënt al contact heeft gehad met de welzijnscoach en vervolgt met de vraag of het vervolgtraject naar tevredenheid verloopt (Meije et al. 2017). Zoals we eerder aangaven, is het belangrijk om afspraken te maken met de welzijnscoach over de wijze van terugkoppeling en de frequentie waarin dit gebeurt. Dit om de juiste verwachtingen over en weer te scheppen tussen de verschillende zorg- en welzijnsprofessionals.

3.6 Conclusie

In Nederland wordt Welzijn op Recept in steeds meer eerstelijnspraktijken uitgevoerd. Steeds meer eerstelijnszorgverleners zien de meerwaarde van het voorschrijven van een welzijnsrecept aan hun patiënten met lichte psychosociale problematiek. Welzijn op Recept zorgt ervoor dat de kern van veel van deze problematiek aangeraakt wordt: de behoefte van patiënten aan sociale contacten. De indicatiestelling én verwijzing die integraal behoren bij Welzijn op Recept impliceren een nauwe samenwerking tussen eerstelijnszorgverleners en professionals uit het veld van welzijn en het sociale domein.

Ondanks een hoge motivatie bij veel huisartsen om Welzijn op Recept voor te schrijven, blijkt het toch moeilijk om iedere potentiële patiënt ervoor te alloceren en die ook daadwerkelijk te verwijzen. Daarnaast ligt het gevaar op de loer dat Welzijn op Recept aan oneigenlijke doelgroepen wordt voorgeschreven. Voor zware problematiek of langdurige interventies zijn andere, meer toepasselijke behandelmogelijkheden voorhanden.

Om Welzijn op Recept op de agenda te houden en het aantal verwijzingen op peil te houden, of zelfs te verhogen, hebben we een aantal reminders benoemd. In de leefwereld zijn dat: succesverhalen delen en de welzijnscoach onderbrengen in de huisartspraktijk. In de systeemwereld zijn dat: de praktijkorganisatie aanpassen, registratie, samenwerken, structurele overleggen plannen, casuïstiek en training.

Om Welzijn op Recept in de dagelijkse praktijk goed te laten verlopen en de continuïteit ervan te borgen, helpt het om er één praktijkregisseur voor aan te stellen. Deze is verantwoordelijk voor de bewaking van de voortgang en de kwaliteit van deze interventie. Ook ligt er een kansrijke opgave om Welzijn op Recept op te nemen in de reguliere zorgpaden. De druk op de praktijken en het hiermee gepaard gaande tijdgebrek zijn echter veelgehoorde belemmeringen bij werken met Welzijn op Recept.

Samen helpen bovenstaande reminders om Welzijn op Recept structureel aan het palet van de huisarts toe te voegen. Ze zorgen ervoor dat het aantal verwijzingen op peil blijft en helpen de waarde van Welzijn op Recept blijvend te vergroten.

Dit hoofdstuk sluiten we af met een stappenplan. Belangrijke elementen hierin zijn:
- goede afspraken rond doelgroep, het inzicht en de motivatie bij de patiënt voordat hij verwezen wordt;
- het besef dat Welzijn op Recept een andersoortige interventie is en daarmee om een andere mindset en een ander gesprek vraagt;
- om een hoge drop-out in het begin te vermijden is in de verwijsprocedure opgenomen dat de welzijnscoach zelf contact opneemt met de aspirant-deelnemer, niet andersom.

Door het stappenplan te volgen en de werkwijze zoals beschreven in dit hoofdstuk te implementeren, vergroten zorgprofessionals de kans dat het potentieel van Welzijn op Recept in de eerstelijnszorg optimaal benut wordt.

Ondersteuning door de welzijnscoach

4.1 De welzijnscoach binnen Welzijn op Recept – 56

4.2 De interactie tussen de welzijnscoach en de cliënt – 57

4.3 De juistheid van de verwijzing vanuit zorg – 60

4.4 Het plannen van voldoende gesprekken voor de cliënt – 61

4.5 De welzijnscoach als aanjager van de samenwerking – 61

4.6 Organisatorische randvoorwaarden – 65

4.7 Conclusie – 70

© Bohn Stafleu van Loghum is een imprint van Springer Media B.V., onderdeel van Springer Nature 2019
M. Heijnders en J. J. Meijs, *Handboek Welzijn op Recept*, https://doi.org/10.1007/978-90-368-2376-0_4

> 'Vorig jaar heb ik vlak na onze verhuizing een hartaanval gehad en heb ik een tijd moeten revalideren. Klusjes die ik vroeger in een middagje deed, daar doe ik nu gemakkelijk drie middagen over. Ik moet het rustig aan doen, doe 's ochtends wat, ga dan rusten en doe dan in de middag weer wat. Hierdoor ben ik veel meer thuis. Mijn vrouw en ik zitten wat op elkaars lip en dat is niet goed. De huisarts verwees mij door naar welzijn. Daar hadden zij aandacht en tijd voor me en kon ik mijn verhaal kwijt. Zij gaven mij advies over hoe nu verder, wat ik zou kunnen doen. Dan denk je: goh, hier heb ik meer aan dan ik ooit eerder gehad heb.' – een cliënt, Nieuwegein.

'De mensen die naar mij worden doorverwezen, hebben in het begin bijna allemaal praktische vragen. Het is dan zaak goed door te vragen en een gesprek te voeren om te kijken welke hulpvraag erachter zit. Het gaat niet alleen om de praktische vraag; dat is wel heel belangrijk om mee te nemen als welzijnscoach. Mijn gesprekken binnen Welzijn op Recept zijn niet anders dan de gesprekken die ik buiten deze interventie voer als welzijnscoach. Ik houd een intakegesprek en ga in op alle leefgebieden om te zien hoe het leven van de cliënt eruitziet, waar problemen en diens kwaliteiten en passies zitten. Dat pak ik op dezelfde manier op. Het verschil zit in de samenwerking met zorg, de terugkoppeling naar de verwijzer en de communicatie. Bij de intake is het belangrijk de verwachtingen van de cliënt helder te krijgen. Sommige cliënten verwachten dat ik iets kan betekenen op het medische vlak. Het moet vanaf het begin duidelijk zijn dat ik er ben voor de psychosociale ondersteuning en om samen te zoeken naar een betekenisvolle dagbesteding. Praktische zaken kan ik soms wel ondersteunen; soms moet ik mensen doorsturen naar mijn collega's binnen het sociaal domein.' – een welzijnscoach, Den Haag.

■ Inleiding

Ook binnen het essentieel bestanddeel ondersteuning door de welzijnscoach is de interactie tussen de cliënt en de welzijnscoach zeer belangrijk. Cliënten ervaren twee overgangsmomenten, die van zorg naar welzijn en van welzijn naar de activiteit. Cliënten moeten hierover geïnformeerd worden en gemotiveerd blijven om steeds de volgende stap te zetten. Wensen, behoeften en mogelijkheden van de cliënt zijn hier cruciaal. Zijn vertrouwen is dat evenzeer, maar daar kan alleen aan gewerkt worden in het tempo dat de cliënt zelf aangeeft.

Welzijn op Recept is niet de oplossing voor iedereen. Controle op de juistheid van de verwijzing vanuit zorg is een van de taken van de welzijnscoach. Als de verwijzing niet juist is, moet hij doorverwijzen naar een andere professional of terugverwijzen naar de eerstelijnszorgverlener. Om te komen tot een keuze voor passende activering moeten voldoende gesprekken gepland worden. Te vroeg loslaten kan tot gevolg hebben dat cliënten niet tot sociale activering komen of afhaken bij een activiteit. Nazorg is hier belangrijk. Kennis van het aanbod aan activiteiten helpt in de ondersteuning van de cliënt. Welzijn op Recept vraagt om samenwerking met zorg, partners in het sociale domein en aanbieders van activiteiten. De welzijnscoach wordt gezien als aanjager en verbinder in deze samenwerking. Om Welzijn op Recept uit te kunnen voeren zijn geld en middelen en diverse andere randvoorwaarden nodig. Aan het einde van dit hoofdstuk beschrijven we een kort stappenplan van het traject binnen welzijn.

> **Kernelementen**
> Kernelementen van Welzijn op Recept bij de ondersteuning door de welzijnscoach zijn:
> - interactie tussen welzijnscoach en cliënt;
> - controle op juistheid verwijzing;
> - plannen van follow-up- en nazorggesprekken;
> - kennis van de sociale kaart;
> - welzijnscoach als aanjager van de samenwerking (onder andere terugkoppeling en plannen overleg);
> - structureel overleg met samenwerkingspartners;
> - organisatorische randvoorwaarden.

4.1 De welzijnscoach binnen Welzijn op Recept

Na de verwijzing door de eerstelijnszorgverlener komt iemand in contact met de welzijnscoach. In dit boek spreken we van de welzijnscoach. In het veld kent deze functie ook andere benamingen, zoals: sociaal makelaar, preventiemakelaar, welzijnsadviseur en welzijnsconsulent. De welzijnscoach werkt aan het versterken van het welbevinden van mensen met een ondersteuningsvraag in het sociale domein. Opvallend is dat veel welzijnscoaches Welzijn op Recept gewoon als hun werk zien, niet als een project dat erbij komt. Het sluit aan bij de werkzaamheden waarvoor zij als sociaal werker zijn opgeleid en die zij ook in andere welzijnstrajecten doen. Hierdoor kan het zijn dat een welzijnscoach moeite heeft het verschil te verwoorden tussen Welzijn op Recept en de andere werkzaamheden die hij uitvoert. Niet ieder individueel welzijnstraject is echter een Welzijn op Recept-traject.

Welzijn op Recept onderscheidt zich op twee fronten. Ten eerste gaat het om een groep mensen die niet zelf de weg naar het welzijn kan vinden. Deze groep mensen zet zelf niet deze stap richting sociaal werk maar wordt hiernaar verwezen door de eerstelijnszorg.

Ten tweede onderscheidt Welzijn op Recept zich van het andere sociaal werk doordat het om een kortdurend, individueel ondersteuningstraject gaat. Een traject dat gericht is op verhogen van het welbevinden van mensen door de participatie van deze groep te bevorderen: door hen te stimuleren om stappen te zetten, weer in beweging te komen en deel te nemen aan activiteiten, een maatjesproject of aan vrijwilligerswerk. Het gaat niet om hulpverlening, maar om ondersteuning van mensen bij hun eigen proces. Welzijn op Recept past hiermee goed bij de ontwikkeling van het sociaal werk en het welzijnswerk in heel Nederland, waar duidelijke bewegingen zichtbaar zijn van pure hulpverlening naar meer ondersteuning. Ook zie je de overgang terug van een individuele naar een collectieve benadering (Spierts et al. 2017). Beide bewegingen zijn integraal onderdeel van Welzijn op Recept.

In fig. 4.1 volgt een woordwolk met woorden die welzijnscoaches veel gebruiken om aan te geven wat zij doen in het contact met cliënten. Voor veel sociaal werkers zal dit herkenbaar zijn en niet anders dan dat wat zij doen in hun werk, ook als zij niet werken met Welzijn op Recept.

In verschillende gemeenten wordt Welzijn op Recept uitgevoerd door welzijnscoaches die helemaal zijn vrijgesteld om Welzijn op Recept uit te voeren. Er kan ook sprake zijn van sociaal werkers die naast het werk van welzijnscoach ook verantwoordelijk zijn voor andere taken binnen het sociaal domein. Als iemand naast Welzijn op Recept bijvoorbeeld ook taken heeft in het kader van de WMO of taken heeft in de schuldhulpverlening, kan het lastig zijn om bij de uitvoering van Welzijn op Recept de taken te beperken tot ondersteuning vanuit zijn rol als welzijnscoach.

■ **Figuur 4.1** Woorden die welzijnscoaches gebruiken om hun werk te beschrijven

4.2 De interactie tussen de welzijnscoach en de cliënt

- Vertrouwd met activiteit, vertrouwd met de welzijnscoach?

Het is belangrijk om aan te sluiten bij de vragen, wensen en behoeften van de cliënt. De cliënt is verwezen om een bepaalde reden en de verwijzing is erop gericht om in interactie met de cliënt na te gaan hoe hij zijn situatie kan verbeteren (tot een gedragsverandering kan komen) en weer positieve emoties kan ervaren. Welzijn op Recept richt zich op verhogen van het welbevinden; sociale activering van de cliënt is hiertoe een middel. Dat kan door middel van een activiteit waardoor hij weer in contact komt met anderen. Daarbij kan het best worden aangesloten bij activiteiten waar iemand (vroeger) plezier in had, goed in was et cetera. Het is belangrijk om een gesprekssituatie te creëren waarin de cliënt zich veilig en geborgen voelt, zodat de welzijnscoach naar een vertrouwensrelatie toe kan werken (Bertotti et al. 2018; Polley et al. 2018; Woodall et al. 2018). De cliënt staat hierbij centraal. Het gaat erom de cliënt te ondersteunen bij het (her)nemen van de eigen regie, eigen keuzes te maken en eigen beslissingen te nemen. Cliënten moeten het gevoel hebben hun verhaal kwijt te kunnen (Carnes et al. 2017). Enkele van de taken van de welzijnscoach in het oplossingsgerichte gesprek zijn de vraagverheldering, het signaleren, inventariseren en onderzoeken van de vraag van de cliënt en vervolgens zijn sterke kanten en kwaliteiten verkennen (Hutt 2017).

De welzijnscoach heeft voor de ondersteuning van de cliënt vaak meer tijd dan de eerstelijnszorgverleners kunnen bieden. Bovendien beschikt hij over andere vaardigheden. De volgende quote van een welzijnscoach in Amsterdam geeft de diversiteit van deze functie aan.

> 'Werken met Welzijn op Recept is ook heel leuk. Je weet van tevoren niet altijd of het gaat lukken. Maar je gaat samen met iemand op pad, luistert en hoort. Samen ga je op zoek naar wat zou kunnen helpen. En als welzijnscoach bied je iets wat een huisarts minder kan en gelukkig minder hoeft, zoals overzicht houden van de sociale kaart en de activiteiten die er zijn in je wijk. Soms moet je heel creatief zijn in zoeken naar activiteiten of informele zorg. Dat vind ik leuk.'

Gespreksvaardigheden en drempels

Het aantal gesprekken dat een cliënt nodig heeft met een welzijnscoach is afhankelijk van de persoonlijkheid en de situatie van de cliënt. Soms is één gesprek voldoende, vaker zijn echter meerdere gesprekken nodig. Een studie in Engeland liet zien dat 61 % van de doorverwijzingen meer dan één gesprek nodig heeft (Bertotti et al. 2018). Dezelfde studie liet ook zien dat de lengte van het eerste gesprek, het intakegesprek, bepalend is voor de rest van het traject. In het intakegesprek wordt veel tijd besteed aan het uitvragen van het verhaal en contact maken met de cliënt. Hierbij toont de welzijnscoach een open houding met onvoorwaardelijke acceptatie en empathie (Bertotti et al. 2018; Elkhuizen 2016; Polley et al. 2018; Woodall et al. 2018). Voor een groep mensen is meerdere gesprekken met de welzijnscoach nodig. Deze groep mensen ervaart belemmeringen in het nemen van vervolgstappen of ervaart een hoge drempel om (weer) contacten te leggen en nieuwe activiteiten aan te gaan. Dan zijn meerdere gesprekken nodig om samen met de cliënt na gaan wat hij nodig heeft om deze stappen te kunnen zetten.

Het ondersteuningstraject vraagt van de welzijnscoach een mix van gespreksvaardigheden. Een studie in Nieuwegein (Elkhuizen 2016) toont aan dat een duidelijke gespreksopbouw noodzakelijk is om een goed gesprek te voeren met een cliënt. De gespreksopbouw is een middel om te voorkomen dat de cliënt de regie over de inhoud kwijtraakt of dat de welzijnscoach de regie over de gespreksvoorwaarden verliest. Gespreksvaardigheden die hierbij belangrijk zijn, zijn actief luisteren, open vragen stellen, parafraseren (andere woorden voor hetzelfde gebruiken), samenvatten, terugkoppelen naar de begindoelen en positief her-etiketteren. Gesprekstechnieken die veel ingezet worden zijn motiverende gesprekstechnieken, oplossingsgerichte gespreksvoering en de sterkekantenbenadering, met behulp van de zelfredzaamheidsmatrix of het spinnenweb uit de positieve gezondheid (Becker 2015; Kamphuis 2016; Reijnen 2017a; Steekelenburg en Dijk 2017).

De balans tussen ondersteuning bieden en de regie bij de cliënt laten

Een discussiepunt dat binnen de leergemeenschap naar voren kwam, is de balans tussen ondersteunen en de zelfregie van de cliënt. Het gaat hier om een (zeer) kwetsbare groep mensen die vaak een hoge drempel ervaart bij het leggen van sociale contacten. Als hulpverlener even snel iets overnemen ligt dan voor de hand. In discussies over dit onderwerp horen we vaak dat het een uitdaging is om op je handen te blijven zitten en de regie te laten waar die hoort: bij de cliënt. Als welzijnscoach ligt jouw taak in activeren en motiveren, niet in overnemen en snel zelf even regelen. Een voorbeeld: als iemand het moeilijk vindt om te bellen om aan een activiteit deel te gaan nemen, neem je dit dan over of ondersteun je deze persoon om dit zelf te gaan doen? Of als iemand problemen heeft met invullen van wat eenvoudige formulieren, neem je dit dan over? En zo ja, wat zijn dan hierbij jouw beweegredenen? Het kan zijn dat je dit doet om een vertrouwensband te creëren, het invullen kost je immers geen extra tijd. Of je doet het omdat dit invullen hoort bij het proces van langzaam de regie teruggeven. Steeds is hierbij de vraag: past deze praktische ondersteuning wel of niet bij jou als welzijnscoach? Denkend in de termen van Rogers (2007): kies je voor een coachende, sturende of meegaande stijl in het gesprek met je cliënt?

Daarnaast speelt nog een ander discussiepunt: is het een voorwaarde dat de cliënt gemotiveerd is om iets aan zijn situatie te veranderen? Het merendeel van de professionals vindt dat de welzijnscoach terug moet verwijzen naar de eerste lijn als deze motivatie er helemaal niet is. Er zijn echter ook welzijnscoaches die stellen de cliënt zonder motivatie toch te willen ondersteunen, omdat deze motivatie na een gesprek over het onderliggende probleem en uitleg over mogelijkheden nog kan komen. Ook hier is het zoeken naar de balans tussen geven en nemen, tussen investeren en iets terugzien van je inspanningen, tussen extrinsiek motiveren en intrinsieke motivatie opbouwen.

- **Het vinden van de juiste activiteiten bij de cliënt**

In de gesprekken tussen de welzijnscoach en de cliënt wordt gestreefd naar het vinden van de juiste, bij de cliënt passende activiteiten. De praktijkervaring leert dat de juiste match vinden niet eenvoudig is en dat je je hier in het begin danig in kan vergissen. Vaak is de verwachting dat dit eenvoudig is en dus gemakkelijk zal gaan. De volgende quote van een welzijnscoach gaat over hoe creatief je soms moet zijn om de juiste match te vinden.

> 'Ik had in het begin verwacht dat het zoeken naar de juiste match eenvoudiger zou zijn. Nu merk ik dat Welzijn op Recept niet voor alle mensen geschikt is. Vaak werkt het wel en soms werkt het niet. Je hebt een groep mensen die zeer kwetsbaar is en die je niet zomaar naar een groepsactiviteit in de huizen van de wijk kunt verwijzen. Andere mensen zoeken activiteiten met meer inhoud. Daar is minder aansluiting voor te vinden. Ik heb gemerkt dat, ook al sturen de huisartsen veel door, ik de methode geweldig vind. Er zit een creativiteit in, een speelsheid om te zoeken met iemand. En dat is voor mij niet ABCD afvinken, want dan komt het er niet uit en daar voel ik me wel beperkt in. De gemeente verwacht van ons dat we binnen drie maanden een duurzame match hebben gemaakt. Ik dacht in het begin ook wel dat dit gemakkelijk zou gaan. De gemeente is heel erg aan het kijken wat wel mag en wat niet mag, en dat wringt af en toe.' – een welzijnscoach, Amsterdam

Een match vinden is niet voor iedereen mogelijk. We spreken ook wel van 'participeren naar vermogen'. Voor sommige mensen is het werkelijk deel gaan nemen aan activiteiten echter een te grote stap en is in beweging komen en nadenken over wat stappen zouden kunnen zijn in dit eerste stadium voldoende. Een maatjestraject, contact zoeken met de buren, aanmelden bij een telefooncirkel of regelmatig contact onderhouden met een (andere) sociaal werker kunnen dan veel betere oplossingen zijn. Voor meer over aandachtspunten voor het vinden van de juiste match zie ▶ par. 5.3.

4.3 De juistheid van de verwijzing vanuit zorg

- **De welzijnscoach maakt afwegingen**

Na verwijzing beoordeelt de welzijnscoach de juistheid van de doorverwijzing en handelt hij hiernaar (Bertotti et al. 2018). Wanneer doorverwijzing niet juist is, dan volgt ofwel terugkoppeling naar de verwijzer ofwel interne of externe doorverwijzing naar iemand anders. Door de beperkte tijdsduur van de ondersteuning bij Welzijn op Recept is het een je constant afvragen of iemand in *dit* traject ondersteund kan worden, of dat hij meer begeleiding nodig heeft in een ander traject. Daarnaast is het ook een je constant afvragen: hoort deze verwijzing wel bij mijn rol als welzijnscoach binnen Welzijn op Recept? Niet voor alle psychosociale problemen is Welzijn op Recept een oplossing. Hoe zwaarder de problematiek, hoe minder passend Welzijn op Recept is.

Binnen de leergemeenschap werd aangegeven dat op dit moment binnen Welzijn op Recept te vaak mensen met structurele en complexe problematiek worden verwezen, vaker dan mensen met eenvoudiger situationele psychosociale problematiek waarvoor Welzijn op Recept bedoeld is. Voor het onderscheid tussen situationele en structurele problematiek verwijzen we naar de persistentie van het probleem en de cliëntprofielen zoals ontwikkeld door Anja Machielse, zie ▶ par. 3.2. Bij een groeiend aantal verwijzingen van mensen met meer structurele problematiek is het daarom de vraag of:

- Welzijn op Recept de juiste interventie is voor deze groep;
- het aantal gesprekken per cliënt moet toenemen;
- de welzijnscoach voor de begeleiding van deze groep over extra specifieke competenties moet beschikken. En zo ja, welke deze dan zijn;
- deze problematiek niet veel meer bij het sociale wijkteam thuishoort.

De leergemeenschap adviseert daarom voor de eerstelijnszorg twee verwijskanalen naar het sociaal domein, zie ▶ par. 3.2. Daarnaast hoeft een verwijzing niet (alleen) te maken te hebben met sociale activering. Zoals al eerder beschreven richt Welzijn op Recept zich op het in beweging krijgen van mensen in de richting van sociaal participeren waardoor ze weer positieve emoties ervaren. Wat als iemand bijvoorbeeld te maken heeft met schulden, scheidingsproblematiek of huisvestingsproblemen? Start je dan wel of niet met een Welzijn op Recept-ondersteuningstraject? Is het voorwaardelijk dat deze problemen eerst opgelost worden of ten minste op de rit staan, of start je dan twee trajecten naast elkaar, een voor Welzijn op Recept en een voor de andere problematiek? Een voorbeeld van een dergelijke casus, is opgenomen in het stappenplan zorg, zie vorig hoofdstuk.

- **Terug naar het doel en de bedoeling van Welzijn op Recept**

Bij de ondersteuningsvragen binnen Welzijn op Recept moet je je steeds bewust zijn van de vraag hoever je gaat in je ondersteuning en begeleiding. Welzijn op Recept is maatwerk en dus zal je werkwijze en keuze per situatie anders zijn. Houd steeds de vragen voor ogen: wat is het doel en de bedoeling (Hart 2015) van Welzijn op Recept? Waar liggen de grenzen aan wat je een cliënt kunt bieden? Sommige vragen kunnen misschien beter doorverwezen worden naar andere sociaal werkers binnen de eigen organisatie of het bredere sociaal domein.

Over het algemeen kunnen we zeggen dat Welzijn op Recept zich richt op mensen weer in verbinding brengen door activiteiten, maatjesprojecten en vrijwilligerswerk. Als het traject hierom vraagt, kan hierbinnen lichte administratieve en financiële ondersteuning geboden worden. Lokaal kan ervoor gekozen worden om voorafgaand of naast Welzijn op Recept ook andere ondersteuningstrajecten in te zetten die meer voorwaardelijk zijn.

4.4 Het plannen van voldoende gesprekken voor de cliënt

In de literatuur wordt wel geschreven over de cruciale rol die de welzijnscoach heeft binnen Welzijn op Recept. Dit heeft te maken met de twee overgangen die bestaan tussen de verschillende domeinen, die van zorg naar welzijn en die van welzijn naar activiteit (Bertotti et al. 2018; Bickerdicke et al. 2017; Heijnders et al. 2015; Hutt 2017; Polley et al. 2018; Woodall et al. 2018). Beide overgangen zijn cruciaal, het zijn de momenten waarop mensen een keuze maken om wel of niet door te gaan en mogelijk kunnen uitvallen. De rol van de welzijnscoach bij de eerste overgang is om snel contact op te nemen en na verwijzing snel een afspraak te maken, zodat optimaal aan het vertrouwen gewerkt kan worden. Bij de tweede overgang gaat het om zorgvuldige toeleiding naar activiteiten. Het aantal gesprekken dat een welzijnscoach hier per cliënt voor nodig heeft, is afhankelijk van de cliënt en diens situatie. Soms is de vraag niet helemaal helder, soms staan andere zaken die aandacht vragen meer op de voorgrond, soms is de cliënt niet voldoende gemotiveerd om een volgende stap te zetten, soms is het een hele zoektocht om samen met de cliënt te komen tot de juiste match en soms zijn tot beider tevredenheid alleen kleinere stappen haalbaar. De wensen, behoeften en mogelijkheden van de cliënt zijn hierin leidend.

Uit de praktijk blijkt dat het belangrijk is om mensen gepast te ondersteunen bij de eerste stappen naar sociale activering. Sommige mensen hebben voldoende aan één gesprek en een verwijzing naar een activiteit. Anderen kunnen meer ondersteuning nodig hebben om na te gaan wat zij nodig hebben om de eerste stap te zetten. Het kan zijn dat de welzijnscoach of een aan de cliënt gekoppelde vrijwilliger de eerste keer (of meerdere keren) mee moet gaan om de drempel te nemen om weer actief te gaan participeren (zie ook ▶ par. 5.3).

Nadat de cliënt is gestart bij een activiteit is het belangrijk dat de welzijnscoach vinger aan de pols houdt en actief contact houdt in deze kwetsbare eerste fase van weer participeren. Dit kan door een kort telefoontje met de vraag: hoe was het? Of het kan door een koffieafspraak te maken nadat de cliënt één of twee keer aan een activiteit heeft deelgenomen. Uit evaluatieonderzoek (Heijnders et al. 2015) blijkt dat als deze eerste stappen in de richting van weer participeren niet of niet voldoende worden ondersteund en onvoldoende contact wordt gehouden, de cliënt stopt met deelname aan de activiteit. De bal komt dan weer bij de eerstelijnszorgverlener te liggen.

Aan te bevelen is om contact op te nemen na eerste deelname, na een aantal keer deelgenomen te hebben of na drie maanden. De vorm waarin dit contact plaatsvindt wordt in overleg met de cliënt bepaald. Meer over de afspraken met de cliënt nadat deze is gaan deelnemen aan een activiteit is ook te vinden in ▶ par. 5.3.

4.5 De welzijnscoach als aanjager van de samenwerking

Na een vaak enthousiaste start van Welzijn op Recept in een gemeente, blijkt dat de verwijzingen vanuit de eerstelijnszorg na verloop van tijd stabiliseren of zelfs afnemen. De werkdruk in de eerstelijnszorg, het reactief werken en het dominante medische model zijn hier allemaal logische verklaringen voor. De praktijkervaring leert dat het vaak de welzijnscoach is die de samenwerking levend houdt (Bertotti et al. 2018; Bickerdicke et al. 2017; Heijnders et al. 2015; Hutt 2017; Polley et al. 2018; Woodall et al. 2018). De welzijnscoach is duidelijk de aanjager gebleken van de samenwerking binnen Welzijn op Recept naar de eerstelijnszorg of, zoals we al in het vorige hoofdstuk schreven, de welzijnscoach is aanjager van het op peil houden van de verwijzingen.

De welzijnscoach is echter niet alleen aanjager van de samenwerking met de zorg, maar ook de verbinder van de samenwerking met de aanbieders van activiteiten en de rest van het sociale domein. Dit is een van de kernkenmerken van het essentieel bestanddeel ondersteuning door de welzijnscoach. Hij is dus een echte spin in het Welzijn op Recept-web voor alle lokale partijen, van cliënten tot professionals.

De welzijnscoach als aanjager van de samenwerking laat zich terugzien in een aantal zaken:
- zichtbaarheid van de welzijnscoach voor de eerstelijnszorg;
- samenwerken met andere professionals in het sociale domein;
- samenwerken en werkafspraken met aanbieders van activiteiten.

Zichtbaarheid van de welzijnscoach voor de eerstelijnszorg

Het vak van welzijnscoach binnen Welzijn op Recept is nog relatief nieuw en onbekend. Voor de welzijnscoach is het belangrijk om zichtbaar te blijven voor de eerstelijnszorg. Onderdelen die hierin belangrijk zijn, zijn: terugkoppeling, informeel en structureel overleg, delen van succesverhalen en feedback, en spreekuur houden in de eerstelijnspraktijk.

Terugkoppeling richting verwijzer

Binnen Welzijn op Recept verwijst een zorgverlener uit de eerstelijnszorg iemand naar de welzijnscoach. Zoals we in het vorige hoofdstuk zagen, is de functie van de welzijnscoach onder andere het informeren van de verwijzer over het verloop van het individuele traject van de cliënt. Ervaring bij welzijnscoaches die al langer werken met Welzijn op Recept leert dat regelmatig terugkoppelen er ook toe leidt dat de verwijzingen op peil blijven, zie hiervoor ▶ par. 3.2. Een welzijnscoach zegt hierover:

> 'In de handleiding Welzijn op Recept staat dat je met de huisarts afspraken maakt over de terugkoppeling en de samenwerking met elkaar. Als je hierover geen duidelijke afspraken maakt met elkaar, dan krijg je ook geen doorverwijzingen van de huisarts. Soms zijn er periodes waarin ik door de drukte in de huisartsenpraktijk weinig doorverwijzingen krijg, maar ik zeg altijd: je genereert je eigen vraag. Op het moment dat je het aantal aanmeldingen terug ziet lopen, ga je meer energie steken in die samenwerking en meer sturen op de terugkoppelingen.' – een welzijnscoach, Schiedam

Terugkoppeling kan op verschillende manieren gebeuren, per cliënt of per groep cliënten van een bepaalde verwijzer (Becker 2015; Kamphuis 2016; Reijnen 2017a; Smeulers 2014). Dit kan na het intakegesprek van de welzijnscoach of na de eerste gesprekken met de cliënt en nadat er een duidelijker beeld over het vervolg verkregen is, of nadat de cliënt voor het eerst heeft deelgenomen aan de activiteit van zijn keuze. Het ligt aan de afspraken tussen verwijzer en welzijnscoach wat wenselijk is.

Naast het moment en de frequentie van de terugkoppeling spelen ook de vorm en de inhoud van de terugkoppeling een rol. Ook hierover is het belangrijk afspraken te maken. Volstaat digitale terugkoppeling of wil je daarnaast regelmatig (in)formeel overleg om zaken door te spreken? Wat wil je teruggekoppeld hebben? Vaak volstaat een kort en bondig bericht over het aantal gesprekken en de keuzes die de cliënt gemaakt heeft. De ervaring leert dat de verschillen in taal tussen de zorg en welzijn groot zijn. Voorkomen moet worden dat verschillen in taal en verschillen in verwachtingen over dat wat teruggekoppeld moet worden, leiden tot irritaties. Een huisarts is in zijn medische training gewend om kort en bondig de medische geschiedenis van een patiënt aan een andere zorgverlener terug te rapporteren. De taal van een welzijnscoach kan bij een zorgverlener wat wollig en langdradig overkomen. Een huisarts zei hierover het volgende:

> 'Tussen het ochtend- en het middagspreekuur had ik maar vijf tot tien minuten en de welzijnscoach wilde drie verwezen patiënten terugkoppelen en steeds uitgebreid vertellen over de ervaringen van zijn cliënten. Dit schoot niet op zo en leidde tot behoorlijke irritatie van beide kanten. De welzijnscoach snapte niet goed dat ik op dat moment niet geïnteresseerd was in het uitgebreide verhaal van tien minuten over de burenruzie van mevrouw A. Ik moet zelf wat vaker en wat beter tijd maken voor de welzijnscoach, zodat we elkaars vak, taal en cultuur beter begrijpen. Want ik waardeer wat de welzijnscoach doet wel enorm. Ik zie dat het voor de verwezen patiënten werkt.' – een huisarts, Nieuwegein

Overlegmogelijkheden

Naast de terugkoppeling naar de verwijzer is het ook van belang om gebruik te maken van zowel informele als formele overlegmogelijkheden en bestaande structuren binnen de eerstelijnszorg (Becker 2015; Kamphuis 2016; Reijnen 2017a; Smeulers 2014; Vissers 2015; Whitelaw et al. 2017). In de meeste eerstelijnspraktijken is er een zogenaamd koffieoverleg waarbij het ad hoc even met elkaar afstemmen van vragen over patiënten mogelijk is. Vaak zijn er meerdere natuurlijke momenten op de dag voor ad hoc overleg. Hiervan kun je ook als welzijnscoach prima gebruik maken. Daarnaast zijn er vaak ook structurele overlegmomenten, zoals een huisartsenoverleg, een multidisciplinair eerstelijnsoverleg of multidisciplinair patiëntoverleg. De praktijkervaring leert dat het hebben van structureel overleg een voorwaarde is om Welzijn op Recept succesvol uit te voeren. Tijdens dit overleg kunnen dan onder meer succesverhalen en cases vanuit de Welzijn op Recept-praktijk met de eerstelijnszorgverleners worden gedeeld. Het is ook belangrijk om met enige regelmaat een overleg te plannen (een à twee keer per jaar) om te bespreken hoe Welzijn op Recept in het algemeen loopt en om naar de werkafspraken en het werkplan te kijken. Ook kan in zo'n overleg feedback gegeven worden over de praktische uitvoering van Welzijn op Recept. Een welzijnscoach uit Schiedam zegt hierover:

> 'Ik merk dat om een goede relatie op te bouwen met de huisartsenpraktijken, je daar continu energie in moet stoppen. Dat dat nooit stopt. Er zijn momenten dat ze je goed op het netvlies hebben en er zijn momenten dat dit niet zo is. Dat snap ik ook wel. Je moet continu zorgen dat Welzijn op Recept op de agenda blijft en bij de ene praktijk lukt dat beter dan bij de ander. In het begin merkte ik dat ik veel mensen kreeg doorverwezen van wie op dat moment de problematiek eigenlijk te zwaar was. Of die niet gemotiveerd genoeg waren. Als je bij mensen komt die niks willen of die op dat moment heel depressief zijn, of bij wie andere dingen spelen waardoor ze op dat moment hun hoofd niet kunnen zetten naar deelnemen aan een activiteit, dan hebben

> mijn gesprekken ook geen effect. Om dit terug te koppelen aan de huisarts lukt niet overal. Het is ook moeilijk, omdat ik merk dat het in de huisartsenprakijken zo druk is dat het moeilijk is om goede overlegmomenten te hebben. En dan momenten om gewoon even rustig op een gelijkwaardige manier met elkaar te praten en niet even snel tussen neus en lippen door van: zo, ik ben daar geweest en zo gaat het daarmee. Maar gewoon rustig kijken van: welke mensen hebben wij de afgelopen tijd doorverwezen en wat zijn de successen, en hoe komt dat en zo. Structureel informatie blijven geven over Welzijn op Recept in het algemeen en zo te blijven werken aan de zichtbaarheid van de functie van de welzijnscoach is van belang. Hoewel verwijzen naar welzijn meer en meer geaccepteerd is binnen de eerstelijnszorg, vraagt het om een gedragsverandering van de kant van de zorgverleners die om continue aandacht vraagt.'

Door op deze manier te werken, blijft het ervaren succes van Welzijn op Recept ook een gedeelde verantwoordelijkheid tussen zorg en welzijn.

Welzijnsspreekuur in de eerstelijnspraktijk

Het daadwerkelijk houden van een Welzijn op Recept-specifiek spreekuur, of een algemeen welzijnsspreekuur in de eerstelijnszorgpraktijk, kan een goede manier zijn om aan de zichtbaarheid, de bekendheid en het vertrouwen te werken. In sommige eerstelijnspraktijken kunnen de eerstelijnszorgprofessionals afspraken maken in een digitale agenda die specifiek gemaakt is voor dit welzijnsspreekuur, wat de verwijzing vergemakkelijkt.

Samenwerken met anderen in het sociale domein

De interventie Welzijn op Recept staat niet op zichzelf, het is een methode waarbij cliënten verbonden worden aan activiteiten van een welzijns- of vrijwilligersorganisatie, aan een buurtinitiatief of aan een andere sociale activiteit (Smeulers 2014; Rotteveel 2018). Daarnaast kan er andere problematiek spelen waarvoor inzet van andere expertise in het sociale domein noodzakelijk is. Dit houdt in dat de welzijnscoach goed contact moet onderhouden met andere professionals die werken met de doelgroep van Welzijn op Recept en dat Welzijn op Recept verbonden moet zijn met op de inwoners gerichte, collectieve, welzijnsgerichte activiteiten en voorzieningen.

Een belangrijke andere partij in het sociaal domein is die van het sociale wijkteam. Het sociale wijkteam is overal verschillend gecontracteerd en georganiseerd, maar het is een belangrijke partner voor Welzijn op Recept en de welzijnscoach. Het is vooral gericht op het oplossen van sociaal-maatschappelijke vraagstukken en problemen zoals schulden, jeugd- en opvoedingsproblematiek, huiselijk geweld, et cetera. Groot verschil met Welzijn op Recept is dat het sociale wijkteam gericht is op vaak complexe en langdurige problematiek. Welzijn op Recept is juist niet gericht op die problematiek. Het probeert op een andere manier het welbevinden, de zelfredzaamheid en de sociale participatie te bevorderen. Welzijn op Recept kan zich richten op de preventieve taken waar het sociale wijkteam vaak niet aan toekomt. Zoals we al aangaven in ▶ par. 3.2 zou het mogelijk moeten zijn dat er vanuit zorg twee verwijskanalen zijn naar het sociale domein, de ene naar Welzijn op Recept en de andere naar het sociale wijkteam. Waarbij deze twee onderling ook naar elkaar kunnen verwijzen als een verwijzing bij de ander thuishoort. Kennis van elkaars expertise is dan voorwaardelijk.

De welzijnscoach is niet alleen een nieuwe functie voor de zorgverleners, ook voor collega's in het sociale domein is deze relatief nieuw. Ook hier is het de welzijnscoach die uitleg zal moeten blijven geven over wat hij zoal doet. Door informatie over Welzijn op Recept te blijven geven en over succeservaringen met gedeelde cliënten te blijven vertellen, stimuleert en verstevigt hij de samenwerking met het sociale wijkteam.

- **Samenwerken en werkafspraken met aanbieders van activiteiten**

Ook voor het brede werkveld van aanbieders van activiteiten voor Welzijn op Recept, zoals lokale partners op het gebied van vrijwilligerswerk, sport en cultuur, speelt de welzijnscoach een belangrijke rol. Aanbieders van activiteiten willen graag op de hoogte gehouden worden van ontwikkelingen binnen Welzijn op Recept en horen graag wat zij kunnen betekenen voor de Welzijn op Recept-doelgroep. Zoals we in het volgende hoofdstuk laten zien (zie ▶ par. 5.4) is het belangrijk om met aanbieders van activiteiten een aantal werkafspraken te maken die ervoor kunnen zorgen dat het aanbod van activiteiten beter inzichtelijk wordt gemaakt voor de doelgroep. Daardoor wordt het voor de welzijnscoach ook gemakkelijker om in te schatten of iemand ook daadwerkelijk past bij een activiteit en de andere deelnemers.

4.6 Organisatorische randvoorwaarden

Om Welzijn op Recept goed uit te voeren binnen het sociale werk, c.q. de welzijnsorganisaties, zijn er randvoorwaarden die zorgen dat Welzijn op Recept op de agenda blijft staan en dat het beter geborgd is in de dagelijkse uitvoeringspraktijk.

- **Functieprofiel van de welzijnscoach**

Welzijnscoach is een relatief nieuwe functie. Er bestaat zodoende nog geen functieprofiel voor. Veel van de werkzaamheden zoals hierboven beschreven, zullen overeenkomen met taken zoals die geformuleerd staan in het beroepscompetentieprofiel van de sociaal professional zoals deze recent gepubliceerd is door Sociaal Werk Versterkt (Meije et al. 2017).

In een latere fase zal nader bekeken moeten worden in hoeverre de rol van de welzijnscoach extra vaardigheden en specifieke competenties vraagt van de sociaal werker. Te meer daar het gaat om een kortdurende interventie, in samenwerking met de eerstelijnszorg en gericht op het verbinden van kwetsbare doelgroepen die zelf de stap naar sociaal werk niet zet. Marijke Vos, voormalig voorzitter van Sociaal Werk Nederland, zei hierover op de landelijke kennisdag Welzijn op Recept (20 september 2018) dat het belangrijk is om met de welzijnscoaches zelf in gesprek te gaan en dat het erop uit kan komen dat ook welzijnscoach een specialisatie is binnen het vak van sociaal werker die aanvullende vaardigheden, competenties en dus opleiding nodig maakt.

De extra competenties en vaardigheden van de welzijnscoach zitten vooral in de niet-direct cliëntgebonden taken. Ze hebben te maken met de positionering en rol van de welzijnscoach als 'aanjager' van de samenwerking met de eerstelijnszorgverleners, de aanbieders van activiteiten en de andere professionals in het sociaal domein; de welzijnscoach als de spin in het web binnen Welzijn op Recept. Een voorlopig functieprofiel voor de welzijnscoach is te vinden in bijlage 4.

- **Ontwikkelen en borgen van de professionaliteit en kwaliteit van de welzijnscoach**

De eerste studies naar de rol van welzijnscoach laten zien dat er zowel op vakinhoudelijk gebied (bijvoorbeeld gebruikte gesprekstechnieken), de profilering en de samenwerking met de eerstelijnszorg, als op het matchen naar de activiteit, de nazorg en de monitoring en evaluatie, nog de nodige verbeterslagen te maken zijn. Dit is logisch gezien de zeer recente opkomst van Welzijn op Recept en het vak van welzijnscoach. Het past helemaal bij de fase waarin Welzijn op Recept zich bevindt. Er ligt zeker op dit vlak nog een uitdaging voor de beroeps- en brancheorganisaties en kennisinstituten binnen het sociaal domein, zoals Sociaal Werk Nederland en Movisie.

Om de kwaliteit van werken binnen Welzijn op Recept te verbeteren en te borgen zijn supervisie en intervisie noodzakelijk (Hutt 2017; Kamphuis 2016; Polly et al. 2018; Reijnen 2017b; Smeulers 2014; Whitelaw et al. 2017). Supervisie is een methode van opleiden en deskundigheidsbevordering die gericht is op het leren van de eigen werkstijl: onder begeleiding leren door reflectie op eigen werkervaringen. Het geeft zicht op welke situaties iemand problemen opleveren en waar dit mee te maken kan hebben. Supervisie kan door de eigen leidinggevende uitgevoerd worden.

Intervisie heeft betrekking op werkproblemen, werkvragen, opgaven en casuïstiek. Het is een leermethode waarbij een groep welzijnscoaches die met elkaar bespreekt en elkaar helpt om het functioneren te verbeteren. Het accent ligt op reflectie, problemen analyseren, oplossingen vinden of adviezen geven. Deelnemers aan intervisie leren door feedback die zij van anderen ontvangen, door naar de kern van de vraag te gaan en doordat vragen op een goede manier worden uitgediept. Dat leidt tot inzichten in het eigen handelen. Binnen de regio Vlaardingen-Maassluis-Schiedam en de regio Groningen hebben welzijnscoaches een intervisiegroep opgezet waarbinnen zij ervaringen en de werkwijze van Welzijn op Recept met elkaar bespreken. In sommige steden zoals Houten, Amsterdam en Nieuwegein zijn er gemeentelijke intervisiegroepen.

- **Een Welzijn op Recept-regisseur**

Net als binnen eerstelijnszorgorganisaties is het ook bij welzijnsorganisaties belangrijk om één Welzijn op Recept-regisseur te benoemen per organisatie. Om Welzijn op Recept ook na een pilotfase op de agenda te houden en ervoor te zorgen dat Welzijn op Recept geborgd wordt in de dagelijkse praktijkroutine van de welzijnscoaches, is het noodzakelijk dat één persoon deze kar blijft trekken. Deze draagt zorg voor de kwaliteit en deskundige uitvoering van Welzijn op Recept binnen de organisatie. Bovendien draagt hij zorg voor het inwerken van nieuwe medewerkers, plant hij supervisie- en intervisiebijeenkomsten, maakt hij een continu scholingsprogramma met betrekking tot Welzijn op Recept en houdt hij het informatiemateriaal up-to-date.

- **Profilering van het vak van welzijnscoach**

Doordat de rol van welzijnscoach relatief nieuw is, is het profileren naar zorg en sociaal domein belangrijk. Bij de start van het Welzijn op Recept-project zal men duidelijk aan moeten geven wat het vak van de welzijnscoach precies inhoudt, wat zijn normale werkzaamheden allemaal zijn, welke werkmethodieken hij gebruikt en op welke manier hij cliënten ondersteunt. Daarbij is het belangrijk om oog te hebben voor het taal- en cultuurverschil tussen de eerstelijnszorg en het sociaal werk en ook hierop in te gaan. Het geven van praktische voorbeelden en casuïstiek over je werk maken het voor de eerstelijnszorg gemakkelijker te begrijpen. Want juist het verschil tussen de eerstelijnszorgverlener en de welzijnscoach maakt dat Welzijn op Recept werkt. Onderdelen van het profileren kunnen zijn: het formuleren van

4.6 · Organisatorische randvoorwaarden

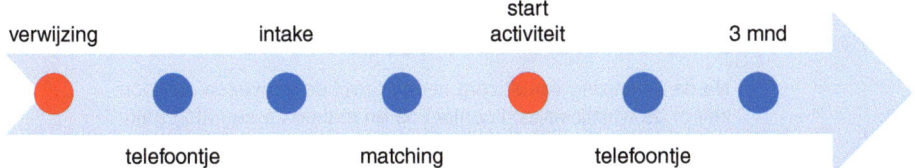

Kortdurend traject (5–10 uur, 5,4 contactmomenten, incl. admin)

◘ **Figuur 4.2** Contactmomenten tijdens een kortdurend traject. In ◘fig. 4.2 zijn twee beslissende momenten binnen Welzijn op Recept aan te wijzen. Dit zijn allereerst de verwijzing en wat verderop de keuze van een cliënt om te gaan deelnemen aan een activiteit, maatjesproject of vrijwilligerswerk. Vandaar dat deze twee momenten in de afbeelding hierboven rood zijn gekleurd

je onderscheidende waarde, het werken aan de juiste pitch, het werken aan een vertrouwensrelatie met de zorgverleners (want vertrouwen is gunnen) en het werken aan een interprofessionele samenwerkingsrelatie.

- **Financiering, monitoring en evaluatie**

Om Welzijn op Recept goed uit te voeren is het van belang dat de welzijnscoach voldoende geïnformeerd is. Voor de inkoop van Welzijn op Recept door een gemeente is het cruciaal dat er naast cliëntgebonden tijd ook tijd wordt ingekocht voor het uitvoeren van samenwerkingswerkzaamheden. De rol van verbinder en spin in het web vraagt tijd en werkt ondersteunend aan de verwijzingen door zorgverleners, de doorverwijzing naar activiteiten en andere sociaal werkers.

Zoals al eerder aangegeven betreffen deze ondersteuningsgesprekken een kortdurend traject. Gemiddeld heeft de welzijnscoach ongeveer vijf tot tien uur nodig om een deelnemer met gesprekken en ondersteuning (inclusief administratie) aan een passende activiteit te laten deelnemen. Hoeveel uren er ingezet worden is afhankelijk van de complexiteit van het probleem, de vaardigheden van de cliënt en de hoeveelheid uren voor Welzijn op Recept die de gemeente bij de welzijnsorganisatie heeft ingekocht. Gemiddeld gaat het op dit moment over 5,4 contactmomenten tussen de welzijnscoach en de cliënt, dat is inclusief het telefoontje waarin het eerste contact gelegd wordt om een afspraak te maken (Ranke et al. 2018) (◘fig. 4.2). Hierin is meegerekend dat sommige cliënten eerst meerdere activiteiten bezoeken voordat zij een keuze maken.

Cruciaal voor het borgen van Welzijn op Recept is dat ook binnen het sociaal werk en welzijnswerk gestructureerd en gestandaardiseerd aan data- en informatiemanagement wordt gedaan. Dit is zeker binnen het welzijnswerk nog geen gemeengoed, maar zal ontwikkeld moeten worden om de kwaliteit te kunnen borgen. Momenteel is de berichtgeving tussen zorgorganisaties (tussen huisarts en ziekenhuis) doorgaans goed ingeregeld, maar hier zijn de systemen waar welzijnsorganisaties mee werken vaak niet op aangesloten. Als de data- en informatiesystemen uit beide domeinen beter op elkaar aansluiten, zal dat direct bijdragen aan een betere kwaliteit van Welzijn op Recept. Verder onderzoek en diepgaandere analyse van elektronisch veilige informatieoverdracht en dataopslag (privacy!) is gewenst en noodzakelijk. Als dit koppelen van systemen lukt, vormt dit een kans voor een verdere profilering en professionalisering van de hele welzijnssector (◘fig. 4.3).

STAPPENPLAN WELZIJN

STAP 1 AANMELDING: CONTACT LEGGEN

– Na de verwijzing vanuit zorg neemt ofwel de verwezen persoon zelf of de welzijnscoach contact op en maken ze een afspraak. Aanbevolen wordt om dit binnen 7 tot 10 (werk)dagen te doen.

– Registratie van de verwijzing en de verwijzer in het systeem.

STAP 2 INTAKE EN HET MATCHEN

– Werkt toe aan vraagverheldering en sluit via positieve oplossingsgerichte benadering aan bij de behoeften, wensen en mogelijkheden van de cliënt komen tot een keuze van een activiteit.

– Weten, willen en kunnen (zie hoofdstuk 5.3).

STAP 3 NAAR VERMOGEN PARTICIPEREN

– Aansluiten bij wat mogelijk is voor de cliënt. Eventueel kan de welzijnscoach of een vrijwilliger de eerste keer meegaan naar de activiteit of verwijzen naar andere vormen van ondersteuning.

STAP 4 NAZORG EN AFRONDING

– Nadat iemand is gaan deelnemen volgt een kort contactmoment.
– Na 3 maanden volgt een laatste contact met de cliënt om te kijken hoe het gaat en wordt het traject afgesloten.

STAP 5 REGISTRATIE EN TERUGKOPPELING

– Na de verwijzing wordt de cliënt geregistreerd in het systeem.
– Met de verwijzers wordt afgesproken op welke moment(en) er teruggekoppeld wordt (bv. na de intake en na 3 maanden).

Figuur 4.3 Stappenplan Welzijn

Het Stappenplan Welzijn

Net als binnen de eerstelijnszorg onderscheiden we binnen welzijn ook een aantal stappen die belangrijk zijn voor het Welzijn op Recept-traject. Hieronder doorlopen we deze verschillende stappen.

Stap 1 De aanmelding: contact leggen

Nadat de cliënt door de eerstelijnszorgverlener is verwezen, kunnen zich een aantal situaties voordoen. Ofwel de cliënt krijgt het telefoonnummer mee van de sociaalwerk- of de welzijnsorganisatie met het verzoek zelf contact op te nemen, ofwel de cliënt wordt gevraagd of het goed is dat zijn gegevens worden doorgegeven aan de welzijnscoach. In het laatste geval krijgt de welzijnscoach hiervan bericht en benadert hij de cliënt om een afspraak te maken voor een intakegesprek. Praktijkervaringen leren dat veel cliënten geen contact zoeken met een welzijnscoach als ze worden gevraagd om dit zelf te doen. Het betreft hier een groep mensen die contact zoeken als erg moeilijk ervaart. Dit pleit ervoor om na overleg met de cliënt zijn gegevens via een beveiligde weg aan de welzijnscoach door te geven, die vervolgens contact met hem opneemt. Mocht het de welzijnscoach na drie pogingen niet lukken een afspraak te maken met de cliënt, dan wordt de huisarts hierover geïnformeerd. Neem snel contact op na de verwijzing, het liefst binnen zeven tot tien (werk)dagen. Zowel cliënten als huisartsen zeggen dit als prettig te ervaren.

Na de verwijzing door een eerstelijnszorgverlener is het belangrijk om de juistheid van deze verwijzing naar Welzijn op Recept te beoordelen en hiernaar te handelen. Tijdens het eerste contact met de cliënt verwoordt de welzijnscoach duidelijk wat de cliënt van hem kan verwachten en wat van de cliënt verwacht wordt. Hij peilt bovendien de bereidheid van de cliënt om aan zijn eigen situatie te gaan werken. Dit laatste is cruciaal voor het slagen van het ondersteuningstraject.

Stap 2 Het ondersteuningstraject: de intake en het matchen

Het intakegesprek is, na het (telefonische) contact waarin de afspraak werd gemaakt, het eerste formele gesprek waarin de welzijnscoach toewerkt naar verhogen van het welbevinden van zijn cliënt. Het ondersteuningstraject is erop gericht om de cliënt de regie over zijn eigen leven te doen hernemen. Hij staat hier centraal. Het traject start daarom met een vraagverheldering, om vervolgens via een sterkekantenbenadering of door middel van oplossingsgerichte gespreksmethodiek toe te werken naar het matchingsgesprek. Hierbij kan ook het (potentiële) netwerk van de cliënt in kaart worden gebracht. Samen met de cliënt tracht de welzijnscoach concrete stappen te formuleren vanuit zijn mogelijkheden naar zijn wensen, ambities en dromen. De welzijnscoach biedt mogelijkheden aan, en geeft informatie en advies.

Ondersteuning van de cliënt bij het maken van zijn eigen keuzes en het nemen van zijn eigen beslissingen is belangrijk. De motivatie van de cliënt om stappen te zetten speelt hier een grote rol.

Bij het matchen zal rekening gehouden moeten worden met zijn mobiliteit. Wat ook vaak speelt is dat niet alle activiteiten gratis zijn en dat een verplichte financiële contributie dus een extra drempel op kan werpen. Soms speelt mee dat je te maken hebt met iemand die zo kwetsbaar is, dat je hem alleen in een groep wilt plaatsen waar goede begeleiding aanwezig is of waar sprake is van 'laagdrempelige ontmoetingen'. Het geeft allemaal aan hoe creatief je soms moet zijn bij het maken van de matches. Voor meer over wat speelt in de overdracht naar de activiteit, zie het volgende hoofdstuk.

Stap 3 Participeren naar vermogen

Iedereen ervaart de stap naar een activiteit weer anders. Sommige mensen hebben aan een telefoonnummer voldoende, anderen moeten een enorme drempel over om daadwerkelijk deel te nemen aan een activiteit. Nadenken over hoe deze drempel te nemen zou kunnen zijn, is in dit stadium dan al voldoende.

Nadat een cliënt een keuze voor een activiteit heeft gemaakt, kan hij er vaak eerst gaan kennismaken om te zien of die bij hem past. Ondersteuning kan hier verschillende vormen aannemen: de contactgegevens aanreiken voor de gekozen activiteit, voor de cliënt een afspraak maken met de activiteitenaanbieder, een warme overdracht regelen, meegaan naar de activiteit of regelen dat iemand anders meegaat naar de activiteit. Welzijn op Recept is niet altijd passend bij de problematiek of de vraag van de cliënt. Verwijzen naar een andere professional die zijn vraag beter kan oppakken, is dan een betere oplossing.

Stap 4 Nazorg en afronding

Zodra iemand is gaan deelnemen aan een activiteit of ondersteuningstraject is er even kort contact met hem of de begeleider om te horen hoe het bevallen is. De uiteindelijk door de cliënt gekozen activiteit kan variëren in tijdsduur. Het streven is om een welzijnstraject nooit langer te laten duren dan drie maanden. Na drie maanden volgt een laatste contact met de cliënt om te kijken hoe het gaat.

Stap 5 Registratie en terugkoppeling

Het is belangrijk om een Welzijn op Recept-verwijzing bij voorkeur in een digitaal cliëntsysteem te registreren. Op deze manier kan de welzijnscoach, of een collega van hem, in het volgende contact met de cliënt meteen zien wat er al gedaan en afgesproken is. Verder is registratie belangrijk voor de eigen administratie en voor het monitoren en evalueren van Welzijn op Recept (zie ▶ par. 8.2). Met de verwijzers worden afspraken gemaakt over hoe en wanneer teruggekoppeld wordt.

4.7 Conclusie

In dit hoofdstuk stond de ondersteuning door de welzijnscoach centraal. Daarbij beschreven we wat de belangrijke kernelementen zijn in de interactie tussen de welzijnscoach en de cliënt, waaronder het plannen van voldoende gesprekken voor de cliënt.

Extra aandacht besteedden we aan de juistheid van de verwijzing. In de kern dient Welzijn op Recept immers een kortdurend traject te zijn, waarbinnen mensen gestimuleerd worden om weer contacten te leggen en deel te nemen aan activiteiten. In beginsel gaat het daarbij om mensen met lichte psychosociale problematiek, de situationele problematiek. De praktijk wijst echter uit dat steeds vaker mensen met meer structurele problematiek worden verwezen. Lokaal zal bekeken moeten worden of ze willen uitbreiden naar deze doelgroep en of hiervoor het aantal uren welzijnscoach per cliënt uitgebreid moet worden. Zoals we al schreven in ▶ H. 3 zorgen goede afspraken met het sociale wijkteam voor duidelijkheid voor de eerstelijnszorg over welke patiënten bij wie terecht kunnen in het sociale domein.

4.7 · Conclusie

Steeds duidelijker wordt de cruciale verbindende en aanjagende rol van de welzijnscoach binnen dit hele traject. Hij is niet alleen verbinder en ondersteuner voor de cliënt, maar ook aanjager van de samenwerking met de zorg, met collega's binnen de eigen welzijnsorganisatie en met anderen die werkzaam zijn in het sociale domein of in het sociaal wijkteam. Dat is des te meer reden om goed te definiëren wat de welzijnscoach doet binnen Welzijn op Recept en zijn meerwaarde te benadrukken.

Willen we met elkaar iets kunnen zeggen over de kwaliteit van Welzijn op Recept, dan zullen we ook iets moeten zeggen over de tools die nodig zijn om het ondersteuningsgesprek met de cliënt te kunnen voeren.

Het belang van voldoende tijd voor gesprekken, nazorg voor de cliënt en terugkoppeling naar de zorg wordt steeds meer aangetoond. Zonder passende nazorg haakt een behoorlijk deel van de cliënten na een of twee keer deelname aan een activiteit af. De verwijzer wil graag weten welke keuze zijn patiënt heeft gemaakt en hoe het verder met hem is verlopen. Verwijzen en terug rapporteren gebeurt op veel verschillende manieren. Door de terugkoppeling over individuele patiënten naar de huisartsen, succesverhalen te delen met alle stakeholders én objectieve resultaten kunnen overleggen, blijft Welzijn op Recept op de agenda staan binnen de zorgsector en binnen de gemeente.

Activiteiten voor sociale activering

5.1 Welzijn op Recept en de activiteiten – 76

5.2 Deelnemen en blijven deelnemen aan een activiteit – 79

5.3 De juiste match: weten, willen en kunnen – 79

5.4 Randvoorwaarden voor het ontwikkelen en aanbieden van activiteiten – 83

5.5 Conclusie – 86

© Bohn Stafleu van Loghum is een imprint van Springer Media B.V., onderdeel van Springer Nature 2019
M. Heijnders en J. J. Meijs, *Handboek Welzijn op Recept*, https://doi.org/10.1007/978-90-368-2376-0_5

> 'Afgelopen maand ben ik voor het eerst naar het repair café gegaan. De welzijnscoach is met mij meegegaan. Ik vond het wel gezellig dat zij met me meeging. Het is allemaal nieuw, hè? Ik ben niet zoals ik normaal ben. Ik ben altijd het aanspreekpunt geweest binnen het bedrijf waar ik werkte, maar nu na de scheiding en na mijn ontslag … Tja, ik weet het niet. Ik ben niet echt zoals ik normaal ben. Naar zoiets nieuws gaan met allemaal verschillende mensen … Het was fijn dat zij meeging. Er waren meer mannen daar die iets wisten van techniek. Ik kon meteen iemand helpen met een strijkijzer waar iets mee was. In de pauze vertelde iedereen wat hij gerepareerd had of vroeg aan de anderen hoe iets te repareren was. Dat voelde wel vertrouwd.' – een deelnemer, Nieuwegein.

'Het lastige bij het matchen binnen Welzijn op Recept is dat op deze manier niet alle psychosociale problemen op te lossen zijn. Sommige activiteiten kosten geld en ook al willen mensen hier graag naartoe, de vraag om een financiële bijdrage maakt dit dan onmogelijk. Soms zijn mensen niet mobiel genoeg om de dingen te doen of om ergens naar toe te gaan. Er zijn meerdere belemmeringen die in mensen zitten waar je rekening mee moet houden. Matches maken is niet eenvoudig. Kennis van de sociale kaart is hier handig bij, maar deze verandert steeds. Mensen denken nog steeds dat je dat in een computer bij kan houden, maar zo werkt het niet. Bij sommige activiteiten kun je iedereen plaatsen, bij andere activiteiten niet. Sommige mensen wil je alleen in een groep met begeleiding hebben, met zorg, waar je zeker weet dat ze goed worden opgevangen en begeleid. Soms moet je mensen dan naar een andere wijk verwijzen.' – een welzijnscoach, Amsterdam.

Inleiding

Tot nu toe lag het accent binnen Welzijn op Recept vooral bij de verwijzing vanuit de zorg en bij de gesprekken tussen de welzijnscoach en de deelnemer. Over de activiteiten was alleen beschreven dat deze in arrangementen aangeboden konden worden en dat ze moesten aansluiten bij de problematiek van de wijk en bij de voorkeuren, behoeften en mogelijkheden van de cliënten. De verantwoordelijkheid binnen het Welzijn op Recept-traject houdt echter niet op bij het vinden van een match. Om het welbevinden van mensen duurzaam te verhogen, is het belangrijk dat ze *blijven* deelnemen aan de activiteit van hun keuze. Dat vraagt om verbreden, verdiepen en verduurzamen van de sociale contacten op een activiteit en dat vraagt weer om ondersteuning op de activiteit door de begeleiding of de vrijwilligers. Binnen dit hoofdstuk beschrijven we aandachtspunten om tot een goede match te komen. Sommige mensen kunnen prima in hun eentje naar hun activiteit van keuze, anderen ervaren een hoge drempel om ernaartoe te gaan. Een zogenaamde warme overdracht kan hier een oplossing zijn. Nadat iemand is gaan deelnemen, is een evaluatiegesprek met de welzijnscoach belangrijk om te zorgen dat hij blijft deelnemen. Voor de kwaliteit van het aanbod kunnen afspraken gemaakt worden met de aanbieders. Dit hoofdstuk eindigt met aandachtspunten voor het ontwikkelen van een online sociale kaart.

> **Kernelementen**
> Kernelementen van activiteiten voor sociale activering zijn:
> - deelname activiteit en interactie met andere deelnemers;
> - juiste match;
> - aansluiten bij behoefte, wensen en mogelijkheden deelnemer;
> - begeleiding;
> - randvoorwaarden.

5.1 Welzijn op Recept en de activiteiten

Met het woord 'activiteiten' wordt alles bedoeld waar een deelnemer naar verwezen kan worden om positieve ervaringen en sociale contacten op te doen. Dit kunnen groepsactiviteiten zijn bij een welzijnsorganisatie, maar ook bij andere, zowel formele als informele organisaties en netwerken. Naast deze groepsactiviteiten valt ook te denken aan meer individuele activiteiten als koppelen aan een vrijwilliger of een maatje, inzet als vrijwilliger en stimuleren naar werk. De inhoud van al deze activiteiten kan zeer sterk verschillen, dit is afhankelijk van de voorkeuren en behoeften van de deelnemer. Het doel van dit onderdeel van Welzijn op Recept is een succesvolle match tot stand brengen en houden. Hiermee bedoelen we:
- naar vermogen gaan participeren, (weer) in beweging komen;
- deelnemen aan een activiteit, koppelen aan een maatje of (vrijwilligers)werk doen;
- weer sociale contacten opdoen.

Wat we willen bereiken binnen Welzijn op Recept, is dat mensen het gevoel hebben er weer bij te horen, waardoor hun welbevinden uiteindelijk wordt verhoogd. Meedoen aan activiteiten, of er naar vermogen aan werken, is hier een belangrijk onderdeel van.

Studies naar de werkzaamheid van interventies bij eenzaamheid tonen aan dat er bij sociale activering twee oplossingsrichtingen zijn: de sociale vaardigheden verbeteren en de deelname aan sociale activiteiten (Zwet en Maat 2016). Dit wordt ondersteund door ervaringen binnen de leergemeenschap. Sommige mensen missen de vaardigheden om sociale contacten te leggen. Verwijzen naar een cursus Grip en Glans of een cursus Creatief Leven kan dan een oplossing zijn. Daar verwerven zij inzicht in hun situatie en krijgen ze de vaardigheden aangereikt om sociale contacten te leggen. Deze cursussen zijn echter vooral gericht op eenzaamheidsproblematiek. Er zijn ook nog andere mogelijkheden om sociale vaardigheden aan te leren, zowel op groeps- als op individueel niveau, bijvoorbeeld koffieochtenden in buurthuizen en bibliotheken, activiteiten in huiskamers in de buurt et cetera.

Het succes van Welzijn op Recept valt of staat bij iemands deelname aan een geschikte activiteit. Wat geschikt is, blijkt zeer persoonlijk en kan voor iedereen anders zijn. Een geschikte activiteit vinden is maatwerk. Zoals we al in het vorige hoofdstuk beschreven, is het belangrijk om met de welzijnscoach te bespreken welke activiteit het beste bij een persoon past en waar hij behoefte aan heeft. Activiteiten moeten daarnaast passen bij zijn hobby's, interesses, dagindeling en mogelijkheden. Voor sommige mensen is één activiteit per week voldoende, anderen nemen deel aan meerdere activiteiten.

Type activiteiten

Studies in Nieuwegein (Pomp et al. 2015) en Amsterdam (Meije et al. 2017) tonen aan dat de activiteiten waarnaar binnen Welzijn op Recept verwezen wordt, vaak activiteiten zijn die te maken hebben met creativiteit of met sport en beweging. Ook de literatuurstudie van Ranke en collega's (2018) geeft aan dat de activiteiten waarvoor het meest gekozen wordt, creatieve activiteiten, sport en bewegen en vrijwilligerswerk zijn. Daarnaast kiezen veel mensen voor samen koken en eten. In Nieuwegein is het project Kunst op Recept ontwikkeld, maar in het algemeen blijft het aanbod op het gebied van kunst en cultuur nog wat achter. Ongeveer een derde van de deelnemers kiest er naast deze groepsactiviteiten voor om vrijwilligerswerk te gaan doen. Daarnaast is er nog een groep waarvoor een maatje gezocht moet worden. Verschillende welzijnsorganisaties die werken met Welzijn op Recept geven aan dat er ook behoefte is om Welzijn op Recept te ontwikkelen ter ondersteuning van mantelzorgers en voor mensen met lichte GGZ-problematiek (◘ fig. 5.1).

Welzijnsarrangementen

Bij de implementatie van Welzijn op Recept in Nederland speelde het boek *Mentaal vermogen, investeren in geluk* van Walburg (2008) een grote rol (zie ook ▶ par. 1.3). In dit boek wordt mentaal vermogen omschreven als een eigenschap die iemand in staat stelt een gelukkig, betrokken en zinvol leven te leiden. In dit boek herleidt Walburg uit de wetenschappelijke literatuur over geluk en veerkracht zes 'principes van duurzaam geluk' die het mentaal vermogen bepalen. We herhalen ze hier:

- positief en optimistisch denken;
- zingeving;
- bewust leven en genieten;
- interactie met anderen;
- gezonde leefstijl; en
- geluk delen.

Welzijnsorganisatie MOvactor heeft alle activiteiten gegroepeerd rond deze zes principes en heeft ze, eigentijdser, 'welzijnsarrangementen' genoemd. De welzijnsarrangementen kregen aansprekende namen als Ontdekken en Doen, Smakelijke Ontmoetingen, of Kunst en Cultuur.

Steeds meer organisaties die werken met Welzijn op Recept laten het denken en organiseren van het aanbod in arrangementen los. Argumenten hiervoor zijn dat ze niet zozeer willen denken vanuit aanbod, maar dat het maatwerk voor de cliënt voorop staat. Sommige organisaties vinden dat de mogelijkheid om nieuwe activiteiten te ontwikkelen steeds open moet staan, als de cliënt daarom vraagt. De coördinator welzijn in Lelystad zegt hierover:

> 'In Lelystad kiezen we ervoor vraaggericht activiteiten te ontwikkelen. Wanneer een bewoner met een idee voor een activiteit komt, zal de opbouwwerker deze bewoner faciliteren en helpen met het opzetten hiervan. Ervaring leert dat activiteiten goed bezocht worden wanneer ze vraaggericht zijn. Wanneer een aanbod gedaan wordt, zien we vaak weinig tot geen deelnemers. Hierdoor ontstaan steeds nieuwe activiteiten.'

TYPE ACTIVITEITEN

◘ **Figuur 5.1** Type activiteiten

Arrangementen lijken te veel uit te gaan van een gesloten aanbod en worden om die reden soms losgelaten. Er zijn echter ook gemeenten die stellen een voldoende ruim en gevarieerd aanbod te hebben. Zij ontwikkelen geen extra activiteiten meer, los van de vraag of ze deze in arrangementen rangschikken of niet. Soms worden arrangementen nog wel gebruikt voor verantwoording naar de gemeente en om na te gaan of het aanbod aan activiteiten gevarieerd genoeg is.

5.2 Deelnemen en blijven deelnemen aan een activiteit

Binnen Welzijn op Recept zijn er deelnemers die na het gesprek met de welzijnscoach zelf contact kunnen opnemen met de activiteitenbeleider en gaan deelnemen en mensen voor wie deze stap een moeilijke is. De praktijk leert dat het vaak gaat om een kwetsbare groep mensen die een steuntje in de rug nodig heeft om deze stap te kunnen (en durven) zetten (Meije et al. 2017). Een warme overdracht waarbij de welzijnscoach of een vrijwilliger meegaat helpt hier dan bij. Een vrijwilliger toewijzen die de eerste paar keren extra aandacht en begeleiding geeft, kan de deelnemer helpen zich thuis te voelen in de groep en uiteindelijk aan de activiteit te blijven deelnemen (Bertotti et al. 2018). Een studie van Pescheny et al. (2018) laat zien dat begeleiden van mensen naar en bij een activiteit hun zelfvertrouwen en onafhankelijkheid vergrootte en uiteindelijk leidde tot blijvend deelnemen aan de activiteit. Een studie van Movisie toont aan dat het belangrijk is dat vrijwilligers bij een groepsactiviteit mensen blijven stimuleren contacten te leggen (Zwet en Maat 2016). De coalitie Erbij stelt op zijn website dat inzet van gespreksstarters hierbij kan helpen. Zij maken als ze sociale contacten aangaan onderscheid tussen verbreding, verdieping en verduurzaming. Verbreding van sociale contacten is nieuwe mensen leren kennen. Om het welbevinden van mensen te verhogen is het echter noodzakelijk betekenisvolle contacten aan te gaan en hiervoor is verdieping van de sociale contacten nodig; dat wil zeggen dat mensen elkaar beter leren kennen en meer van zichzelf laten zien, zodat de contacten minder oppervlakkig worden. De inzet van gespreksstarters is een manier om dit te doen. Dit zijn vragen die een gesprek kunnen opstarten. Dit kunnen kaartjes zijn, of de theezakjes met kaartjes, of tafelheren of -dames.

Of een match succesvol ervaren wordt, is afhankelijk van een aantal zaken: hoe de deelnemer het welkom bij de activiteit ervaart (Meije et al. 2017; Reijnen 2017b), of hij een klik heeft met de andere deelnemers aan de activiteit (Reijnen 2017b) en of de ruimte, de organisatie en het tijdstip van de activiteit bevallen (Meije et al. 2017; Smeulers 2014). (Zie hiervoor ook de randvoorwaarden). Blijven deelnemen aan een activiteit, en dus het verduurzamen van de sociale contacten, bepaalt het succes van Welzijn op Recept.

Redenen die mensen aangeven om niet meer deel te willen nemen aan een activiteit waren: een mismatch met een activiteit (niet passend bij hun behoefte, interesses), een groep deelnemers die niet passend was, het gemis aan begeleiding en terugkoppeling, andere verwachtingen, ziekte, financiën of logistieke problemen (Carnes et al. 2017; Heijnders et al. 2015; Pescheny et al. 2018).

5.3 De juiste match: weten, willen en kunnen

Mensen maken niet zomaar een keuze voor een activiteit. Hier gaan een aantal stappen en overwegingen aan vooraf. Er zijn een aantal aandachtspunten voor dit matchen. Binnen een literatuurstudie naar interventies die werken bij eenzaamheid, uitgevoerd door Movisie, spreken de auteurs over weten, willen en kunnen (Zwet en Maat 2016). Een cliënt moet zich voldoende bewust zijn (weten) van zijn probleem en van de mogelijkheden van de interventie (Welzijn op Recept en de activiteit) om toeleiden mogelijk te maken. Willen heeft te maken met iemands motivatie om iets aan zijn situatie te gaan doen. Als iemand niet gemotiveerd is dan is de aanpak gedoemd te mislukken. Kunnen heeft te maken met de mogelijkheden die iemand heeft in financiële zin of lichamelijke zin. Is hij bijvoorbeeld mobiel genoeg om zelfstandig naar de activiteit toe te gaan? Een toeleiding naar een activiteit heeft alleen zin als aan deze drie voorwaarden is voldaan.

Nadat iemand een keuze voor een activiteit heeft gemaakt, is het belangrijk om samen af te spreken hoe de overdracht naar de activiteit gaat plaatsvinden. Mensen die eenmaal ergens zijn gaan deelnemen aan een activiteit ervaren het als prettig als de welzijnscoach nog eens nabelt. Hieronder gaan we hier nader op in.

- Aandachtspunten voor het matchen

Bij het matchingstraject is het belangrijk dat goed wordt aangesloten bij de specifieke situatie en het tempo van de cliënt, waarbij de cliënt vaak een aanlooptijd nodig heeft om tot een keuze te komen. Heeft iemand bijvoorbeeld wel voldoende energie? Veel chronisch zieke mensen of mensen met depressieve klachten hebben goede en slechte dagen, deze bepalen het traject en de keuze voor activiteiten.

Daarnaast leert de ervaring dat mensen eerst een aantal activiteiten willen uitproberen voordat ze tot een uiteindelijke keuze komen. Bij het samen met de cliënt zoeken naar die activiteit die het beste bij hem past, is het belangrijk dat de welzijnscoach niet alleen de wensen en behoeften, voorkeuren en hobby's van de cliënt in beeld krijgt, maar dat hij ook kennis heeft van de sociale kaart in de wijk en weet heeft van de samenstelling van de groep bij een activiteit. De dynamiek in een groep en de groepsidentificatie qua leeftijd en geslacht zijn bepalend voor een cliënt om te blijven deelnemen aan een activiteit of niet (Haslam et al. 2018; Heijnders et al. 2015; Meije et al. 2017; Reijnen 2017b).

> **Oog houden voor andere deelnemers**
> Bij het begeleiden van deelnemers naar concrete Welzijn op Recept-activiteiten, is het belangrijk om oog te houden voor de andere deelnemers aan die activiteiten. Het moet voor die deelnemers ook acceptabel zijn als een Welzijn op Recept-cliënt naar 'hun' activiteit verwezen wordt. De vuistregel die we daarbij hanteren: een Welzijn op Recept-cliënt mag de activiteit en het groepsproces niet zodanig verstoren dat de kwaliteit en continuïteit van de activiteit voor de andere deelnemers in gevaar komt.

Veel verwijzingen binnen Welzijn op Recept betreffen wat oudere mensen en voor deze mensen is vaak voldoende aanbod aan activiteiten. Moeilijker ligt het voor de groep mensen tussen de 40 en 55 jaar die soms nog deels werken. Als deze mensen naar activiteiten worden doorverwezen waar veel mensen met een hogere leeftijd aan meedoen, voelen ze zich daar niet bij thuis. De onderwerpen van gesprek zijn anders. Gesprekken kunnen gaan over hoe iemand zich voelt als gepensioneerde of over de kleinkinderen. De combinatie van werk en je niet lekker voelen, is dan een heel ander onderwerp.

Verder bepaalt het moment van toeleiden of iemand alleen een duwtje in de rug nodig heeft, of dat hij meer begeleiding nodig heeft naar een activiteit (het willen). Iemand kan bijvoorbeeld net een levensgebeurtenis hebben meegemaakt, hij kan al wat verder in het proces zitten of hij kan een combinatie van problemen hebben die op de voorgrond staan. Op het moment dat iemand zijn problemen nog maar kort achter zich heeft gelaten of er nog middenin zit, kan het moeilijk zijn om hem naar een activiteit toe te leiden. Het kan gebeuren dat iemand nog in de rouw is omdat hij zijn partner is verloren. Of het kan zijn dat er een soort verliesverwerking speelt, omdat hij net een vervelende diagnose heeft gekregen waar hij erg mee bezig is. Tijdens de vraagverheldering kan dan blijken dat hij er nog niet aan toe is om nieuwe contacten aan te halen. Later kan dat misschien wel.

Iets anders dat regelmatig voorkomt is dat mensen ernstige problemen hebben van sociaal-maatschappelijke aard, zoals schulden, woonproblemen of echtscheidingsproblematiek. Het is dan maar de vraag of iemand openstaat voor deelnemen aan activiteiten en of het voor een effectief Welzijn op Recept geen voorwaarde is dat structurele oplossingen voor deze problemen in gang worden gezet.

Ook speelt mee welke verwachtingen iemand heeft over het aangaan van sociale contacten. Hoewel het bij veel activiteiten niet expliciet om de ontmoeting gaat, vinden veel mensen het bijvoorbeeld prettig om lotgenoten te ontmoeten. Zinvol bezig zijn en actiever worden, zijn veelgenoemde verwachtingen (Husk et al. 2016; Meije et al. 2017; Ranke et al. 2018; Reijnen 2017b). De combinatie van sporten en daarna gezamenlijk lunchen of koffiedrinken waarderen mensen positief (Meije et al. 2017). Daarnaast speelt dat sommige mensen aangeven op zoek te zijn naar activiteiten waar ze een echt gesprek kunnen voeren. Ze willen het echt ergens over hebben; praten over een bepaald thema. Ze hebben behoefte aan een gesprek met meer diepgang en minder los gekletst tijdens een koffieochtend. Soms liggen de verwachtingen echter te hoog. Mensen verwachten bijvoorbeeld dat ze binnen de activiteiten werkelijk nieuwe vriendschappen zullen opbouwen (Machielse 2011; Meije et al. 2017).

Andere zaken om rekening mee te houden bij het matchen zijn iemands mobiliteit, zijn financiële armslag en de beschikbaarheid van de activiteit: het kunnen (Bertotti et al. 2018; Meije et al. 2017). Is iemand in staat om de activiteit zelfstandig te bereiken? Niet alle activiteiten zijn gratis, voor sommige activiteiten wordt een bijdrage gevraagd. Heeft de cliënt de financiële middelen voor deze bijdrage? Aan het begin van dit hoofdstuk beschrijven we een situatie uit de praktijk waarin de spanning rondom dit 'kunnen' voelbaar wordt.

Verder kan het gebeuren dat mensen ook na het matchen en na enige tijd deelgenomen te hebben aan een activiteit opnieuw verwezen worden naar Welzijn op Recept. Een welzijnscoach zegt hier het volgende over:

> 'De mensen die je krijgt verwezen binnen Welzijn op Recept blijven een kwetsbare groep. Dus je ziet ook dat mensen terugkomen. Dat je ze begeleid hebt en dat het een tijdje goed met ze gaat en dat je dan opeens via een huisarts of wijkverpleegkundige toch iemand terugkrijgt. Soms is dat positief, omdat ze nog een activiteit of iets anders willen doen, soms is dat negatief omdat ze toch ergens zijn afgehaakt. Dan moet je opnieuw met deze mensen om de tafel. Dat had ik niet verwacht. Ik had verwacht dat het gemakkelijker zou gaan. Ik merk dat er toch vaak wat drempels zijn bij mensen om dingen te gaan ondernemen. Soms denk je dat iemand goed geland is, maar er hoeft maar iets te gebeuren en mensen haken af. Het is belangrijk om bij een activiteit iemand te hebben die er echt voor gaat, die zich over anderen ontfermt. Dan blijf ik hem als welzijnscoach volgen, maar ik moet op een bepaald moment toch afsluiten. Dat vind ik soms wel lastig.' – een welzijnscoach, Schiedam.

- **De overdracht van welzijn naar de activiteit**

Nadat een cliënt een keuze heeft gemaakt, is het belangrijk om met hem te bespreken hoe de overdracht zal plaatsvinden. Sommige cliënten zijn voldoende zelfredzaam om contact op te nemen met de coördinator of begeleider van de activiteit en er vervolgens alleen naartoe te gaan. Anderen ervaren een hoge drempel om contact op te nemen en zelf alleen naar de activiteit toe te gaan. Maatwerk is ook hier weer belangrijk. De welzijnscoach kan in overleg met de cliënt de coördinator of begeleider van de activiteit informeren over de komst van de cliënt. Vervolgens kan hij met de cliënt bespreken of hij in zijn eentje naar de activiteit toegaat of dat hij het prettig vindt als er de eerste keer iemand meegaat. Deze zogeheten warme overdracht blijkt voor sommige cliënten min of meer noodzakelijk om de stap naar de activiteit en weer participeren te zetten (Heijnders et al. 2015; Meije et al. 2017). De praktijkervaring leert overigens dat de ontvangst bij de activiteit van groot belang is. Ook wordt aangegeven dat het vooral bij de specifieke doelgroep van Welzijn op Recept van belang is om te blijven investeren in de kennismaking. Anders haken mensen af.

Regelmatig wordt ons de vraag gesteld of de coördinator of begeleider van de activiteit op de hoogte gebracht moet worden van het feit dat de cliënt verwezen is via een Welzijn op Recept-traject. De meningen zijn hierover verdeeld. Sommigen vinden van wel, omdat het hier om een kwetsbare groep mensen gaat die een hoge drempel ervaren in het aangaan van sociale contacten. Anderen geven aan dat het niet in het belang van de cliënt is als anderen ervan op de hoogte zijn. Overleg het met de cliënt zelf. Wat wil hij? Welke informatie over zijn komst mag worden gedeeld? In ieder geval is het van belang dat je voorzichtig bent met benadrukken dat iemand via Welzijn op Recept is verwezen. Deelname aan een activiteit moet zo natuurlijk mogelijk verlopen (Reijnen 2017b). Te veel nadruk op Welzijn op Recept kan stigmatiserend werken. Hoe hierin een balans te vinden zal met de coördinator of begeleider van activiteiten besproken kunnen worden.

- **Privacy van de cliënt bij de overdracht**

Het dossier met de achterliggende medische of psychologische redenen voor de verwijzing mag zonder toestemming van de deelnemer nooit met de coördinator of begeleider van de activiteit worden gedeeld. De welzijnscoach legt dan eerst uit waarom het nodig is informatie te delen. Soms wordt hiervoor een ondersteuningsplan ondertekend. Geen ondertekening betekent dat informatie niet gedeeld mag worden. Sommige welzijnscoaches geven aan dat ze een geheimhoudingsplicht hebben. Sommige welzijnsorganisaties werken met een privacyprotocol; in enkele gevallen is dat online te vinden.

- **Nazorg door de welzijnscoach**

De praktijkervaring leert dat welzijnscoaches het belangrijk vinden om na het matchen contact op te nemen met hun cliënt. Tegelijkertijd is dat ook iets waar ze in de dagelijkse hectiek niet altijd aan toekomen. Twee zaken spelen hierbij een rol. Ten eerste het aantal gesprekken dat is ingekocht bij de gemeente. Dat getal is vaak gebaseerd op een gemiddeld aantal gesprekken dat nodig is om mensen te matchen aan een activiteit en vaak is daar nabellen of de nazorg niet bij inbegrepen. Ten tweede verdwijnen mensen die kiezen voor een activiteit die buiten de welzijnsorganisatie valt uit beeld en je komt ze ook niet meer tegen. In het geval mensen wel voor een activiteit kiezen in het buurthuis kom je ze nog weleens tegen. Nabellen vraagt dus om een meer proactieve houding, waarbij je mensen van tevoren in je agenda inplant. Je kunt van tevoren afspreken na hoeveel weken je nog een keer belt en dit kun je dan vervolgens (laten) inplannen. Op deze manier zorg je ervoor dat mensen ook daadwerkelijk nagebeld worden. Eventueel kan bij mensen die de drempel als heel hoog ervaren, met de begeleider van de activiteit worden afgesproken dat hij de deelnemer belt wanneer deze een of twee keer niet heeft deelgenomen. Idealiter belt de welzijnscoach drie maanden nadat een persoon is gestart om te horen of hij nog deelneemt aan de activiteit en bekijkt hij of het Welzijn op Recept afgesloten kan worden.

5.4 Randvoorwaarden voor het ontwikkelen en aanbieden van activiteiten

Om Welzijn op Recept goed uit te voeren, is er ook een aantal randvoorwaarden aan de aanbodkant van activiteiten die zorgen dat de kwaliteit van de uitvoering verbeterd kan worden.

- **Afspraken tussen sociaal werk en (in)formele activiteitenaanbieders**
De aanbieders zijn verantwoordelijk voor een passend en kwalitatief goed aanbod van activiteiten. De deelnemers aan de activiteiten zullen aangeven welke passend zijn en kwalitatief goed zijn. Verder houdt een welzijnscoach in de gaten of de sfeer in een groep goed is en of mensen zich veilig voelen. Zo niet dan wordt dit besproken met de aanbieder van deze activiteit.
Samen met de leden van de leergemeenschap is een basisset met werkafspraken ontwikkeld die met iedere aanbieder of vrijwilliger van activiteiten wordt besproken:
  - rondom de deelnemer:
    - opvang en welkom eerste deelname deelnemer;
    - kennismaking en rondleiding;
    - tussendoor extra aandacht en vragen van de begeleider van de activiteit over hoe het gaat;
    - goed afscheid nemen en zeggen dat het fijn is dat de persoon er was;
    - vervolgafspraken maken met deelnemer door de welzijnscoach;
  - wanneer terugkoppelen aan de welzijnscoach (bij problemen, terugval, et cetera);
  - wat te doen als iemand plotseling niet (meer) komt;
  - afspraken over geld of financiering, indien nodig:
    - betaalbaarheid van activiteiten;
    - activiteiten wel of niet gratis aanbieden;
  - informeren van de welzijnscoach over het aanbod, deze informatie up-to-date houden en wanneer mogelijk deze plaatsen op de sociale kaart.

In overleg met de cliënt wordt bepaald welke informatie (mee)gegeven wordt aan de coördinator of begeleider van de activiteit. Dit hangt sterk af van de deelnemer en de situatie, maar er valt te denken aan het volgende: naam, telefoonnummer, leeftijd en geslacht. Met daarnaast informatie over de achtergrond, zoals verwachtingen en vraag, motivatie om deel te nemen aan deze activiteit, of ergens rekening mee gehouden moet worden. Belangrijk om aan te geven is dat deelnemers aan Welzijn op Recept het moeilijk of spannend kunnen vinden om deel te nemen. Plus eventueel aanvullende bijzonderheden die nodig zijn om de deelnemer goed te laten 'landen' in de activiteit.

- **Een gevarieerd aanbod**

Gezien de verschillende wensen, behoeften en mogelijkheden van mensen is een gevarieerd aanbod aan activiteiten in de wijk nodig. Bij het samenstellen van dit aanbod aan activiteiten is een aantal punten van belang. In de handleiding voor Welzijn op Recept staat beschreven dat de activiteiten moeten aansluiten bij de bevolkingssamenstelling en de psychosociale problematiek van de wijk (Sinnema et al. 2014). Een activiteit moet minimaal:
– aansluiten bij de specifieke situatie, behoeften, ambities, motivaties en mogelijkheden van de cliënt;
– laagdrempelig zijn, zodat de cliënt snel toegelaten kan worden en kan starten;
– in de eigen wijk georganiseerd worden;
– plaatsvinden in een open en toegankelijk gebouw;
– een open sfeer hebben in de groep en openstaan voor nieuwe deelnemers;
– openstaan voor iedereen (als dit niet zo is, wordt dit duidelijk op de sociale kaart vermeld);
– continuïteit bieden (geen cursussen met een beperkte tijdsduur);
– geen financiële drempel opwerpen en ook op lange termijn financieel haalbaar zijn;
– rekening houden met de mobiliteit van mensen;
– goed omschreven zijn en opgenomen worden in de lokale sociale kaart (daarover volgt hieronder meer).

Bij iedere cliënt is het steeds weer de uitdaging om samen te zoeken naar de match. Als geen activiteit gevonden kan worden wordt bij sommige welzijnsorganisaties een passend aanbod ontwikkeld. Dat vraagt nogal wat van de welzijnscoach en de welzijnsorganisatie. Hierbij is het belangrijk dat het aanbod dat ontwikkeld wordt past bij de buurt of wijk en dat er een goed overzicht is van bestaande initiatieven, zowel in de eigen buurt of wijk als in de omliggende wijken. Op dit overzicht staan de activiteiten duidelijk omschreven. In de Engelse literatuur staat dat deze omschrijving zowel geldt voor de activiteit zelf als voor de samenstelling van de groep (Ranke et al. 2018). Verder dat een activiteit snel kan worden ingezet. Dit vraagt van aanbieders een continu en gevarieerd aanbod van activiteiten (en dus niet zozeer een cursusgericht aanbod). Ook is het belangrijk dat er goede samenwerking bestaat met specialistische voorzieningen voor bepaalde patiëntengroepen en dat samengewerkt wordt met anderen in het sociale domein om nieuwe initiatieven lokaal te ontwikkelen. Als laatste is het belangrijk dat aanbieders van activiteiten betrokken worden bij het ontwikkelen van nieuw aanbod en dat zij via succesverhalen op de hoogte worden gehouden van Welzijn op Recept. De verantwoordelijkheid voor een divers en passend aanbod aan activiteiten ligt bij zowel de gemeente als budgethouder en opdrachtgever, als bij de welzijnsorganisatie als uitvoerder.

5.4 · Randvoorwaarden voor het ontwikkelen en aanbieden van activiteiten

- **Sociale kaart met activiteiten, wel of niet?**

Het matchingsproces staat of valt met de bekendheid van het aanbod aan activiteiten, en initiatieven hiertoe, in de wijk of gemeente. In veel Welzijn op Recept-rapporten staat dat er van de welzijnscoach verwacht wordt dat hij bekend is met de sociale kaart in zijn wijk (Becker 2015; Bertotti et al. 2018; Dijkstra 2016; Hutt 2017; Kamphuis 2016; Meije et al. 2017; Polley et al. 2018; Smeulers 2014; Whitelaw et al. 2017; Woodall et al. 2018).

Op papier lijkt het aanbod vaak groter dan wat in werkelijkheid beschikbaar is (Meije et al. 2017). Dit komt doordat sommige activiteiten niet doorgaan, omdat er te weinig belangstelling voor is. Andere oorzaken kunnen zijn dat de activiteiten niet up-to-date worden gehouden, dat er activiteiten tussen zitten voor speciale groepen die dus niet open zijn voor iedereen, en dat er activiteiten bij zijn die tijdelijk of periodiek gegeven worden. Het aanbod kan dus sterk wisselen. De welzijnscoach besteedt om die reden veel tijd en aandacht aan het onderhouden van contacten met de aanbieders en het onderhouden van een sociale kaart.

Maar alleen de sociale kaart onderhouden is niet voldoende. Zoals we eerder in dit hoofdstuk beschreven, is het voor cliënten niet alleen belangrijk dat een activiteit past bij hun wensen en behoeften, maar ook bij wie zij zijn als persoon. Bij een groepsactiviteit is het belangrijk dat de cliënt aansluiting vindt bij de andere deelnemers aan de activiteit, dat hij zich opgenomen voelt in de groep. Bij een maatjestraject moet er sprake zijn van een klik en ook bij vrijwilligerswerk moet hij zich thuis voelen. Het gaat dus niet alleen om kennis van wat er allemaal te doen is in een buurt, wijk of stad, maar ook om kennis over de begeleiders, de vrijwilligers en de sfeer, zodat er een goede inschatting gemaakt kan worden of die activiteiten passend zijn voor de cliënt of niet. Daar heeft de welzijnscoach een goed netwerk voor nodig in de wijk. Hij heeft dus veel tijd nodig om relaties te onderhouden met de mensen die daar werken.

Zonder goed overzicht van alle activiteiten en zicht op vacatures bij vrijwilligersorganisaties kun je niet optimaal doorverwijzen. Maar zowel het maken van een sociale kaart als het verkrijgen van meer informatie over de activiteiten is geen eenvoudige opgave. Over het laatste zei een welzijnscoach uit Amsterdam:

> 'Om voor mensen goede matches te vinden, is het belangrijk dat ik het aanbod in mijn wijk goed ken. Ik moet niet alleen het aanbod kennen van de verenigingen en de welzijnsorganisaties, maar zeker ook het informele aanbod. Dit informele aanbod komt vaak van de buurtbewoners zelf en sluit dus goed aan bij Welzijn op Recept. Het probleem met dit informele aanbod is dat dit steeds wisselt. Voor mij is het moeilijk bij te houden welk aanbod er op een bepaald moment is. Voor mijn cliënten is het daarnaast belangrijk dat ik weet welke andere deelnemers er bij zo'n activiteit aanwezig zijn, wat de sfeer in de groep is, wat hun leeftijden zijn, de groepssamenstelling en zo. Voor mij is het ook belangrijk om te weten hoe mijn cliënten worden opgevangen, hoe de begeleiding is van vrijwilligers. Hierdoor verwijs ik toch sneller door naar een aantal vaste activiteiten waar ik ervaring mee heb. Jammer is dat wel.'

- **Ondersteuning vanuit een app**

Op een van de workshops van het Landelijk kennisnetwerk Welzijn op Recept werd een website getoond waarop activiteitenaanbieders hun aanbod en beschikbare vacatures voor vrijwilligers kunnen presenteren. Een vrijwilliger kan vervolgens regelmatig peilen of het aanbod nog up-to-date is. Voordeel van deze manier van werken is dat cliënten thuis zelf al kunnen kijken welke activiteiten hen aanspreken. Er zijn verschillende apps in ontwikkeling die dezelfde ambities hebben.

Bij het kiezen voor een app spelen een aantal overwegingen (Frankwatching 2018):
- Kies je voor een gratis of betaalde versie?
- Wie gaat de sociale kaart onderhouden: is dat de gemeente, een welzijnsorganisatie, of zijn dat vrijwilligers, is dat een groep van buurtbewoners of wordt dit belegd bij een extern bureau?
- Richt de app zich op alle inwoners of alleen op de doelgroep van Welzijn op Recept?
- Richt de app zich op buurten, op wijken of op de hele stad?
- Welke activiteiten wil je terugzien in de app: zijn dat terugkerende activiteiten, zoals koffieochtenden, schilderactiviteiten, cursussen en dergelijke, of ook eenmalige buurtactiviteiten zoals een burendag?
- Welke categorieën van activiteiten wil je terugzien in de app, is dat bijvoorbeeld een indeling naar de zes principes van geluk (zie ▶ par. 1.2). Of gebruik je een andere indeling?
- Op welke leeftijdsgroep richt je je in de app?
- Welke functionaliteiten zijn belangrijk voor de app: wil je naast een activiteitenoverzicht ook een agenda, nieuwsoverzicht of een prikbord hebben?

Evaluatie zal moeten uitwijzen of deze manier van werken tijdbesparing oplevert voor de welzijnscoach en hoe (online) sociale kaarten het best zijn in te zetten bij het ondersteuningstraject. Tot die tijd loont het zich om goed rond te kijken naar wat er al aanwezig is in de stad en omliggende gemeenten.

5.5 Conclusie

Welzijn op Recept stopt niet bij de samenwerking tussen zorg en welzijn. Nadat iemand een keuze heeft gemaakt om deel te gaan nemen aan een activiteit is het belangrijk dat hij dat blijft doen. Activiteiten zullen dus aan een aantal voorwaarden moeten voldoen, willen mensen ze volhouden. Voorwaarden zijn dat een activiteit past bij de voorkeuren, wensen en mogelijkheden van de deelnemer. Daarnaast moeten de andere deelnemers ook bij hem passen, zeker qua leeftijd. De groep mensen die een hoge drempel ervaart in het leggen van sociale contacten heeft aandacht en ondersteuning nodig om te blijven deelnemen en contacten met anderen te leggen.

Dit alles vraagt zowel iets van de welzijnscoach en de deelnemers als van de aanbieder van de activiteit. De welzijnscoach zal samen met de cliënt goed moeten bekijken of deze begrijpt waar het hier om gaat en of Welzijn op Recept past binnen de mogelijkheden van de cliënt op dat moment. Verder zal de cliënt zelf gemotiveerd moeten zijn om deze stap te zetten. Activiteitenbegeleiders en vrijwilligers moeten in staat zijn om deze groep mensen te begeleiden.

Afspraken over de kwaliteit van het aanbod, overdracht van mensen naar de activiteit en weergave op een sociale kaart zijn belangrijke randvoorwaarden.

De ingewikkeldheid van samenwerken

6.1 Welzijn op Recept en samenwerken – 90

6.2 Werken vanuit een gezamenlijk doel – 91

6.3 Werken met een werkplan – 95

6.4 Vertrouwen, contact before content – 95

6.5 Eigenaarschap – 96

6.6 Lerend werken – 97

6.7 Samen (structureel) overleggen – 99

6.8 Conclusie – 100

© Bohn Stafleu van Loghum is een imprint van Springer Media B.V., onderdeel van Springer Nature 2019
M. Heijnders en J. J. Meijs, *Handboek Welzijn op Recept*, https://doi.org/10.1007/978-90-368-2376-0_6

> 'Het gaat een beetje op en af met de verwijzingen vanuit de eerstelijnszorg. Wij hebben ons als welzijnsorganisatie in het begin erg moeten bewijzen en veel moeten investeren in de samenwerking, in het opbouwen van een relatie met de eerstelijnszorg. Dat wij hun vertrouwen kregen in dat wij goed werk kunnen leveren, dat toonde zich in een groei in het aantal verwijzingen. Zodanig zelfs dat wij het aantal aanmeldingen na een tijdje niet meer konden verwerken en een wachtlijst bij ons ontstond. Door die wachtlijst nam het aantal verwijzingen af en op dit moment zitten we in een dipje in de hoeveelheid werk die ik heb als welzijnscoach.' – een welzijnscoach, Houten.

'Onze welzijnscoach heeft veel gedaan om de relatie te laten groeien. We hebben met elkaar afspraken gemaakt. Zij koppelt regelmatig terug als er iets is met de patiënten die ik heb doorverwezen. Zij heeft een schriftje met patiënten en dat nemen we dan door. Verder koppelt zij zaken terug die haar opvallen. Dat is meer feedback dat ik te veel mensen met psychiatrische problematiek doorverwijs en dat dat te zware problematiek is voor Welzijn op Recept. Dat overleggen over en weer geeft vertrouwen en helpt mij gewoon goed. De volgende fase is nu dat we er meer structuur in willen gaan brengen. Zij heeft veel geduld om bij ons binnen te komen, maar het is goed om de terugkoppeling en feedback op een structurelere manier te plannen. Dan wordt Welzijn op Recept ook meer ingebed in de dagelijkse praktijk.' – een huisarts, Schiedam.

Inleiding

Steeds meer komen we erachter dat het samenwerken binnen Welzijn op Recept om constante aandacht vraagt. Het is een samenwerkingsvorm die domeinoverstijgend is en partners met elkaar verbindt die ieder een eigen werkwijze, cultuur en taal hebben. Belangrijk hierin is te investeren in deze samenwerking door elkaar en elkaars werkwijze te leren kennen. De samenwerking start met het uitspreken van de verwachtingen voor deze samenwerking, een gezamenlijk doel vaststellen en een werkplan opstellen. Gedurende de samenwerking zullen de partners tijd moeten maken om elkaar te leren kennen, want vertrouwen moet groeien. Binnen iedere organisatie zal een persoon als aanspreekpunt aangewezen moeten worden. Samenwerken is iets dat moet groeien, evenals het werken met Welzijn op Recept, een manier van lerend werken is hierbij ondersteunend. Structureel overleg, naast informele momenten waarop je elkaar tegenkomt, is belangrijk in deze samenwerkingsrelatie.

> **Kernelementen**
> Kernelementen van samenwerken zijn:
> - een duidelijk, gezamenlijk doel hebben;
> - beschikken over een werkplan;
> - vertrouwen ontwikkelen;
> - eigenaarschap en commitment;
> - lerend werken en monitoren;
> - periodiek (structureel) overleg.

6.1 Welzijn op Recept en samenwerken

Welzijn op Recept is een samenwerking tussen verschillende partners. De kern van deze samenwerking ligt tussen de eerstelijnszorg en welzijn, maar er wordt ook nauw samengewerkt met aanbieders van activiteiten, andere professionals binnen het sociale domein, de gemeente en soms ook nog andere partijen, zoals de zorgverzekeraar en de regionale ondersteuningsstructuur voor de eerste lijn (ROS). Welzijn op Recept biedt een heldere structuur en concrete uitgangspunten om planmatig met elkaar samen te werken. Hier zit echter meteen ook een valkuil. De praktijk leert dat mensen de samenwerking binnen Welzijn op Recept vaak onderschatten. Het lijkt eenvoudig: de huisarts verwijst de patiënt naar de welzijnscoach, die verbindt vervolgens iemand aan een activiteit en de gemeente financiert de welzijnscoach. In de dagelijkse praktijk blijkt dat deze samenwerking vaak meer van mensen vraagt dan in eerste instantie verwacht en dat het proces moeizaam kan verlopen. Een Nederlandse literatuurreview (Ranke et al. 2018) liet inderdaad zien dat samenwerking niet vanzelf ontstaat. Zaken die belangrijk zijn voor een goede samenwerking zijn: duidelijke rol- en taakverdeling, korte lijnen, een aanspreekpunt hebben, terugkoppelen, structureel overleg, ervaringen delen en een samenwerkingsovereenkomst hebben. In de beginperiode kunnen problemen ontstaan met:

- de uitvoering van de procedure: verwijzingen vanuit zorg vinden niet plaats volgens de afgesproken procedure en terugkoppeling door de welzijnscoach blijft achterwege;
- de complexiteit van het proces: Er wordt met verschillende partijen samengewerkt. Dat betekent afhankelijkheid van partijen en collega's die geen tijd hebben om te overleggen of om samen te werken;
- verschillende werkwijzen in de afzonderlijke wijken.

In een later stadium blijkt in de meeste gevallen dat de samenwerking is verbeterd. Zoals de twee quotes aan het begin van dit hoofdstuk al laten zien, is het voor deze samenwerking belangrijk om elkaars vertrouwen te winnen, om te werken aan de kwaliteit van de communicatie en om de samenwerking levendig te houden. Op deze manier wordt het partnerschap versterkt. Maar in de drukte van de dagelijkse praktijk blijkt dit nog niet zo eenvoudig.

Op zich is de samenwerking binnen Welzijn op Recept niet anders dan andere vormen van samenwerking tussen verschillende domeinen. Bij domeinoverstijgende samenwerkingen worden verschillende uitdagingen beschreven die veel overeenkomen met waar we bij Welzijn op Recept mee te maken hebben. Southby en Gamsu (2018) zeggen hierover dat er bij domeinoverstijgende samenwerking sprake is van een aantal factoren die het succes van de samenwerking beïnvloeden, zie fig. 6.1.

Voor samenwerking binnen Welzijn op Recept geldt eigenlijk hetzelfde. Bij de samenwerking met partners die werken in verschillende domeinen heb je te maken met een aantal ingewikkeldheden. We zullen aantonen waar die ingewikkeldheden hem nu in zitten. We schreven hier al eerder een boekwerkje over (Heijnders en Meijs 2018). Maar zolang de samenwerking als een uitdaging wordt gezien en niet als een probleem, heeft de Welzijn op Recept-samenwerking een mooie toekomst (fig. 6.2).

> Factoren die bij domeinoverstijgend samenwerken het succes beïnvloeden (Southby en Gamsy 2018):
>
> - een duidelijk gezamenlijk doel hebben;
> - de noodzaak tot samenwerken erkennen;
> - commitment en eigenaarschap;
> - duidelijk omschreven taken, rollen en verantwoordelijkheden;
> - vertrouwen ontwikkelen;
> - lerend werken en monitoren.

Figuur 6.1 Factoren die het succes van samenwerken beïnvloeden

6.2 Werken vanuit een gezamenlijk doel

Het initiatief tot Welzijn op Recept wordt niet altijd door één specifieke stakeholder genomen. Ervaring leert ons dat dat steeds weer ergens anders ligt, soms in de eerstelijnszorg, soms bij de welzijnsorganisatie en soms bij de gemeente. De initiatiefnemer nodigt de andere stakeholders uit voor een gesprek en vandaaruit wordt dan een werkgroep gevormd die de eerste stappen gaat zetten.

Een gezamenlijk beeld bij de start

In de handleiding voor Welzijn op Recept (Sinnema et al. 2014) is de eerste stap van implementeren, en dus van samenwerken, het inventariseren van het draagvlak. De focus ligt daarbij op de haalbaarheid van Welzijn op Recept bij drie belangrijke stakeholders: gemeente, eerstelijnszorg en de betrokken welzijnsorganisatie(s). De praktijkervaring leert dat het belangrijk is om in het begin gezamenlijk helder te hebben waar Welzijn op Recept een oplossing voor is en welke aanpak men voor ogen heeft. Dit geldt voor ieder van de stakeholders apart en voor de hele werkgroep. Onderdeel van deze eerste stappen moet dan ook zijn om samen te bepalen wat de concrete doelstellingen en de verwachte resultaten zijn van Welzijn op Recept (Pescheny et al. 2018; Southby en Gamsu 2018).

Werken met gestapelde belangen

De samenwerking is gebaseerd op het dienen van alle belangen, en niet alleen van het eigen belang. We spreken daarom van 'werken met gestapelde belangen'. Hierbij heb je niet hetzelfde belang als de partnerorganisatie, maar heb je elkaar wel nodig om je eigen belang te dienen en moet je dus ook oog hebben voor het belang van de ander. Iedere stakeholder (huisarts, welzijnscoach en gemeente) heeft een ander belang om aan Welzijn op Recept te willen deelnemen. Reden voor huisartsen om deel te gaan nemen, is dat zij een groep patiënten op hun consult zien die vaak terugkomt, terwijl zij die niets extra meer te bieden hebben.

KERNELEMENTEN SAMENWERKEN

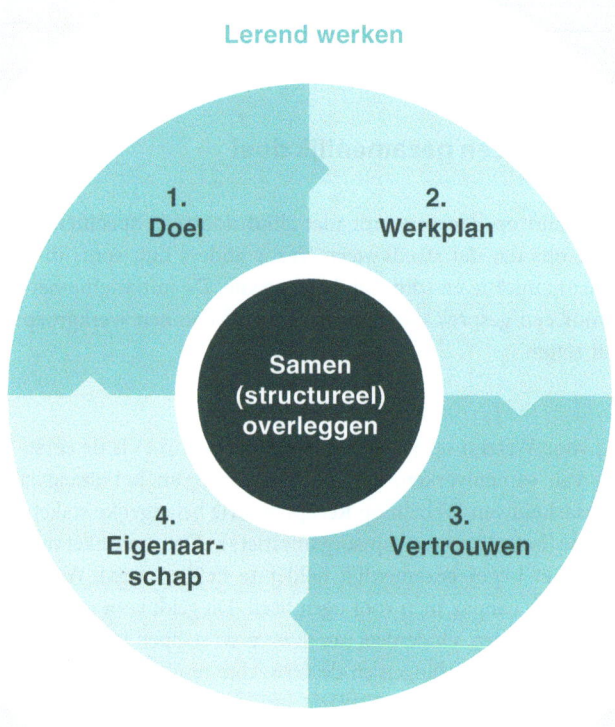

◘ **Figuur 6.2** Kernelementen samenwerken

Een andere reden kan zijn dat zij meer geïnformeerd willen worden over het sociale domein. Welzijnsorganisaties en gemeenten geven aan dat hun belangrijkste reden voor deelname aan Welzijn op Recept is dat zij daardoor op een gestructureerde manier in contact komen met de eerstelijnszorg. Als voorbeeld uit de praktijk geven we hier een coördinator Welzijn uit Lelystad het woord:

> 'Het was in het begin erg moeilijk om binnen te komen in de huisartsenpraktijken. Ze wisten niet goed wat ze bij mij moesten halen en wat onze belangen samen waren. Ik heb veel tijd geïnvesteerd door steeds weer te vertellen wat er te doen was in de wijk en goed te kijken naar wat hun belangen waren en daarop in te spelen. In de wijken heb ik netwerkbijeenkomsten georganiseerd om daar samen te bekijken wat nodig is voor de wijken. Deze informatie bespreek ik vervolgens met de gezondheidscentra om daar te bekijken wat zij hiervan kunnen gebruiken voor hun rol in de wijken.'

Het belang van gemeenten (ook) snappen

Voor gemeenten is het belangrijk dat Welzijn op Recept als een interventie gezien wordt die een concrete invulling geeft aan de transformatieopdracht die zij hebben en dat dit tot een kostenbesparing kan leiden. De samenwerking met de gemeente wordt vormgegeven vanuit het belang en de (wettelijke) verantwoordelijkheid die een gemeente heeft om het welzijn voor haar inwoners te verhogen via Welzijn op Recept, binnen de transformatieopdracht en een bepaald financieel kader. In een van de workshops van de leergemeenschap gaf een van de deelnemende gemeenten aan graag Welzijn op Recept te willen financieren. Echter, deze gemeente wilde dit alleen doen als de betrokken huisartsen een zekere mate van continuïteit konden garanderen in het aantal verwijzingen. Dit is een manier van denken waaraan de betrokken huisartsen niet gewend zijn. Dit vereist dat beide partijen goed voor elkaar formuleren wat ze nodig hebben binnen hun samenwerking. De gemeente is best bereid om te financieren in de formatie van welzijnscoaches, zolang maar een bepaald volume van verwijzingen vanuit de eerstelijnszorg is gegarandeerd.

Binnen gemeenten waar Welzijn op Recept al een aantal jaren loopt, kunnen welzijnsorganisaties met een aanbesteding worden geconfronteerd. Dan kan het gebeuren dat de welzijnsorganisatie de aanbesteding niet of maar deels wint. De consequentie hiervan is dat de huisartsen te maken kunnen krijgen met een andere welzijnscoach, waardoor de verwijzingen afnemen of zelfs stoppen. Bij aanbesteden wordt het financiële belang boven het inhoudelijke belang gesteld.

Processtappen met elkaar blijven zetten

Samenwerken betekent elkaars belangen en verwachtingen kennen en duidelijkheid scheppen over elkaars rollen en taken. Hierover moeten de stakeholders niet alleen in het begin in gesprek gaan, maar steeds over in gesprek blijven en elkaar feedback over blijven geven. Wat heeft iedere afzonderlijke stakeholder nodig in de samenwerking? Loopt de samenwerking zoals verwacht?

Nadat deze eerste stappen zijn gezet, en financiering is aangevraagd, volgt vaak een informatiebijeenkomst om andere betrokkenen in dit proces mee te nemen. Op deze bijeenkomst kan bijvoorbeeld een intentieverklaring tot samenwerking getekend worden en kan het uitschrijven van het eerste welzijnsrecept bekendgemaakt worden. Twee voorbeelden uit de dagelijkse praktijk van het opstarten van Welzijn op Recept:

Casus

In Vianen wilde de gemeente Welzijn op Recept starten. De voorbereidingen stagneerden echter, vooral in de contacten met de huisartsen, waardoor Welzijn op Recept niet kon beginnen. Er is toen ondersteuning gezocht bij een ervaren projectleider werkzaam in de zorg in een naburige gemeente. Er werd een bijeenkomst georganiseerd met alle huisartsen van Vianen en omgeving. De ingevlogen projectleider merkte dat wel het gezamenlijke doel voor iedereen helder was, maar dat de belangen en verwachtingen van alle partners in het project nog onvoldoende verkend en besproken waren. Tijdens de bijeenkomst zorgde hij ervoor dat de gemeente en de huisartsen de verwachtingen en belangen naar elkaar uitspraken en dat ze een soort werkplanachtige afspraken maakten over wie nu wat moest gaan doen. Vrij snel daarna is Welzijn op Recept gestart en werd het eerste welzijnsrecept voorgeschreven. In Vianen bleek duidelijk dat het, om de huisartsen mee te nemen in dit nieuwe project dat geïnitieerd werd vanuit de gemeente, cruciaal was om niet alleen een gezamenlijk doel te hebben, maar daarnaast ook de verwachtingen en belangen te verkennen en te bespreken.

Casus

Op Texel wilde de welzijnsorganisatie samen met een van de huisartsenpraktijken heel graag starten met Welzijn op Recept. Tijdens een startbijeenkomst van een halve dag was er naast uitleg over het doel van Welzijn op Recept en wat het precies is, ook de nodige tijd ingeroosterd om ieders verwachtingen en belangen te bespreken. Ten slotte werd een soort werkplan gemaakt, waarin vastgelegd werd wat nu aanvullend nog nodig was om daadwerkelijk Welzijn op Recept te kunnen starten. Besloten werd om binnen een à twee maanden te starten met een casusbespreking op papier: de huisartsen zouden patiënten uit hun praktijk die ze geschikt vonden voor Welzijn op Recept anoniem inbrengen in een overleg met de welzijnscoaches (op Texel 'dorpswerkers' genoemd) en dan het traject doorlopen alsof zij daadwerkelijk verwezen zouden worden. Binnen twee maanden is inderdaad deze eerste papieren casusbespreking gehouden. Er zijn tien patiënten besproken waarvan er vier al bekend waren bij de dorpswerkers, vier geschikt werden geacht voor Welzijn op Recept en twee niet geschikt. De vier patiënten zijn vervolgens in de maanden daarna bij komst op het reguliere spreekuur naar Welzijn op Recept verwezen. Een heel voortvarende en veilige manier van het starten met Welzijn op Recept.

Het feit dat Welzijn op Recept als vanzelf lijkt te groeien in Nederland laat wel zien dat men elkaar moeiteloos weet te vinden in het overstijgende doel, namelijk het verhogen van het welbevinden van mensen met psychosociale problematiek. Zonder uitzondering laten zorgverleners, sociaal werkers en gemeenteambtenaren elkaar weten bezorgd te zijn om patiënten, cliënten en inwoners die te maken hebben met deze problematiek. Ze spreken allen de wens uit om hier iets aan te doen, in het besef dat de samenleving als geheel baat heeft bij goede zorg voor iedereen en dat het waardevol is om met elkaar te bouwen aan een inclusieve samenleving waar iedereen aan deelneemt.

6.3 Werken met een werkplan

Bij samenwerking binnen Welzijn op Recept is het belangrijk om de met elkaar besproken doelstellingen, belangen en verwachtingen vast te leggen in een eerste werkplan. De praktijk leert dat dit niet een eindeloos dichtgetimmerd werkplan hoeft te zijn, maar wat heel erg helpt is bijvoorbeeld een duidelijke trajectbeschrijving met een basisset van werkafspraken voor Welzijn op Recept, met hierin een omschrijving van de rollen, taken en verantwoordelijkheden (Becker 2015; Reijnen 2017b; Southby en Gamsu 2018; Vissers 2015). Deze trajectbeschrijving en set van werkafspraken laten de kracht van de samenwerking binnen Welzijn op Recept zien. Het samenwerken over verschillende domeinen heen: de kracht van het verschil. Als dit goed gedaan wordt, ontstaat de gestapelde waarde creatie voor de patient/inwoner, huisarts, welzijnscoach, gemeente en activiteitenaanbieders. Dit werkplan is de onderlegger voor de samenwerking; het speelt bij het evalueren en bewaken daarvan een cruciale rol. Zodoende zal het gedurende de samenwerking steeds aangepast worden.

6.4 Vertrouwen, contact before content

Vertrouwen in elkaar is een van de fundamenten van succesvol samenwerken. Het verwijst naar de persoonlijke relaties die tussen de partners bestaan (Pescheny et al. 2018; Woodall et al. 2018). Als deze relaties goed zijn, loopt de samenwerking als vanzelf. Maar goede persoonlijke relaties zijn er niet vanzelf. Verder wordt de kwaliteit van deze relaties beïnvloed door de verwachtingen over het gedrag van de ander, de ervaringen in het verleden met de ander, en de kennis van de verwachtingen voor de toekomst van de ander. Het helpt hierbij om een werkgroep te vormen waarin gezamenlijk gewerkt kan worden aan Welzijn op Recept helpt hierbij. Hier kan in openheid over de bedoelingen gesproken worden en kunnen afspraken gemaakt en vastgelegd worden.

De citaten aan het begin van dit hoofdstuk laten zien dat als er vertrouwen is in de persoon van de welzijnscoach en in zijn werkwijze, de samenwerking als vanzelf goed gaat en de verwijzingen zullen toenemen. Dit is herkenbaar, het is een beeld dat zich in meerdere gemeenten aftekent. Overal waar de verschillende stakeholders (en dan voornamelijk de huisarts, POH en welzijnscoach) elkaar regelmatig ontmoeten, volgen de verwijzingen min of meer vanzelf. Een welzijnscoach uit Oldambt zei hier het volgende over:

> 'Zichtbaarheid in de huisartsenpraktijk is heel belangrijk. Ik houd een keer per week spreekuur in een huisartsenpraktijk. De huisartsen die ik dan zie kennen mij en zij verwijzen naar mij door. De huisartsen die op die dag niet werken en mij dus minder zien, verwijzen ook minder door. Voor die huisartsen moet ik af en toe expres langsgaan in de praktijk. Om even een praatje te maken of, zoals een collega welzijnscoach mij aanraadde, om een overleg van de huisartsen bij te wonen, zodat zij mij ook leren kennen. Zichtbaarheid leidt tot elkaar leren kennen, wat leidt tot vertrouwen en het doorsturen van patiënten.'

Door zichtbaar, vindbaar en aanspreekbaar te zijn, werk je aan vertrouwen. Dat kan, afhankelijk van de samenwerkingspartner, op verschillende manieren bereikt worden. Tussen een gemeente en een welzijnscoach zal een andere soort relatie bestaan dan tussen een welzijnscoach en aanbieders van activiteiten. Vertrouwen is bij het begin van de samenwerking niet vanzelfsprekend. Daar moet actief aan gewerkt worden. Vertrouwen creëer je doordat alle stakeholders, huisarts, welzijnscoach, gemeenteambtenaar en activiteitenaanbieder, elkaar leren kennen.

Een vast aanspreekpunt voor iedere samenwerkingspartner is hierin belangrijk. De eerstelijnspraktijk werkt bijvoorbeeld het liefst met een vaste welzijnscoach; de welzijnscoach heeft ook graag een vast aanspreekpunt in de eerstelijnspraktijk voor als zaken niet lopen zoals afgesproken. Beiden hebben binnen de gemeente graag contact met één vaste beleidsambtenaar die verantwoordelijk is voor Welzijn op Recept in de gemeente. Voor de welzijnscoach en de deelnemer is het het gemakkelijkst als per activiteit iemand vast aanspreekpunt is. De lokale behoefte en mogelijkheden bepalen de vorm van het contact.

In Lelystad, waar Welzijn op Recept valt onder het sociaal wijkteam, werken ze al enkele jaren samen met de huisartsen. Uit ervaring weten ze daar dat succesvolle samenwerking tussen alle betrokkenen veel inzet vraagt. Ze hebben er een brochure over gemaakt. Daarin staat beschreven waar je op moet letten als je de samenwerking van de grond wilt krijgen en wilt laten slagen. Een van de succesfactoren die ze benadrukken, is dat je elkaar als partner moet zien en niet als concurrent.

Samenwerken is blijven investeren in elkaar en dat betekent dat je elkaar niet alleen persoonlijk moet leren kennen, maar dat je ook op de hoogte moet zijn van elkaars werkwijze (Becker 2015; Reijnen 2017b; Steekelenburg en Dijk 2017). Ieder domein heeft zijn eigen taal, cultuur, omgangsvormen en professionalisme. In de gemeenten zijn ze het ambtelijke taalgebruik gewend, en in het medische domein gebruiken ze weer andere taal dan in het welzijn. Het kan lastig zijn om een gemeenschappelijk taal te vinden. Om de samenwerking succesvol te laten verlopen, is het belangrijk dat iedereen elkaar leert kennen en ieders rol leert begrijpen. Probeer je vakmanschap te profileren en expliciet te bespreken wat je aan elkaar kunt hebben, wat je van elkaar kunt verwachten en hoe je het liefst werkt. Kennisuitwisseling kan het best gebeuren op basis van gelijkwaardig partnerschap. Elementen die hierbij vaak genoemd worden, zijn nieuwsgierigheid, waardering, respect, vertrouwen en goed naar elkaar luisteren. Wanneer je een natuurlijke klik hebt, is dat natuurlijk een groot voordeel. Binnen de leergemeenschap was een conclusie dat het aan te bevelen is om zacht te zijn op de relatie en wat harder op de inhoud van de samenwerking. Om Welzijn op Recept goed te laten verlopen is het in ieder geval de uitdaging om je bewust te zijn van de verschillen in werkwijzen en communicatiestijlen.

6.5 Eigenaarschap

De ervaring leert dat eigenaarschap belangrijk is. Hiermee bedoelen we dat in iedere partnerorganisatie één persoon de 'kar trekt', die Welzijn op Recept op de agenda houdt en die contactpersoon is voor de andere samenwerkingspartners; iemand die binnen de eigen organisatie aangeeft dat samenwerken tijd kost en niet meteen iets oplevert. De kosten gaan hier voor de baten uit. Verder is het belangrijk dat er steun komt vanuit een centraal punt in de gemeente of regio in de vorm van een centrale regisseur of projectleider voor Welzijn op Recept, zodat de samenwerking niet afhankelijk is van de goodwill van individuen en individuele organisaties. Hier kan dan ook gezorgd worden voor de (politieke) continuïteit van de samenwerking. Er is een politieke realiteit van vier jaar en daarom zorgt de gemeentelijke of regionale kartrekker dat Welzijn op Recept in het coalitieakkoord opgenomen wordt.

Wat nog onderbelicht is, is de rol die ambassadeurs binnen Welzijn op Recept kunnen spelen. Een ambassadeur is iemand met veel ervaring in de uitvoering van Welzijn op Recept, die binnen zijn eigen vakgroep gezien wordt als een sleutelfiguur. Een ambassadeur kan vanuit persoonlijke ervaring andere (voor Welzijn op Recept minder ervaren) collega's informeren en motiveren. Verder kan deze persoon een rol spelen bij intervisie en feedback. De ambassadeur hoeft niet meteen iemand uit de eigen gemeente of regio zelf te zijn, maar werkt als dit wel zo is (lokaal) het best. Ambassadeurs kunnen vooral ingezet worden bij lokale en regionale bijeenkomsten waar Welzijn op Recept prominent op de agenda staat. Ze kunnen een rol spelen bij het adresseren en oplossen van ingewikkelde vraagstukken. Ook kunnen zij een belangrijke rol spelen bij het profileren en de lokale of regionale lobby. Gezien de complexiteit van Welzijn op Recept en het domeinoverstijgende karakter ervan is het voor het optimaal benutten van Welzijn op Recept enorm belangrijk om verantwoordelijkheid te nemen en te vragen.

6.6 Lerend werken

Blijvend leren

In samenwerkingsrelaties is het belangrijk om successen met elkaar te delen en om lastige situaties voor te zijn (Dayson 2017; Hutt 2017; Pescheny et al. 2018; Steeklenburg en Dijk 2017; Whitelaw et al. 2017). Wil de samenwerking binnen Welzijn op Recept succesvol zijn, dan vraagt dit van alle partners dat ze regelmatig een stap terug doen en zich in een open gesprek de vraag stellen of de interventie en de samenwerking nog voldoen aan de verwachtingen en doelstellingen. Lerend werken houdt in dat je je constant afvraagt welke kernelementen werken en welke niet, voor welke doelgroep je werkt en voor welke niet. Door Welzijn op Recept regelmatig op de agenda te zetten en met elkaar deze vragen te bespreken, ontwikkelen de interventie en de samenwerking zich verder door. De rollen en werkwijzen worden op deze manier steeds duidelijker voor iedereen.

In de beginfase wordt er veel energie en tijd ingestopt om het verwijsproces op gang te krijgen en overzicht te krijgen op de activiteiten in de wijk. Als die eenmaal staan, kan de samenwerking echt beginnen. De praktijkervaring leert dat de verwachtingen vaak verschillen van hoe het in werkelijkheid verloopt. Steeds meer komen we erachter dat samenwerken om structureel onderhoud vraagt. Er moet tijd worden geïnvesteerd in het onderhouden van contacten en het onderhouden van de samenwerkingsstructuur. (Zie hiervoor het volgende hoofdstuk).

Terugkoppeling

Een van de zaken die hierin ondersteunt, is zorgen voor goede terugkoppeling op patiëntniveau. Met terugkoppeling bedoelen we de verwijzer informeren over de voortgang van het traject dat de patiënt/cliënt doorloopt. Verwijzen is een vorm van delegeren. De welzijnscoach gaat verder met de patiënt, maar de huisarts houdt wel graag een vinger aan de pols.

Deze terugkoppeling leert de verwijzer bovendien of de patiëntengroep die verwezen wordt de juiste is en zo niet, wat hierin veranderd moet worden. Een ander leereffect van terugkoppelen, is dat de verwijzer meer te weten komt over de 'achterkant' van Welzijn op Recept: de activiteiten en andere oplossingen waar hun patiënten voor gekozen hebben.

Structureel overleg

Een andere vorm van lerend werken tussen zorg en welzijn is structureel overleg waarin je elkaar feedback geeft. Hoe vinden we dat de samenwerking verloopt, sluit deze nog aan bij de verwachtingen, wat leren we van elkaars werkwijze? Het werkplan dat in het begin wordt ontwikkeld is dynamisch: het zal steeds geëvalueerd en aangepast moeten worden aan de stand van zaken. Vragen die je na de opstartfase in een overleg kunt stellen zijn:

- Hoe houden we het aantal verwijzingen op peil?
- Voor welke patiënten werkt Welzijn op Recept wel en voor welke niet?
- Hoe gaan we om met vragen van cliënten voor wie we geen aanbod hebben?
- Hoe krijgen we het aanbod van activiteiten buiten welzijn in beeld?
- Wat is het effect van deze manier van werken? Hoe maken we onze resultaten inzichtelijk?
- Leidt deze manier van werken tot het doel dat we ons aan het begin gesteld hebben?

Binnen de gemeente Houten en Nieuwegein merkten ze bijvoorbeeld dat het meegeven van een welzijnsrecept aan de patiënt niet het gewenste resultaat opleverde. Veel patiënten namen geen contact op met de welzijnscoach die erop vermeld stond. Daarop werd de verwijsprocedure aangepast. In Nieuwegein neemt de welzijnscoach nu contact op met de patiënt. In Houten loopt de verwijzing naar welzijn nu volledig digitaal via Zorgmail.

Naar een niet-vrijblijvende samenwerking

Samenwerken is echter niet vrijblijvend. We kunnen dan wel onderkennen dat Welzijn op Recept een samenwerkingsketen is, maar bij drukte kan het toch zomaar gebeuren dat de eigen wensen en behoeften of belangen voorgaan. Of zoals Hendrix en Konings (2000) schrijven:

> 'Natuurlijk willen we planmatig werken als dat tenminste past bij al onze andere eigen plannen. De samenwerking zullen we het liefst zo organiseren zoals we "thuis" gewend zijn en als er "middelen" verdeeld moeten worden, staan we eerder vooraan dan wanneer een bijdrage van ons verwacht wordt.'

De praktijk laat ons zien dat de samenwerking tussen zorg en welzijn in de wijk niet helemaal in evenwicht lijkt te liggen. Een huisarts in Amsterdam zegt hierover:

> 'De welzijnscoach is heel erg actief geweest om Welzijn op Recept op de kaart te zetten en dat is niet zo gemakkelijk. Als huisarts word je heel veel benaderd door instanties. Dan is er weer iets nieuws, zoals er een half jaar later weer iets nieuws is ... En dan is de kartrekker van het vorige alweer verdwenen. Het huisartsennetwerk is een bolwerk waar je als buitenstaander niet zo makkelijk in komt. De welzijnscoach heeft heel erg

haar best gedaan om individuele gesprekken met ons te voeren en aanwezig te zijn bij overleggen waar alle huisartsen aanwezig waren. Langzaam maar zeker heeft ze het onder de aandacht gebracht en nu is het echt een succes en een begrip in ons gebied.'

Deze praktijkervaring staat niet op zichzelf, ook uit andere gemeenten horen we eenzelfde geluid. Het lijkt erop dat van de welzijnscoach veel tijd en inzet gevraagd worden om de samenwerking tussen zorg en welzijn binnen de wijk op gang te krijgen en in stand te houden (Kamphuis 2016; Whitelaw et al. 2017; Woodall et al. 2018). Echter, beide partners zijn nodig om te bouwen aan deze relatie en aan het vertrouwen. De welzijnscoach wordt steeds meer gezien als aanjager van deze samenwerking op wijkniveau (zie ▶ par. 4.5). We schreven hier al eerder over (Heijnders en Meijs 2018) dat dit niet vanzelf gaat en dat hier een zekere mate van volharding voor nodig is. Welzijn op Recept is geen *quick fix*. Het is goed om hier realistisch over te zijn. Werken met Welzijn op Recept vraagt om investeringen van alle samenwerkingspartners. Om de samenwerking levendig te houden, is het noodzakelijk dat alle samenwerkingspartners zich constant afvragen: wat heeft de ander nodig binnen deze samenwerkingsrelatie? Wat kan de ander hieraan bijdragen? Wat kan ik zelf bijdragen?

Een goede balans vinden tussen feedback vragen en feedback geven is belangrijk. Daarnaast moet opbouwende kritiek in verhouding staan tot aanmoedigende complimenten. Een welzijnsrecept kan immers alleen slagen als er een goede wisselwerking is tussen alle samenwerkingspartners. De praktijk leert dat de samenwerkingsstructuur rond Welzijn op Recept moet groeien. Het enthousiasme en de verwachtingen van de pilot vasthouden na de implementatiefase is een uitdaging. Het is een behoorlijke uitdaging om het aantal verwijzingen vanuit zorg op peil te houden, laat staan het te verhogen. Het is bovendien een uitdaging om tijd te verdelen binnen welzijn over cliëntgebonden uren, uren voor samenwerking en uren om overzicht te krijgen over wijkactiviteiten. Dit alles moet nota bene gebeuren binnen een gemeentelijke organisatie die volop in beweging is. Van alle samenwerkingspartners wordt inzet en volharding gevraagd om de samenwerking naar een hoger plan te tillen. Dat gaat niet vanzelf, daar moet je met elkaar werk van maken.

6.7 Samen (structureel) overleggen

Om elkaar goed te leren kennen en een stevige werkrelatie op te bouwen, is het belangrijk om elkaar met regelmaat te ontmoeten, te zien en te spreken. Voor iedere partner in deze samenwerking betekent 'regelmatig' weer iets anders. Communicatie en informatie lijken binnen de samenwerking de sleutel om elkaar te ontmoeten en te leren kennen. Dit moet ook concreet worden gemaakt voor wat betreft de terugkoppeling over de patiënt. Wat is nu 'regelmatig' en welke vorm heeft dit overleg? Binnen verschillende gemeenten houdt de welzijnscoach één keer per week spreekuur binnen de huisartsenpraktijk. Daarnaast zijn er informele overleggen tijdens koffiemomenten en tijdens de lunch. Verder nemen welzijnscoaches structureel deel aan eerstelijnsoverleggen; er zijn casuïstiekbesprekingen en er zijn Welzijn op Recept-voortgangsbesprekingen. Afhankelijk van de lokale situatie zijn er vaak zowel wekelijkse informele momenten als maandelijkse formele overleggen. Als deze (in)formele ontmoetingen er niet zijn, verloopt de samenwerking vaak stroever en neemt het aantal verwijzingen af. Het advies is dan ook om binnen de samenwerking tussen zorg en welzijn voldoende tijd te plannen voor structureel overleg. Informeel ad-hoc overleg is waardevol, maar niet voldoende. Ervaring leert dat om Welzijn op Recept goed ten uitvoer te brengen, minimaal één keer per maand structureel overleg naast informele ad-hoc momenten noodzakelijk is. Aansluiten bij de bestaande overleggen verdient hierbij de voorkeur. Bij elkaar in de buurt of op dezelfde locatie werken heeft een gunstig effect op het samenwerken.

Binnen gemeenten waarin al langer gewerkt wordt met Welzijn op Recept geven ze het belang (en vaak gemis) aan van deze structurele overleggen. Een huisarts in Houten zegt hierover:

> 'Het welzijnsrecept voldoet steeds meer aan mijn verwachtingen. Het wordt gemakkelijker door de contacten die ik heb met de welzijnscoach en de gemakkelijke manier van verwijzen die we nu hebben, maar het contact verloopt nu vaak via de wandelgangen van het centrum. We zouden onze ervaringen met Welzijn op Recept meer kunnen uitwisselen op multidisciplinaire overleggen. Het zou mij helpen om ervaringen met elkaar uit te wisselen, om het ook met elkaar te hebben over waarom het voor sommige patiënten niet helpt. Door geregeld met elkaar uit te wisselen blijft het bovendien bij mij meer op het netvlies.'

De samenwerking tussen de gemeente en de aanbieders van activiteiten zal minder regelmatig plaatsvinden. Ook deze samenwerking zal niettemin op een proactieve wijze vorm moeten krijgen. De praktijk leert dat het essentieel is dat er op gemeentelijk niveau een projectleider of regisseur is voor Welzijn op Recept. Deze gemeentelijke projectleider heeft als taak om de voortgang en kwaliteit van Welzijn op Recept te bewaken, de resultaten inzichtelijk te maken en de successen op gemeentelijk niveau te delen. Om te zorgen dat een gemeente zorg kan dragen voor structurele en voldoende financiering voor Welzijn op Recept, is het noodzakelijk dat zij hierover minimaal één keer per jaar en liefst twee keer per jaar geïnformeerd wordt. Dit kan helpen om het beeld dat leeft binnen de gemeente over Welzijn op Recept up-to-date te houden of bij te stellen. Activiteitenaanbieders die betrokken worden bij de ontwikkelingen rondom Welzijn op Recept worden hierdoor in de gelegenheid gesteld om mee denken over wat zij kunnen betekenen voor de doelgroep van Welzijn op Recept en het vormgeven van de sociale kaart. Hetzelfde geldt voor actieve bewonersgroepen. Door hen te betrekken bij structurele, halfjaarlijkse overleggen waarin de voortgang van Welzijn op Recept wordt besproken, leren betrokkenen elkaar kennen en kunnen ze praktische problemen samen oplossen.

6.8 Conclusie

De praktijk van verschillende gemeenten die al langer werken met Welzijn op Recept laat het belang zien van samenwerken voor Welzijn op Recept. Dat vraagt een lange adem en constante aandacht. De samenwerking is ingewikkeld omdat het een domeinoverstijgende interventie is. Samenwerken is niet eenvoudig. Dat vindt plaats op verschillende niveaus (gemeentelijk en op uitvoerend niveau) en de opzet van samenwerking kent verschillende fases waarbinnen steeds iets anders nodig is. In het begin draait het om het opzetten van Welzijn op Recept en zijn kernelementen het gezamenlijk doel, de verwachtingen en tot een werkplan komen. Elkaar, elkaars werkwijze en elkaars manier van communiceren leren kennen is belangrijk voor het opbouwen van vertrouwen.

6.8 · Conclusie

In een latere fase in de opzet van de samenwerkingsstructuur gaat het om de opzet van structureel overleg, waarin feedback geven en krijgen en de resultaten van deze samenwerking zichtbaar maken belangrijker worden. Verder vraagt uitvoering van Welzijn op Recept eigenaarschap en kartrekkers binnen iedere organisatie. Op wijkniveau is de welzijnscoach de aanjager en bewaker van de samenwerking. Het samenwerken binnen Welzijn op Recept gaat echter niet vanzelf en vraagt van iedere samenwerkingspartner tijd, commitment en doorzettingsvermogen. Een systeem waarin lerend gewerkt kan worden, kan hier ondersteunend in zijn.

Het borgen van Welzijn op Recept

7.1 Het belang van het borgen van Welzijn op Recept – 105

7.2 Plaats van borgen in de implementatiecyclus – 107

7.3 Strategieën voor het borgen van Welzijn op Recept – 109

7.4 Conclusie – 111

© Bohn Stafleu van Loghum is een imprint van Springer Media B.V., onderdeel van Springer Nature 2019
M. Heijnders en J. J. Meijs, *Handboek Welzijn op Recept*, https://doi.org/10.1007/978-90-368-2376-0_7

> 'Ik heb met de huisartsen in mijn wijk afgesproken dat ik regelmatig terugkoppel over de naar mij verwezen Welzijn op Recept-patiënten. Maar toch merk ik dat de aandacht voor Welzijn op Recept bij de huisartsen op een gegeven moment weer verwatert. En dan heb ik het gevoel dat ik weer opnieuw moet vertellen dat Welzijn op Recept ook een optie is om naar te verwijzen. Om de verbinding met de huisartsen en de samenwerking te versterken, vind ik dat we eens in de zoveel tijd een overleg met elkaar moeten hebben. Samen met de welzijnscoaches in mijn team hebben we bijvoorbeeld intervisie. Iedere drie maanden komen we bij elkaar en bespreken wij wat beter kan en wat goed gaat. We bespreken met elkaar de knelpunten en de voortgang in de samenwerking met de verschillende gezondheidscentra. Een voorbeeld is hoe wij registreren. In de intervisie merken we echt onderling verschil. Bij de een loopt het niet zo goed en bij de ander loopt het uitstekend. Communicatie is bij iedereen echter de sleutel. In mijn samenwerking met de huisartsen zou ik zo graag overleg willen en samen willen evalueren hoe Welzijn op Recept verloopt. Punten om hier te bespreken zijn bijvoorbeeld dat ik soms cliënten krijg doorverwezen die andere verwachtingen hebben over Welzijn op Recept. Dat ze verwachten dat ik iets kan doen op medicatiegebied of voor WMO-indicaties. Van de huisarts krijg ik de naam, het telefoonnummer en de hulpvraag van de cliënt door, maar ik zou ook graag meer willen weten van de achtergrond van de verwijzing. Structureel overleg waarbinnen dit mogelijk is, lijkt me echt noodzakelijk.' – een welzijnscoach, Den Haag.

■ **Inleiding**

Een van de fases van goed implementeren van Welzijn op Recept is de borgingsfase; zorgen voor behoud van de interventie. Welzijn op Recept breidt zich als een olievlek uit over Nederland en het aantal eerstelijnspraktijken dat ermee gaat werken neemt toe. Zoals we al aangaven in ▶H. 2 bestaat er echter verschil tussen de potentie van Welzijn op Recept en het werkelijke gebruik hiervan. Hoe langer professionals met Welzijn op Recept werken, hoe meer ook de vraag naar boven komt hoe te zorgen dat Welzijn op Recept blijft werken op de manier die we met elkaar hebben afgesproken. Borgen van een interventie is cruciaal. In deze fase wordt ervoor gezorgd dat Welzijn op Recept gemeengoed wordt binnen de dagelijkse praktijkroutine en dat een juiste uitvoering voorop blijft staan. In dit hoofdstuk leggen we uit wat borgen precies is en zetten we de strategieën die belangrijk zijn voor het borgen bij elkaar.

7.1 Het belang van het borgen van Welzijn op Recept

Een nieuwe manier van (samen)werken vraagt om constante aandacht voor en bestendiging van deze manier van werken. Wil Welzijn op Recept een succes worden en willen de geplande verbeteringen goed worden ingebouwd in de vaste routines van zowel zorg als welzijn, dan is blijvende actieve ondersteuning nodig inclusief afspraken en maatregelen om terugval in het oude te voorkomen.

Een goede uitvoering van Welzijn op Recept en het behoud hiervan, vraagt erom gemaakte afspraken na te komen en het constant bijstellen van het eerder opgestelde werkplan waarin de doelen en elkaars verwachtingen zijn opgenomen. Het lerend werken, dat we in het vorige hoofdstuk beschreven, en een continue communicatie en centrale aansturing en coördinatie, zijn onderdelen die ervoor kunnen zorgen dat Welzijn op Recept goed geborgd kan worden.

Na een eerste pilotperiode, waarin iedereen zich voor de verandering inzet, zo laten verschillende praktijkervaringen zien, stabiliseert het aantal verwijzingen. Het aantal verwijzingen daarna verhogen of verdubbelen is echter lastig gebleken. In sommige Welzijn op Recept-initiatieven zien we dat de aandacht voor Welzijn op Recept na verloop van tijd afneemt. Zoals we zagen in ▶par. 3.4 blijkt het erg moeilijk voor eerstelijnszorgverleners om aan de optie van verwijzen naar Welzijn op Recept te blijven denken. Bij nieuwe casussen moeten ze er dan actief aan denken. Het vraagt een bewuste mindset om het niet te vergeten. Om het voorschrijven van een welzijnsrecept onderdeel te laten zijn van de dagelijkse routine in de spreekkamer is deze verandering van mindset nodig, met daarnaast blijvende aandacht voor Welzijn op Recept en instellen van reminders.

Een voorbeeld van omstandigheden die belemmerend werken voor het behoud van de samenwerking rond Welzijn op Recept is als een welzijnscoach vertrekt of vervangen wordt door een collega. Zorgverleners geven aan het moeilijk te vinden om de groep patiënten die aan hen is toevertrouwd, los te laten. Zij verwijzen pas buiten het zorgdomein als zij de welzijnscoach en diens deskundigheid hebben leren kennen en hier vertrouwen in hebben. Het is een voorwaarde hier een vertrouwde contactpersoon bij te hebben. Een wisseling in contactpersonen kan veel invloed hebben op het verwijsgedrag en dient daarom zorgvuldig te gebeuren. Hieronder volgt een voorbeeld van het effect van een onzorgvuldige wisseling:

> 'Het is een tijdje best goed gegaan en ik kreeg van patiënten te horen dat ze er blij mee waren dat ze nu een groepje hadden of iemand hadden die hun hielp. Ik kreeg in die tijd directe mails van de welzijnscoach. Deze welzijnscoach was erg energiek, ze had iets meer van: ik heb erachteraan gebeld en na zoveel keer is ze gekomen, hoor. Dat is dan meer dan de verwachting was. Nu is het anders. Na het vertrek van de vorige welzijnscoach staat de naam van de nieuwe welzijnscoach niet meer op het welzijnsrecept, maar alleen een algemeen telefoonnummer van de welzijnsorganisatie. Dat is jammer. Ik kan haar niet rechtstreeks benaderen en ik zou van haar willen weten hoe vaak zij beschikbaar is voor Welzijn op Recept. Voor wat voor mensen heeft ze wat te bieden, wat zijn de activiteiten die aangeboden kunnen worden? Ik zou inhoudelijk meer van elkaar willen weten. Ik merk dat mijn motivatie nu is afgenomen. Het is voor mij belangrijk dat ik de welzijnscoach vertrouw, dat de naam klopt en dat ik aan de patiënt iets toezeg wat zij kan waarmaken. Dat het echt klopt wat ik zeg.' – een huisarts, Den Haag.

De eerste tijd dat Welzijn op Recept in een gemeente wordt geïmplementeerd is er veel aandacht voor de nieuwe aanpak en is iedereen enthousiast en vol overtuiging dat de uitvoering van Welzijn op Recept en de samenwerking wel lukken. Na pakweg een half jaar tot een jaar merken ze dat Welzijn op Recept een werkwijze is die moet groeien en dat samenwerken niet eenvoudig is.

Zorgen voor blijvende of houdbare verbetering, door Welzijn op Recept te integreren in bestaande routines en dit te faciliteren met de juiste organisatorische maatregelen, is daarom zeer belangrijk. Op gemeentelijk, regionaal en zelfs landelijk niveau moet goed worden nagedacht over manieren waarop een effectieve uitvoering van Welzijn op Recept in de praktijk ook op de langere termijn geborgd kan worden.

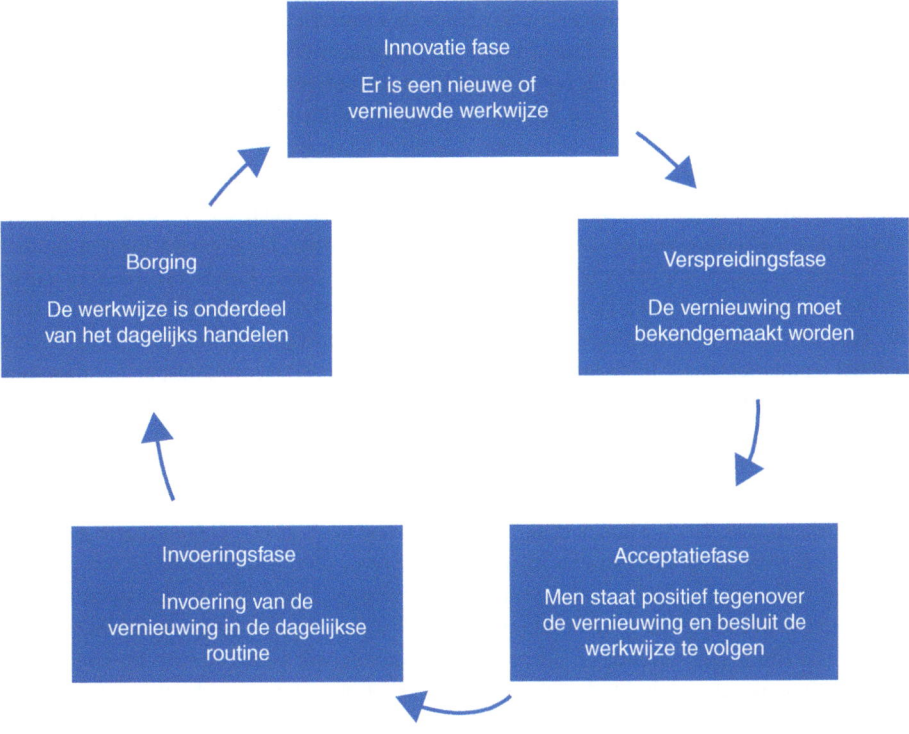

Figuur 7.1 Fasen van de innovatiecyclus (Lange en Chenevert 2009)

7.2 Plaats van borgen in de implementatiecyclus

Informeren over borgen van Welzijn op Recept of toewerken naar behoud van een goede samenwerkingsrelatie staat niet bij iedereen op de agenda. Studies naar het borgen van interventies zijn er niet, wel beschrijft de literatuur verschillende ervaringen met borgen van interventies (Lange en Chenevert 2009; Grol en Wensing 2011). Vanwege het belang van borgen, volgt nu een theoretische uitleg over de plaats van borgen in het implementatieproces.

Het lijkt erop dat te vaak de implementatie stopt wanneer de interventie in de praktijk is ingevoerd. Als ze er eenmaal mee vertrouwd zijn en ermee zijn gaan werken, lijkt de rest wel vanzelf te volgen. Hoe anders loopt het in werkelijkheid ... We weten allemaal dat een wens tot meer bewegen en wat afvallen vaak niet leidt tot werkelijk afvallen en een blijvende gang naar de sportschool. Waarom nemen we dan wel aan dat starten met Welzijn op Recept wel leidt tot een samenwerking die vanzelf goed verloopt? Er is meer voor nodig om Welzijn op Recept in te passen in de dagelijkse routine. Hieronder volgt kort de plaats van borgen en interventiebehoud in de implementatiecyclus.

Invoeringen van vernieuwde werkwijzen gaan niet vanzelf. Er is een aantal fasen te onderscheiden binnen een innovatieproces. ▫Figuur 7.1 geeft de verschillende fasen schematisch weer.

De eerste stap bij iedere nieuwe werkwijze is de innovatiefase. Veel gemeenten spreken voor Welzijn op Recept een pilotfase af waarin ze met elkaar een werkplan opstellen. De volgende stap is dat ze Welzijn op Recept uitleggen aan de betreffende samenwerkingspartners. Wie willen ze er in de pilotfase bij betrokken hebben? Welke eerstelijnspraktijken en welke welzijnsorganisaties staan in eerste instantie positief tegenover Welzijn op Recept? Nadat draagvlak voor Welzijn op Recept is verkregen, de werkwijze van Welzijn op Recept aan de eerste samenwerkingspartners is uitgelegd, en de eerste materialen en procedures zijn ontwikkeld, kan het eerste welzijnsrecept voorgeschreven worden. Deze eerste stappen binnen een Welzijn op Recept-samenwerking kunnen soms heel snel gaan. Het werkelijke voorschrijven van een welzijnsrecept en samen met cliënten zoeken naar een oplossing voor hun situatie, gebeurt tijdens de invoeringsfase. Tijdens deze fase wordt gekeken of Welzijn op Recept haalbaar en uitvoerbaar is in de lokale context en wat iedere samenwerkingspartner daarvoor nodig heeft. De laatste fase van deze cyclus is dat Welzijn op Recept steeds vaker wordt ingezet en dat het onderdeel wordt van de dagelijkse routine.

Twee projecten in Engeland onderzochten de implementatie van Social Prescribing (zoals Welzijn op Recept daar wordt genoemd) met de Normalization Process Theory van May et al. 2007 (Blickem et al. 2013; Mercer et al. 2017; Whitelaw et al. 2017). Deze theorie gaat over implementatie en integratie van een nieuwe werkwijze in de normale routines van de patiëntenzorg en levert een kader voor complexe interventies. Deze theorie gaat ervan uit dat aandacht voor het proces van uitvoering inzicht geeft in wat wel en niet werkt bij interventiebehoud: wat zijn belemmerende en bevorderende factoren, wat maakt dat een interventie wel of niet geïntegreerd wordt in de dagelijkse werkroutine? Men gaat hierbij uit van drie interacterende componenten:

- *Actoren*
  Dit zijn de individuen en groepen die een rol spelen in de implementatie. Bij Welzijn op Recept zijn dit patiënten/inwoners en professionals die als *agents of change* kunnen opereren. Dit kunnen professionals zijn die een soort van ambassadeurs zijn, die een zodanige positie en rol hebben dat zij als enthousiaste voortrekker anderen kunnen overtuigen van het belang van Welzijn op Recept. Of het kunnen professionals zijn die vanuit hun positie een ondersteunde rol spelen voor de andere samenwerkingspartners. Betrokkenheid van de doelgroep van Welzijn op Recept (de patiënten/inwoners) is zeker bij het begin van Welzijn op Recept van belang om inzicht te krijgen in de haalbaarheid ervan en in de geschiktheid van het activiteitenaanbod. In een latere fase is het van belang om de doelgroep steeds te betrekken bij de voortgang, wijzigingen in beleidskeuzes en het zichtbaar maken van de resultaten van Welzijn op Recept.
- *Objects*
  Dit zijn de procedures, protocollen en middelen die implementatie mogelijk moeten maken. Bij Welzijn op Recept zijn dit de afspraken die bestaan tussen eerstelijnszorgverleners en welzijn over samenwerken in het verwijstraject, terugkoppelingsmechanismes, vormen van gestructureerd overleg, afspraken over het delen van succesverhalen en feedback en het regelen van monitoring. Verder gaat het hier om communicatie in de vorm van bijeenkomsten of in de vorm van brochures, rapporten en artikelen.
- *Contexts*
  Dit zijn de fysieke, organisatorische en wettelijke structuren die verandering kunnen belemmeren en bevorderen. In de context van Welzijn op Recept kan dat bijvoorbeeld de ondersteuning vanuit de gemeente zijn, hetzij financieel, dan wel in de vorm van

een gemeentelijke projectleider. Ook een voldoende aanbod aan de kant van de aanbieders speelt hier mee. Verder gevoeld eigenaarschap bij alle samenwerkingspartijen en een gemeentelijke dan wel regionale coördinator die het vliegwiel draaiende kan houden.

Wil een interventie succesvol zijn en tot 'normalisatie' komen dan moeten deze drie componenten tezamen aan vier eisen voldoen:

- *Visie en verwachtingen*
  Alle samenwerkingspartners hebben dezelfde visie en verwachtingen ten aanzien van het te bereiken doel en ze zijn het eens over de toekomstverwachting (*interactional workability*). Zoals we in het vorige hoofdstuk beschreven, is het belangrijk dat dit in een werkplan is vastgelegd en regelmatig met elkaar geëvalueerd wordt.
- *Kennis en begrip*
  Wil een interventie succes hebben, dan hebben de samenwerkingspartners meer kennis nodig over de interventie (het belang van een start- en vervolgbijeenkomst) en moet er ook een beter begrip gecreëerd worden van elkaars handelen en werkwijze (*relation integration*).
- *Procedures*
  Binnen de interventie wordt vastgelegd hoe deze de wijze van werken beïnvloedt. Procedures definiëren, de interventie vastleggen en hoe het werk wordt verdeeld en uitgevoerd (*skill-set workability*). Dit zijn bijvoorbeeld de trajectbeschrijvingen die in het vorige hoofdstuk aan de orde kwamen.
- *Organisatorische inbedding*
  De interventie beïnvloedt de wijze waarop de nieuwe werkwijze wordt ingebed in bestaande structuren en procedures en welke middelen ervoor worden vrijgemaakt (*contextual integration*). Dit benadrukt het eigenaarschap en commitment dat we eerder beschreven.

In alle gevallen moeten de samenwerkingspartners de meerwaarde van de interventie inzien ten opzichte van de huidige situatie.

Twee reviews naar interventiebehoud (Gruen et al. 2008; Scheirer 2005) laten zien dat voorwaarden voor succes en interventiebehoud zijn: het hebben van een goede ambassadeur of sleutelfiguur, draagvlak, continue aandacht van leiders en de aanwezigheid van een coördinator of projectleider. Belangrijk is verder dat de interventie in de loop van de tijd aangepast kan worden aan veranderende omstandigheden en dat de voordelen van de nieuwe werkwijze voor zowel de samenwerkingspartners als de patiënten/cliënten duidelijk zichtbaar zijn. Zie ook ▶ H. 6.

7.3 Strategieën voor het borgen van Welzijn op Recept

Voor het borgen van Welzijn op Recept is niet één strategie aan te bevelen, maar een combinatie van strategieën op verschillende niveaus. Al deze strategieën zijn gebaseerd op een vorm van lerend werken. Veranderen is een cyclisch gebeuren, waarin je steeds een aantal stappen vooruitgaat, maar ook een stap terugdoet. Het merendeel van de strategieën voor

Tabel 7.1 Strategieën om Welzijn op Recept te borgen

strategieën om een interventie te borgen
strategieën op praktijkniveau:
– kennis over Welzijn op Recept;
– elkaars (werkwijze) kennen;
– reminders (zichtbaarheid welzijnscoach, terugkoppeling, succesverhalen);
– feedback;
– communicatie;
– commitment en eigenaarschap;
– decision support;
– duidelijk en makkelijk verwijstraject.
strategieën op gemeentelijk/regionaal niveau:
– leiderschap en coördinatie;
– gemeentelijk/regionaal beleid;
– zichtbaar maken resultaten;
– communicatie;
– inzet sleutelfiguren/ambassadeurs;
– intervisie.
strategieën op landelijk niveau:
– opzet van een learning community;
– intersectorale samenwerking;
– kwaliteit van Welzijn op Recept;
– training en masterclasses;
– publicaties over Welzijn op Recept.

borgen richt zich op de uitvoerende praktijk, andere niveaus zijn hier ondersteunend aan. In de bovenstaande tabel zijn de strategieën vermeld die, zo blijkt uit onderzoek en ervaring, belangrijk zijn voor borgen van een interventie. De meeste van deze strategieën zijn in de voorgaande hoofdstukken al uitgebreid besproken (tab. 7.1).

Wat betreft strategieën op praktijkniveau, blijkt uit ervaring met complexe interventies (Grol en Wensing 2011), dat dit begint met voldoende kennis over de interventie en het kennen van elkaar en elkaars werkwijze. Daarnaast blijkt uit verschillende studies dat vooral reminders bijdragen aan interventiebehoud (zie ▶par. 3.4). Binnen Welzijn op Recept zijn deze reminders de zichtbaarheid van de welzijnscoach, de terugkoppeling over individuele verwezen patiënten en het delen van succesverhalen. Een belangrijke bevorderende factor voor het borgen die in deze studies naar voren komt, is het geven en krijgen van feedback. Andere factoren die ook van belang blijken te zijn in het borgen van Welzijn op Recept in de dagelijkse praktijk zijn commitment en eigenaarschap (zie ▶par. 3.5, 4.6 en 6.5), decision support en een duidelijk en makkelijk verwijstraject (zie ▶par. 3.3 en 4.5).

Wat betreft strategieën op gemeentelijk/regionaal niveau, vraagt Welzijn op Recept om sterk leiderschap en coördinatie. Zeker in plaatsen waar Welzijn op Recept wordt uitgevoerd door meerdere eerstelijnspraktijken en welzijnsorganisaties, is het van belang zorg te dragen voor enige uniformiteit in de uitvoering door onderling vergelijkbare resultaten, borging van een aantal kwaliteitscriteria en regelmatige communicatie naar professionals en inwoners. (zie ▶par. 6.5) Het zichtbaar maken van zowel korte als lange termijn resultaten zowel op het niveau van het proces als de output zijn belangrijk voor het borgen. Een voorbeeld van deze data wordt gegeven in ▶par. 6.6. De inzet van ambassadeurs kan helpen om Welzijn op Recept op de agenda te houden en alle partijen te blijven enthousiasmeren. (zie ▶par. 6.5).

De complexiteit van een interventie als Welzijn op Recept en de samenwerking hierbinnen, vraagt om andere vaardigheden dan de uitvoerende professionals gewend zijn. Zij vraagt op gemeentelijk of regionaal niveau om regelmatige intervisie binnen de afzonderlijke beroepsgroepen. (zie ▶par. 3.4 en 4.6) Eerstelijnszorgverleners en welzijnscoaches zouden onderling op lokaal of op regionaal niveau intervisie kunnen plannen, om zo de kwaliteit van hun werk te borgen. Dan kunnen vragen gedeeld worden als: hoe doe jij het 'andere gesprek' nu precies, wat is jouw startvraag? Dit natuurlijk met de ambitie om continu te blijven leren en verbeteren. Op regionaal niveau kunnen zo lerende teams ontstaan die elkaar bezoeken en van feedback voorzien. Binnen de gemeente Amsterdam bestaat een intervisienetwerk van welzijnscoaches werkzaam bij verschillende welzijnsorganisatie. Daarnaast bestaat er een intervisienetwerk in de regio Groningen en een in de regio Westland, Schiedam, Vlaardingen (begeleid door Zorgorganisatie Eerste Lijn in Naaldwijk). Bijeenkomsten in deze netwerken zijn gericht op vakmanschap en implementatie van Welzijn op Recept.

Daarnaast wil het landelijk kennisnetwerk een *learning community* zijn waarin ervaringen en kennis gedeeld kan worden. Binnen deze learning community kan de intersectorale samenwerking verder tot stand gebracht en versterkt worden. Een derde landelijke strategie om Welzijn op Recept te borgen is het aansturen op het meten en verhogen van de kwaliteit van Welzijn op Recept. Trainingen, masterclasses, evaluatieonderzoek en de opzet van een monitoringsysteem zijn enkele van de nieuwe ontwikkelingen. Om de bekendheid over Welzijn op Recept te verhogen, is meer publiciteit nodig door middel van publicaties in professionele tijdschriften.

7.4 Conclusie

Het borgen van een interventie gaat om het behoud ervan en het zorgdragen dat deze onderdeel wordt van de dagelijkse praktijk. Er werken steeds meer praktijken met Welzijn op Recept; het is zich als een olievlek over Nederland aan het uitspreiden. Zoals we in ▶H. 2 zagen, bestaat er echter een verschil tussen het aantal mensen dat in aanmerking kan komen voor Welzijn op Recept en de groep mensen die verwezen wordt. Het onbenutte potentieel lijkt erop te wijzen dat Welzijn op Recept nog geen onderdeel uitmaakt van de dagelijkse praktijkroutine. Bij de opstartfase is er veel aandacht en tijd voor de interventie en de samenwerking hierbinnen. Deze aandacht en tijd zal ook in de fases hierna op peil moeten blijven om samen met alle samenwerkingspartners te bekijken hoe Welzijn op Recept werkelijk een onderdeel kan blijven uitmaken van de dagelijkse uitvoeringspraktijk en met elkaar te bekijken wat ieder daarvoor nodig heeft. Communicatie en centrale aansturing zijn hierin voorwaardelijk.

Monitoring en evaluatie van Welzijn op Recept

8.1 Waarom monitoren en evalueren? – 115

8.2 Monitoren van Welzijn op Recept – 117

8.3 Procesevaluatie – 117

8.4 Zicht op effectiviteit – 119

8.5 Monitoring en evaluatie in de nabije toekomst – 120

8.6 Conclusie – 121

© Bohn Stafleu van Loghum is een imprint van Springer Media B.V., onderdeel van Springer Nature 2019
M. Heijnders en J. J. Meijs, *Handboek Welzijn op Recept*, https://doi.org/10.1007/978-90-368-2376-0_8

Inleiding

In het vorige hoofdstuk hebben we de innovatiecyclus van interventies beschreven. Hierin lieten we zien dat deze cyclus uit verschillende fasen bestaat van bedenken van een innovatief idee, implementeren van Welzijn op Recept tot afspraken maken over het borgen en behoud van deze nieuwe werkwijze in de dagelijkse praktijkroutine. Monitoring en evaluatie zijn nodig om te achterhalen wat betrokkenen vinden van de nieuwe werkwijze, of deze aansluit bij hun verwachtingen en of deze nieuwe werkwijze ook daadwerkelijk leidt tot de verwachte verandering.

Nu Welzijn op Recept in steeds meer gemeenten in Nederland wordt uitgevoerd, groeit de behoefte om iets te kunnen zeggen over het lokale en landelijke bereik, de kwaliteit en de resultaten van Welzijn op Recept. In dit hoofdstuk gaan we in op de verschillende vormen van monitoring en evaluatie en de kernvragen die we hierbij stellen. We geven hierin aan dat het noodzakelijk is om enkele basale gegevens Welzijn op Recept periodiek te monitoren. Ons advies is om op uitvoerend niveau elkaar regelmatig van feedback te voorzien. En daarnaast een uitgebreide procesevaluatie te plannen om te evalueren of de werkwijze van Welzijn op Recept voldoet aan de verwachtingen. Verder kijken we naar de effectiviteit van de kernelementen als basis voor het op termijn uitvoeren van onderzoek naar de effecten van Welzijn op Recept.

> **Kernelementen**
> Kernelementen van monitoring en evaluatie zijn:
> - monitoring op basis van geregistreerde gegevens;
> - regelmatige procesevaluatie;
> - inzicht in resultaten;
> - betrekken ervaringen patiënten/cliënten.

8.1 Waarom monitoren en evalueren?

Soms werken in een gemeente verschillende partijen samen binnen Welzijn op Recept zonder dat er goed zicht is op hoe het proces verloopt en wat de resultaten zijn. Wilson en collega's (2016) laten zien dat veel innovaties en initiatieven in de gezondheidszorg snel geïmplementeerd worden, ondanks onzekerheden met betrekking tot de kosten, de meerwaarde en opbrengsten. Verspreiding van dit soort initiatieven vindt vaak suboptimaal plaats en zou verbeterd kunnen worden door meer te kijken naar wat werkt in een bepaalde context en op welke manier. Dit vergt dat vanaf de start aandacht wordt besteed aan monitoring en evaluatie.

Monitoren is het systematisch en periodiek volgen en presenteren van beleidsrelevant geachte ontwikkelingen (Omlo et al. 2013). Bij monitoren worden vaak periodiek dezelfde gegevens verzameld over verschillende niveaus in het beleidsproces van een interventie, zoals de middelen die worden ingezet, de processen, de producten en de resultaten en uitkomsten. Vaak heeft monitoring een cijfermatig karakter en maakt het vergelijking door de tijd mogelijk en trends zichtbaar. Het gaat bij monitoring om de wat-vragen op basis waarvan men kan signaleren, sturen, leren en verantwoorden.

Bij een procesevaluatie gaat het meer om de hoe-vragen. Hier gaat het erom te achterhalen op welke wijze, via welke tussenstapjes een interventie werkt. Je kijkt hierbij naar het verloop van een interventie, de precieze werking van het proces en probeert de black box van een interventie inzichtelijk te maken. Welke elementen van een interventie werken wel en welke niet of slechts onder bepaalde omstandigheden? Onderzoek en ervaring in met name Engeland (Bertotti et al. 2018; Dayson 2017; Polley et al. 2018) tonen aan dat een procesevaluatie gericht op het begrijpen van de belemmerende en bevorderende factoren die van invloed zijn op de uitvoering Welzijn op Recept een goed inzicht geeft in de werking ervan. Ook de ervaringen van professionals en patiënten/cliënten met Welzijn op Recept kunnen hierin worden meegenomen. Zo kunnen we tot een omschrijving van de essentiële bestanddelen en organisatorische randvoorwaarden voor het goed uitvoeren van Welzijn op Recept komen. Alleen focussen op de resultaten leidt niet tot verbetering in projecten, omdat deze geen inzicht geven in de werking van een interventie. Verder geeft het een goed beeld van de verschillende contexten waarbinnen Welzijn op Recept wordt uitgevoerd.

Een andere vorm van evaluatie, de effectevaluatie, geeft ook een antwoord op de vraag of de vooraf geformuleerde doelen van Welzijn op Recept bereikt worden. Verhogen we met Welzijn op Recept wel het welbevinden van mensen en wordt hiermee het zorggebruik in de eerstelijnszorg verlaagd? Zijn er wellicht minder voor de hand liggende effecten, zoals minder schuldproblemen, meer vrijwilligerswerk, en dergelijke?

> **Doelen van monitoren en evalueren**
> Kortom, monitoren en evalueren van Welzijn op Recept kan worden ingezet om verschillende doelen te bereiken:
> - Inzicht krijgen in de resultaten:
>   - Worden de gewenste uitkomsten bereikt?
>   - Neemt het welbevinden van de verwezen patiënten toe en daalt het zorggebruik door Welzijn op Recept?
> - Inzicht krijgen in de voortgang van Welzijn op Recept in een organisatie/gemeente/regio:
>   - Wordt de beoogde doelgroep bereikt?
>   - Wat zijn de succes- en faalfactoren van Welzijn op Recept?
>   - Hoe is de waardering en ervaring van uitvoerders en deelnemers?
> - Inzicht krijgen in hoeverre Welzijn op Recept onderdeel is van de dagelijkse uitvoeringspraktijk;
> - Inzicht krijgen in hoeverre Welzijn op Recept uitgevoerd wordt zoals het is bedoeld;
> - Verhogen van de kwaliteit van de uitvoering van Welzijn op Recept:
>   - Welke aanbevelingen kunnen aan de hand van de procesevaluatie worden gedaan voor verbetering van Welzijn op Recept?
> - Doorontwikkelen van de effectiviteit van de interventie Welzijn op Recept;
> - Landelijk benchmarken van Welzijn op Recept.

Bij monitoren en evalueren kijken we niet alleen naar het proces en de uitkomsten, maar ook naar de ervaring en de waardering van alle betrokkenen. Heeft het opgeleverd wat zij ervan hadden verwacht? Succes is mede afhankelijk van wat betrokkenen vinden van Welzijn op Recept.

Willen we met elkaar de kwaliteit van de uitvoering van Welzijn op Recept verhogen, dan zal een continue monitoring en evaluatie onderdeel moeten gaan vormen van de lokale Welzijn op Recept-samenwerkingen. Via een landelijke benchmark kunnen we vervolgens ontwikkelingen en trends laten zien waarmee Welzijn op Recept doorontwikkeld en verbeterd kan worden. Hieronder lichten we deze verschillende vormen van monitoren en evalueren toe.

8.2 Monitoren van Welzijn op Recept

Zoals gezegd houden we bij monitoren van Welzijn op Recept periodiek gegevens bij waarmee de kwaliteit van de uitvoering bewaakt wordt. Om een monitor mogelijk te maken, zullen verschillende lokale partijen enige gegevens moeten registreren. Hier is veel discussie over geweest. Het moet niet zo zijn dat partijen extra gegevens moeten registreren omdat een interventie dit vraagt. Binnen de leergemeenschap hebben we gekeken naar een set van indicatoren die het mogelijk maakt om de ontwikkelingen binnen Welzijn op Recept te monitoren en over de uitkomsten te rapporteren. Voorwaarde was dat we zoveel mogelijk gebruikmaken van bestaande data en informatie. Met een tweejaarlijkse benchmark wil het landelijke kennisnetwerk Welzijn op Recept de lokale Welzijn op Recept-samenwerkingen met elkaar vergelijken.

Een belangrijke vraag voor de monitor van Welzijn op Recept is de vraag wat het bereik is, lokaal maar ook landelijk. We willen graag weten welke patiëntengroepen met Welzijn op Recept daadwerkelijk worden bereikt. Daarmee kunnen we ook nagaan of dat de groep mensen is die we willen bereiken. Wordt de beoogde doelgroep bereikt? Worden alle potentiële patiënten voor Welzijn op Recept ook daadwerkelijk doorverwezen?

Het bereik van Welzijn op Recept kunnen we inzichtelijk maken door een aantal gegevens:
1. Hoeveel patiënten werden de afgelopen drie maanden verwezen naar de welzijnscoach?
2. Wat zijn de profielen van de mensen die werden doorverwezen? Hoe representatief zijn de verwezen patiënten voor de doelgroep van Welzijn op Recept?
3. Welke patiënten/cliënten haakten wanneer af en waarom?
4. Hoeveel mensen maakten de keuze om deel te nemen aan activiteiten en voor welke type?
5. Hoeveel mensen nemen nog deel na drie, zes en twaalf maanden aan de activiteit van hun keuze?
6. Hoe verhoudt het bereik van Welzijn op Recept zich tot de omvang van het vraagstuk van de psychosociale problematiek in de eerstelijnszorg?

Allemaal belangrijke vragen om het bereik van Welzijn op Recept te kunnen bepalen. Het zou al een hele stap vooruit zijn als we in alle gemeenten die werken met Welzijn op Recept een antwoord zouden kunnen krijgen op de vragen 1, 3, 4 en 5. Het antwoord op deze vragen is een eerste stap om inzicht te krijgen in resultaten waarmee de voortgang van Welzijn op Recept in een gemeente gemonitord kan worden.

Op basis van het bovenstaande stelt de leergemeenschap de volgende minimale dataset van indicatoren voor het monitoren van Welzijn op Recept, zie ◻tab. 8.1:

Het komende jaar wil het Landelijk kennisnetwerk Welzijn op Recept het belang van het monitoren meer bekend maken. Het streeft ernaar dat binnen de gemeenten waar men werkt met Welzijn op Recept deze data ook daadwerkelijk geregistreerd zullen worden.

8.3 Procesevaluatie

Procesevaluatie is een continu proces, dat al start bij de opstartfase. Tijdens de opstartfase van Welzijn op Recept is vaak sprake van een eenvoudige procesevaluatie. Deze is erop gericht de succes- en faalfactoren op te halen op basis waarvan de interventie aangepast kan worden. Gedurende de opstartfase wordt de procesevaluatie vooral op de lokale situatie ingezet om de kinderziektes van werken met Welzijn op Recept uit het proces te halen en met

Tabel 8.1 De minimale dataset van indicatoren om Welzijn op Recept te monitoren

eerstelijnszorg/instroom	welzijnsorganisatie/doorstroom	activiteitenaanbieders/uitstroom
aantal verwijzingen Welzijn op Recept per kwartaal	aantal cliënten per kwartaal binnen een Welzijn op Recept-ondersteuningstraject	gekozen activiteiten binnen Welzijn op Recept per kwartaal
type verwijzers	aantal gesprekken met cliënten voor Welzijn op Recept	aantal deelnemers via Welzijn op Recept
ICPC-codering van de verwijzing/achterliggende problematiek	duur van deze gesprekken	deelnemers via Welzijn op Recept die na drie maanden nog deelnemen
uitdraai uit het HIS van potentiële patiënten voor Welzijn op Recept over een bepaalde periode	gemiddeld aantal gesprekken per traject	deelnemers via Welzijn op Recept die na zes maanden nog deelnemen
	aantal afgesloten trajecten	aantal deelnemers dat afhaakt per kwartaal

de samenwerkingspartners te komen tot een goede uitvoering. De procesevaluatie is gericht op de kortetermijndoelen, verwijzen, plannen van de gesprekken met de welzijnscoach en opstarten van de samenwerking tussen zorg en welzijn. Vragen binnen de procesevaluatie zijn gericht op hoe alles verloopt en wat verbeterd kan worden aan bijvoorbeeld de verwijs- en terugkoppelingsprocedures.

Op het moment dat de verschillende samenwerkingspartners al langer werken met Welzijn op Recept, ondersteunt de procesevaluatie continue reflectie en verbetering. Gedurende de uitvoering evalueer je samen met alle samenwerkingspartners het proces om na te gaan of je nog op de goede weg zit en waar mogelijke verbeterpunten zitten. Op basis van een regelmatig procesevaluatie kan Welzijn op Recept lokaal tussentijds worden bijgestuurd en kunnen problemen en knelpunten in de uitvoering worden opgelost. In veel gemeenten die al langer werken met Welzijn op Recept is op dit moment het borgen van Welzijn op Recept belangrijk en is het belangrijk om met partners regelmatig de vraag te stellen wat ervoor nodig is om Welzijn op Recept onderdeel te laten uitmaken van de dagelijkse uitvoeringspraktijk. De focus komt ook steeds meer te liggen op de langeretermijndoelen: bereiken we met Welzijn op Recept ook de gestelde doelen? Dit betekent voor de lokale uitvoering binnen gemeenten en regio's:

- regelmatig toetsen of afspraken zoals deze vermeld staan in het werkplan worden uitgevoerd en hoe dit verloopt in de praktijk;
- in kaart brengen van bevorderende en belemmerende factoren en nagaan wie het proces wanneer en met welke acties kan versterken;
- terugkoppelen aan de geformuleerde verwachtingen, doelstellingen en eerder geuite belangen. Onderscheid kan worden gemaakt in wat ervoor nodig is, gegeven het vakmanschap van de uitvoerders, de samenwerkingsrelatie, de werkprocessen en het management en beleid.

Zoals we al in eerdere hoofdstukken schreven, adviseren we om een gemeentelijke of regionale projectleider aan te stellen die hier een centrale rol in kan vervullen.

Een procesevaluatie is een constant leerproces. Soms blijkt dat de werkwijze van Welzijn op Recept niet werkt op de manier die men had verwacht. Dit kan tot spanningen leiden binnen de samenwerking. Binnen een evaluatie kunnen de partners het gesprek openen over wat iedereen doet en wil bereiken. Door samen te werken aan de bovenstaande punten voor de evaluatie, kan een leerproces ontstaan en kunnen de verschillende partners door onderlinge communicatie tot een beter begrip van ieders situatie komen en hun handelen zo nodig aanpassen.

Heeft werken met Welzijn op Recept ongewenste of juist gewenste onvoorziene processen op gang gebracht? Wat we veel zien in Welzijn op Recept-samenwerkingen is dat welzijnscoaches steeds meer als poortwachters van het sociaal domein gezien lijken te worden. Wat vind je van deze ontwikkeling, is deze gewenst of juist niet? Een andere ontwikkeling die steeds meer naar boven komt, is de vraag of naast of voorafgaand aan Welzijn op Recept niet ook andere ondersteuningstrajecten moeten plaatsvinden, bijvoorbeeld een traject met betrekking tot schuldhulpverlening. Waar ligt de grens met Welzijn op Recept en wat hoort wel bij een welzijnscoach en wat niet?

Zijn er tijdens de uitvoering van Welzijn op Recept externe gebeurtenissen geweest die mogelijk invloed hebben gehad op het proces? Een voorbeeld hiervan kan bijvoorbeeld een aanbesteding van welzijn zijn, of een wethouderwisseling en de hiermee gepaard gaande verandering van beleid. Deze kunnen enorme consequenties hebben voor een samenwerking als Welzijn op Recept.

Deze lijst met onderwerpen is niet uitputtend en gaandeweg het proces zullen steeds nieuwe vragen en onderwerpen naar voren komen die binnen een feedbacksessie besproken kunnen worden. In bijlage 5 beschrijven we een checklist met kernelementen. Deze checklist kan gebruikt worden als onderwerpenlijst om de werkwijze van Welzijn op Recept te evalueren. De analyse van de uitkomsten (de check) leidt dan tot een aangepast plan.

8.4 Zicht op effectiviteit

Inmiddels wordt overal in het land veel ervaring opgedaan met werken met Welzijn op Recept. Samen met de leergemeenschap hebben we geïnventariseerd wat de sterke en minder sterke punten zijn van de huidige wijze van implementatie en borgen van Welzijn op Recept. We hebben bekeken hoe Welzijn op Recept in de betrokken steden wordt uitgevoerd en wat de essentiële bestanddelen en de randvoorwaarden zijn die uitvoering ervan mogelijk maken. Dit alles heeft geleid tot de ontwikkeling van 'de hamburger' (zie ◻fig. 2.4) en tot de beschrijving van de kernelementen in de vorige hoofdstukken. Wat we echter nog niet weten, is welke kernelementen er echt toe doen in de praktijk, laat staan dat we weten in welke combinatie en met welke dosering ze nodig zijn om effectief te kunnen werken. Daarbij hebben we nog onvoldoende zicht op de invloed van de lokale context op Welzijn op Recept. Het is de vraag of bij Welzijn op Recept uitgevoerd in een gemiddelde wijk in Houten dezelfde combinatie van kernelementen werkzaam is als in een achterstandswijk in Den Haag. Een andere vraag is of het al dan niet aanwezig zijn van een sociaal wijkteam van invloed is op de uitvoering en effectiviteit van Welzijn op Recept.

Een reden om kernelementen op deze manier in kaart te brengen is dat het inzicht geeft in de toepassing van Welzijn op Recept in de verschillende lokale contexten. Het is dan immers bekend waaraan gevonden effecten toe te schrijven zijn, of wat het achterwege blijven van effecten zou kunnen verklaren. Verder geeft het inzicht in die onderdelen van Welzijn op Recept die minder (goed) worden toegepast en waar extra oefening, training en ondersteuning nodig is. Door de toepassing van de kernelementen en de uitkomsten in de lokale Welzijn op Recept-teams te bespreken, ontstaat een klimaat van leren door te reflecteren. Daarnaast biedt deze informatie inzicht in welke andere onderdelen (denk bijvoorbeeld aan schuldhulpverlening) naast de kernelementen binnen Welzijn op Recept worden ingezet en zo krijg je inzicht in waar de interventie eventueel aanpassing behoeft. Door deze manier van werken, werk je aan een voortdurende verbetering van de kernelementen en daarmee aan de kwaliteit van Welzijn op Recept.

Om de effectiviteit van Welzijn op Recept op patiënt/cliëntniveau te kunnen bepalen, is het belangrijk om te kunnen zeggen of de doelen van Welzijn op Recept worden behaald. Welzijn op Recept heeft twee doelen:
1. verhogen van het welbevinden van mensen met psychosociale problematiek;
2. daling van het zorggebruik in de eerstelijnszorg.

Het doel van effectevaluatie is de effecten meten van Welzijn op Recept, vooral op de volgende uitkomstgebieden: welzijn, welbevinden, kwaliteit van leven, duurzaam geluk, sociale participatie, zorggebruik, kosten en maatschappelijk rendement. Vanuit gemeenten en zorgverzekeraars komt steeds meer de vraag naar bewijsvoering van de effectiviteit van Welzijn op Recept. Wil je de effecten aantonen van Welzijn op Recept, dan is onderzoek met een controlegroep of controlepraktijk aan te bevelen. Uitvoeren van *randomized controlled trials* lijkt de gouden standaard te zijn. Volgens Dayson (2017) moeten we ons niet al te zeer focussen op de oorzaak-gevolgrelatie, daarvoor is de situatie waarin de doelgroep van Welzijn op Recept zich bevindt vaak te complex. Door deze complexiteit is de uitdaging niet om het eenvoudiger en meetbaar te maken, maar om te onderzoeken wat werkt, voor wie, onder welke omstandigheden (Bertotti et al. 2018). Onderzoek naar de effectiviteit van sociale innovaties is nog een redelijk nieuw terrein en heeft een ander, beter passend instrumentarium nodig (Omlo et al. 2013; Lub 2014). Daarbij zullen keuzes gemaakt moeten worden over de vorm van het onderzoek, een vergelijkend onderzoek, casestudies of anderszins.

8.5 Monitoring en evaluatie in de nabije toekomst

Op dit moment wordt Welzijn op Recept in steeds meer gemeenten in Nederland uitgevoerd. Dat is fantastisch. Zorg en welzijn zoeken steeds meer de samenwerking op. Wat we echter niet weten is hoe het in al deze gemeenten wordt uitgevoerd, wat de kwaliteit is van de uitvoering en of de doelen van Welzijn op Recept behaald worden. Een eerste stap zal zijn om te werken aan het registreren van een aantal basisgegevens. Gegevens die in veel zorg- en welzijnsorganisaties toch al worden geregistreerd. Voor lokale samenwerkingen en in een benchmark willen we deze data door de tijd en met elkaar vergelijken. Hiermee kunnen we laten zien wat de ontwikkelingen en trends zijn. Dit is een belangrijke stap om iets te kunnen zeggen over het bereik van Welzijn op Recept.

Een volgende stap is om in verschillende gemeenten aan de slag te gaan met de opzet van lerende organisaties door feedbacksessies en procesevaluaties te plannen. Alleen door op deze manier te leren, kunnen we werken aan de verbetering en de kwaliteit van Welzijn op Recept.

Het Landelijk kennisnetwerk Welzijn op Recept wil ondersteunen bij het in kaart brengen van de procesresultaten, het invoeren van de randvoorwaarden, het doorontwikkelen van Welzijn op Recept en in uiteindelijk kunnen voorspellen wat de betere input is voor een beter resultaat. Ter ondersteuning biedt het netwerk workshops, masterclasses en trainingen aan.

Het Landelijk kennisnetwerk Welzijn op Recept zal samen met het veld en onderzoeksinstituten actiegericht de effectiviteit van de kernelementen onderzoeken. Het is belangrijk om hiervoor verschillende lokale contexten met elkaar te vergelijken. Welzijn op Recept kan in verschillende situaties een andere uitwerking hebben. Tegelijkertijd willen we toewerken naar een situatie waarin Welzijn op Recept voldoende modelgetrouw kan worden uitgevoerd. Het doel is om in een groeiend aantal gemeenten de effecten, resultaten, kosten en baten objectief meetbaar en inzichtelijk te maken.

8.6 Conclusie

Hoewel Welzijn op Recept in steeds meer gemeenten wordt uitgevoerd, vindt monitoring en evaluatie nog niet op veel plaatsen plaats. Continue monitoring en procesevaluatie zijn instrumenten die bijdragen aan de kwaliteit van de uitvoering. De monitor kan uitgevoerd worden door data te verzamelen die je vaak toch al registreert. Dit alles zal leiden tot meer inzicht in het proces en de eerste resultaten ervan. Landelijk kun je zo gemeenten met elkaar vergelijken en trends zichtbaar maken. In feedbacksessies en procesevaluaties met alle samenwerkingspartners kan men samen bekijken of de uitvoering van Welzijn op Recept nog is zoals men het afgesproken had en of het nog aansluit bij wat men ervan verwacht had. Een procesevaluatie bekijkt hoe en waarom Welzijn op Recept wel of niet werkt in een lokale situatie en geeft hiermee inzicht in de voortgang van Welzijn op Recept in een gemeente.

We willen toewerken naar landelijke kennis over de werkzaamheid en effectiviteit van de verschillende kernelementen van Welzijn op Recept. Samen met de praktijk zullen we moeten kijken wat mogelijk en haalbaar is.

Financiering en maatschappelijke kosten en baten van Welzijn op Recept

9.1 Financiering van het welzijnswerk en Welzijn op Recept – 125

9.2 Financiering van de eerstelijnszorg en Welzijn op Recept – 127

9.3 Fases van financiering – 128

9.4 Aandachtspunten voor financiering – 129

9.5 Maatschappelijke kosten en baten – 131

9.6 Conclusie – 132

© Bohn Stafleu van Loghum is een imprint van Springer Media B.V., onderdeel van Springer Nature 2019
M. Heijnders en J. J. Meijs, *Handboek Welzijn op Recept*, https://doi.org/10.1007/978-90-368-2376-0_9

> 'In Schiedam voeren we al jaren zeer succesvol Welzijn op Recept uit. Ieder jaar worden wel rond de 250 welzijnsrecepten voorgeschreven. Als welzijnscoach, aangesteld voor 24 uur, kan ik deze hoeveelheid recepten net aan. Want naast contact met de huisarts, kijk ik ook naar het activiteitenaanbod en houd ik daar contact mee. Dit jaar zijn we als welzijnsorganisatie door de gemeente gekort. Het is spannend of dit gevolgen gaat hebben voor mijn werk en Welzijn op Recept, want er moeten wel keuzes gemaakt worden. Gelukkig kunnen we voorlopig even verder, omdat we geld krijgen uit een ander potje voor een programma tegen eenzaamheid. Dit past natuurlijk perfect bij Welzijn op Recept. Voorlopig kunnen we dus door met Welzijn op Recept en mogelijk kunnen we zelfs de formatie welzijnscoach uitbreiden. Dit is zeker nodig als meer huisartsen gaan verwijzen of als de huidige huisartsen meer gaan verwijzen, en dat is zomaar mogelijk.' – een welzijnscoach Schiedam.

'Als huisarts in Den Haag is zeker 50 % van wat ik op mijn spreekuur zie niet direct medisch, maar vooral sociaal-maatschappelijk van aard. Kortom, beter passend bij Welzijn op Recept. Echter, ondanks dat we al besloten hebben om met twee fulltime huisartsen op een patiëntenpopulatie voor anderhalve praktijk te gaan werken, heb ik door alle drukte in de praktijk en op mijn spreekuurplekken toch maar tien minuten per patiënt. En in die tien minuten lukt het mij nog niet om een goed welzijnsreceptgesprek te voeren. Meer tijd voor de huisarts zou fantastisch zijn, zeker als ik dit kon combineren met training om dit andere gesprek, het Welzijn op Recept-gesprek, te leren voeren. Dan kunnen we echt stappen zetten.' – een huisarts, Den Haag.

Inleiding

In dit hoofdstuk bespreken we hoe het welzijnswerk en de eerstelijnszorg tegen het licht van Welzijn op Recept wordt gefinancierd, hoe Welzijn op Recept op dit moment wordt gefinancierd en welke uitdagingen en belemmeringen de financiering van Welzijn op Recept opleveren. Daarnaast zeggen we in dit hoofdstuk iets over de maatschappelijke kosten en baten van Welzijn op Recept, waarbij we ook ingaan op wat daarover gepubliceerd is in Engeland. Ten slotte gaan we in op wat Welzijn op Recept aan ontwikkeling nog nodig heeft en welke financiering daar logischerwijze bij zou passen.

> **Kernelementen**
> Kernelementen voor financiering van Welzijn op Recept zijn
> - financiering van uitvoering cliëntgebonden deel Welzijn op Recept;
> - financiering niet-cliëntgebonden uren welzijnscoach;
> - financiering projectleider(s)/coördinatie;
> - financiering sociale kaart;
> - financiering monitoring-en-evaluatiesysteem;
> - financiering onderzoek en ontwikkeling.

9.1 Financiering van het welzijnswerk en Welzijn op Recept

Welzijnswerk wordt voornamelijk gefinancierd vanuit de gemeente en meestal in de vorm van een subsidie. Deze subsidie is vaak gebaseerd op een activiteitenprogramma van de welzijnsorganisatie dat aansluit op de beleidsambities van de gemeente om het welzijn van haar inwoners te bevorderen of op peil te houden. Welzijn op Recept wordt dan meestal opgenomen in het bestaande activiteitenprogramma. Dit kan dan financiering zijn in de vorm van een subsidie om Welzijn op Recept als totaal te realiseren, een soort budgetfinanciering, of een soort productiefinanciering op basis van een prijs per uur per recept. Een combinatie van beide vormen komt ook voor.

De praktijk laat duidelijk zien dat Welzijn op Recept meestal gefinancierd wordt op basis van een aantal welzijnsrecepten per jaar, waarbij in 2018 tussen de vijf en tien declarabele uren per recept worden betaald. Dit zijn de daadwerkelijk cliëntgebonden uren. Organisatie-uren en uren voor de samenwerking, intervisie, na- en bijscholing zijn hierbij niet inbegrepen, maar worden in bulk aan de welzijnsorganisatie gefinancierd. Daardoor ontstaat het gevaar dat deze uren ondoorzichtig zijn en dat ze in onvoldoende mate worden gefinancierd. Bij bezuinigingen kan op deze centrale uren worden gekort, waardoor alleen nog de cliëntgebonden uren van Welzijn op Recept overblijven. Die blijken in de praktijk onvoldoende om Welzijn op Recept goed uit te voeren en te borgen.

Interessant is dat Welzijn op Recept voor een aantal welzijnsorganisaties duidelijk een nieuwe productie- en extra financieringsstroom is vanuit de gemeente. Welzijn op Recept past bij de gemeentelijke visie op de transformatieopdracht van hulpverlening naar ondersteuning (bevorderen zelfredzaamheid) en van individueel naar collectief. Daardoor kan Welzijn op Recept in sommige gevallen een bescherming vormen voor de bezuinigingen op het klassieke opbouw- en welzijnswerk.

Omdat voor Welzijn op Recept ook activiteiten nodig zijn om naartoe te leiden, moet ook dit meegenomen worden in de financiering, want zonder voldoende en passende activiteiten om naar te verwijzen is Welzijn op Recept niet mogelijk. Hierbij is het essentieel om te kijken naar de lokale context en het bestaande aanbod van organisaties in het sociaal domein, vrijwilligersorganisaties en reeds bestaande activiteiten in de gemeenschap mee te nemen. Een moestuinvereniging, wandelgroep, kerkgenootschap et cetera zijn allemaal mogelijk geschikte activiteiten om Welzijn op Recept-deelnemers naar toe te leiden. Zij hoeven niet veel extra geld te kosten. Het is dan wel goed om oog te houden voor de mogelijke extra vraag en belasting voor deze organisaties als ze mee gaan doen en hier gepaste ondersteuning en eventueel ook financiering tegenover te stellen.

Geen enkele gemeente financiert op dit moment binnen Welzijn op Recept expliciet de uren van de welzijnscoach als aanjager van de lokale samenwerking. Omdat de praktijk leert dat de welzijnscoach toch regelmatig deze aanjagende rol op zich neemt, betekent dit dat deze uren uit de overhead en/of de financiering van de organisatie van het welzijnswerk betaald worden. Hierdoor zijn ze niet transparant en niet geborgd en vindt geen integrale financiering van het werk van de welzijnscoach binnen Welzijn op Recept plaats. Dit maakt Welzijn op Recept extra kwetsbaar bij de financiële besprekingen en onderhandelingen, zeker als bezuinigingen op de agenda staan.

Daarnaast zijn er gemeenten die het welzijnswerk aanbesteden zonder oog te hebben voor de kwetsbaarheid van de opgebouwde relatie met de eerstelijnszorgverleners. Na een gunning aan een nieuwe welzijnsorganisatie kan het zijn dat de eerstelijnszorgverleners met een nieuwe welzijnscoach te maken krijgen en dat er dus opnieuw tijd besteed moet worden aan het opbouwen van een persoonlijke relatie voordat er weer welzijnsrecepten worden voorgeschreven. Ook kan het zijn dat de nieuwe welzijnsorganisatie geen ervaring heeft met Welzijn op Recept of geen welzijnscoach in dienst heeft. In beide gevallen leidt dit vaak tot een tijdelijk of soms zelfs definitief stoppen van Welzijn op Recept.

Gegevens over de integrale kosten van een welzijnsrecept zijn in Nederland nog onvoldoende onderzocht. Een eenvoudige berekening op basis van een integraal uurtarief van 70 euro voor één uur welzijnscoach, resulteert op basis van de door de leergemeenschap aangegeven vijf tot tien uren per cliënt in een kostprijs van 350 tot 700 euro per welzijnsrecept aan direct cliëntgebonden uren. Dit komt tot op zekere hoogte overeen met de berekening door de gezondheidseconoom Pomp in Nieuwegein in 2015, die uitkomt op 420 euro voor de inzet van de welzijnscoach voor één Welzijn op Recept-cliënt (Pomp et al. 2015). Daarnaast moet rekening gehouden worden met de niet-cliëntgebonden uren. Die zijn sterk afhankelijk van de lokale inbedding van Welzijn op Recept en de verbinding van de welzijnscoach met de eerstelijnszorg. Het maakt veel uit of de welzijnscoach spreekuur houdt in de eerstelijnszorg of niet. Als hij dat wel doet, is hij een zichtbaar, automatisch onderdeel voor de eerstelijnszorgverleners. Een eerste stap in de financiering is dat er bekendheid is met het probleem van de niet-cliëntgebonden uren. Praktijkervaring zal leiden tot een inschatting en normering van deze uren binnen Welzijn op Recept.

9.2 Financiering van de eerstelijnszorg en Welzijn op Recept

De huisartsenzorg wordt in de basis gefinancierd door een combinatie van een abonnementstarief per ingeschreven patiënt en een verrichtingentarief. Dat laatste is voor de belangrijkste handelingen die een huisarts voor een patiënt doet, zoals het gewone spreekuur, de speciale spreekuren voor mensen met een chronische aandoening en de bijzondere verrichtingen, zoals de kleine operaties, het maken van een uitstrijkje et cetera. Daarnaast is er financiering beschikbaar voor organisatorische samenwerking en ontwikkelingen en innovaties in de eerstelijnszorg. Belangrijk voor Welzijn op Recept is de wetenschap dat alle overleguren die de huisarts eraan besteedt niet extra gedeclareerd kunnen worden, omdat ze reeds opgenomen zijn in zijn gewone tariefstructuur. Kortom, overleg (ook met de welzijnscoach) zit al in de reguliere financiering voor de patiëntenzorg.

Een landelijk probleem in de hele eerstelijnszorg is dat er de afgelopen jaren flink wat ontwikkelingen hebben plaatsgevonden die allemaal om extra inzet van de huisarts vragen. Ze leveren een forse extra belasting, meestal zonder dat hier aanvullende financiering voor beschikbaar is. Hierbij kun je denken aan:
- de verschuiving van de zorg voor chronisch zieke patiënten van het ziekenhuis of de medisch specialist naar de huisarts;
- de verschuiving van de lichte en stabiele chronische psychiatrische zorg van de specialistische instellingen naar de huisarts;
- de zorg voor de chronische (dementerende) ouderen die langer thuis wonen door de huisarts;
- de rol van de huisarts bij de jeugdzorg en de transities in het gemeentelijk domein.

De verandering in financiering van de huisartsenzorg lijkt niet in de pas te lopen met de daadwerkelijke toename van zorgzwaarte per patiënt en de daarbij passende tijd die de huisarts eraan besteedt. Wat ook nog meespeelt, is dat een aantal ontwikkelingen en innovaties wel tot een verlaging van de kosten hebben geleid, maar dat dit rendement niet gedeeld wordt met de huisarts door bijvoorbeeld een hoger huisartsentarief.

Huisartsen zijn de afgelopen jaren dus danig extra belast. Een recent rapport laat zien dat 50 % van hen last of voortekenen heeft van burn-out (Boekee en Hoekstra 2018). Het oplossen van de overbelasting van de huisarts en de daarbij passende financiële aanpassingen is echter niet iets dat via Welzijn op Recept is op te lossen. Maar het is wel een belangrijke belemmerende factor om Welzijn op Recept binnen de eerstelijnszorg op te schalen en te borgen. Daarom moet voor Welzijn op Recept op dit moment vooral gekeken worden welke extra financiering nodig is voor de eerstelijnszorg in deze fase van invoering en borgen.

◻ Tabel 9.1 Kostensoorten opstartfase Welzijn op Recept

kostensoort

projectleider en projectteam vanuit zorg en welzijn en/of gemeente

extra overlegtijd voor de ontwerpfase van het project waarin een planning inclusief begroting wordt opgesteld

tijd om financiering of subsidie aan te vragen voor het implementatietraject

overlegtijd voor gezamenlijk ontwikkelen en inrichten van Welzijn op Recept met als onderdelen bijvoorbeeld:
– verwijskanaal afspreken en opzetten;
– administratieve processen afspreken en inrichten;
– ICT inrichten;
– pr- en communicatiemiddelen ontwikkelen en verspreiden.

extra overlegtijd op pilot projectoverleggen met:
– casuïstiekbespreking;
– terugkoppeling;
– feedback;
– aan elkaar wennen (cultuur- en stijlverschil);
– leren van elkaar.

startbijeenkomst organiseren en daadwerkelijke start

9.3 Fases van financiering

Voor de financiering van Welzijn op Recept kunnen we twee fases onderscheiden: de fase van opstarten en de fase van invoeren en borgen van Welzijn op Recept. Deze fases vragen elk iets anders ten aanzien van de financiering.

- **Financiering van de start van Welzijn op Recept**

De opstartfase van Welzijn op Recept wordt voor het grootste deel gemeentelijk gefinancierd, vaak indirect via (extra) financiering van de lokale welzijnsorganisatie. In sommige gevallen speelt een zorgverzekeraar een rol in co-financiering van de opstartkosten van het project, of kan een zorgverzekeraar zelfs een (financieel) aanjagende rol spelen. Ook zijn er gemeenten waar de extra opstartkosten voor een groot deel door de eerstelijnszorg of de ROS worden gedragen; bijvoorbeeld door een projectleider of ontmoetings- en vergaderfaciliteiten te leveren. Ook zien we met regelmaat dat private fondsen of fondsen en subsidies via ZonMw of de provincie, bij de opstart van Welzijn op Recept een (co-)financierende rol spelen.

Een inventarisatie van de opstartkosten voor Welzijn op Recept leverde de volgende kostensoorten op. Zie ◻tab. 9.1.

Voor een goede start is essentieel dat er een verantwoordelijk projectteam voor Welzijn op Recept is dat bestaat uit kartrekkers bij de zorg, het welzijn en de gemeente. Voldoende financiële middelen voor de uren van dit projectteam moeten vooraf begroot en gegarandeerd zijn. De ROS kan hierbij eventueel fungeren als projectleider voor Welzijn op Recept. Zij wordt dan betaald vanuit de bestaande ROS-gelden die primair bedoeld zijn voor ondersteuning van de eerstelijnszorg.

Praktijk leert dat de financiering van de opstartfase meestal geen groot probleem oplevert. Financiering is dus goed mogelijk, zo blijkt in de praktijk, maar het vraagt wat creativiteit en doorzettingsvermogen, want er is geen eenduidige financieringsbron voor projecten die als ketenaanpak door domeinen en sectoren heen werken.

- **Financieren van invoeren en borgen van Welzijn op Recept**

Voor de fase van invoeren en borgen van Welzijn op Recept, zowel voor de eerstelijnszorgverlener als de welzijnscoach, is het van wezenlijk belang dat Welzijn op Recept wordt ingebed in de reguliere financieringsstructuur. Als Welzijn op Recept niet regulier vanuit structurele middelen wordt gefinancierd, kan bij een koerswijziging van de gemeente of de zorgverzekeraar de financiering van Welzijn op Recept opeens wegvallen. Hieronder lichten we kort toe wat nodig is om Welzijn op Recept binnen deze reguliere financiering te borgen.

Eerstelijnszorg en welzijn worden verschillend gefinancierd. Ze kennen ook verschillende vraagstukken en uitdagingen. Zo zal een welzijnscoach gebonden zijn aan de door de gemeente gefinancierde uren en daar mogelijk beperkingen in ervaren bij zijn werkzaamheden. Voor de eerstelijnszorg blijkt dat hoge werkdruk van de huisarts een belangrijker punt van aandacht is dan extra financiële middelen. Extra financiële middelen in de eerstelijnszorg zullen alleen een oplossing vormen als ze structureel zijn, voldoende omvang hebben en ook het personeel (bijvoorbeeld huisartswaarnemers) beschikbaar is om echt op een andere manier te (leren) werken. Zoals we in ▶H. 3 schreven kan de POH-GGZ een belangrijke ondersteuner voor de huisarts zijn en verwijzer voor Welzijn op Recept. Volgens het onderzoek van Magnee (2017) echter, levert de inzet van de POH-GGZ wel een kwaliteitsverbetering van de eerstelijns GGZ-zorg op, maar geen taak- of werkdrukverlichting voor de huisarts. Dit laatste vraagt blijkbaar om een andere aanpak dan alleen praktijkondersteuning.

Voor het borgen en daarin optimaal benutten van het potentieel van Welzijn op Recept in de eerste lijn is het noodzakelijk dat de zorgverzekeraars Welzijn op Recept co-financieren om Welzijn op Recept door te ontwikkelen. Voor de duurzame ontwikkeling door middel van monitoring-en-evaluatie-instrumenten en wetenschappelijk onderzoek, is het noodzakelijk dat landelijke partijen (VWS, ZonMw, NWO, zorgverzekeraars) mee-investeren in Welzijn op Recept.

Een inventarisatie door de leergemeenschap over de reguliere kosten voor Welzijn op Recept leverde de volgende kostensoorten op. Zie ◘ tab. 9.2.

9.4 Aandachtspunten voor financiering

Het is vooral stabiele en structurele financiering van de welzijnscoach, zowel voor de cliëntgebonden activiteiten als voor de rol van aanjager van de lokale samenwerking, die op dit moment moet worden gerealiseerd. Zoals we in eerdere hoofdstukken schreven, zal ook structurele financiering vrijgemaakt moeten worden voor de kosten van een stedelijke projectleider, een monitoring-en-evaluatiesysteem, de pr-, marketing- en communicatiekosten, en het ontwikkelen van een sociale kaart voor het activiteitenaanbod.

Veel eerstelijnszorgverleners zijn overbelast en daar heeft Welzijn op Recept ook last van. Proactiever kijken naar de potentiële Welzijn op Recept-patiënten in de praktijk en op het dagelijks spreekuur, is bij de huidige werkdruk van de huisarts niet mogelijk. Dit is echter niet iets wat via aanvullende financiering kan of moet worden opgelost. Op voorwaarde dat de directe financiering passend is voor de nieuwe rollen van de eerstelijnszorg en dat structureel meer tijd voor de huisarts beschikbaar is, hoeft de eerstelijnszorg niet extra gefinancierd te worden voor het voorschrijven van een welzijnsrecept, het daarbij passende overleg, de na- en bijscholing et cetera. Wel is het wenselijk om extra financiële middelen voor de eerstelijns-

Tabel 9.2 Kostensoorten borgingsfase Welzijn op Recept

kostensoort

eerstelijnszorg:

- reguliere praktijkkosten huisarts per consult;
- verwijzing door huisarts + verwijskanaal;
- registratie Welzijn op Recept door huisarts.

welzijnswerk:

- afspraak en/of intake door welzijnscoach;
- een of meerdere follow-upgesprekken + matching;
- toeleiding/begeleiding naar activiteit;
- (telefonische) follow-up van de contacten;
- overleg met specialistische organisaties of sociaal wijkteam door welzijnscoach;
- afsluiten Welzijn op Recept-traject door welzijnscoach;
- administratie/registratie en terugkoppeling verwijzer door welzijnscoach.

organisaties/gemeentelijk:

- ad hoc en structureel overleg, casuïstiekbespreking, intervisie en supervisie: het op de agenda houden door zowel zorg als welzijn;
- deskundigheidsbevordering Welzijn op Recept voor alle professionals: na- en bijscholing;
- aanspreekpunten per praktijk en organisatie;
- aanjagen en profilering door welzijnscoach naar eerstelijnszorg, activiteiten en inwoners;
- stedelijke Welzijn op Recept-projectleider;
- monitoring en evaluatie;
- pr-, marketing- en communicatiekosten;
- voldoende gevarieerd, toegankelijk, geschikt activiteitenaanbod.

zorg beschikbaar te stellen als extra inspanningen worden gevraagd, zoals meedenken over en invoeren van een monitoring-en-evaluatiesysteem, de functie van ambassadeur et cetera.

Aan de gemeentelijke kant zijn er twee vragen die steeds belangrijker lijken te worden, namelijk:

- Wat zijn de effecten van Welzijn op Recept, zowel op het welzijn/welbevinden van de (kwetsbare) inwoners, als op de gemeentelijke kosten ter ondersteuning van deze inwoners?
- Als de gemeente investeert in Welzijn op Recept, wat zijn dan de effecten op de zorgconsumptie en de zorgkosten? Is er daadwerkelijk een verschuiving van de kosten en opbrengsten: de gemeente investeert, de zorgverzekeraar profiteert?

Gesprekken met gemeenten leren dat zij sterk het gevoel hebben dat zij de investerende partij zijn bij Welzijn op Recept en dat de zorgverzekeraars de 'profiterende' partij zijn, zonder dat ze mee-investeren. Of dit werkelijk zo is, weten we niet. Tot we dat wel weten, is het belangrijk om te focussen op de effecten op het welzijn van hun inwoners en de eventuele daling in gemeentelijke kosten in het sociaal domein. Daarnaast willen gemeenten heel graag Welzijn op Recept-financiering koppelen aan een overeenkomst met productie-en verwijsafspraken met de huisartsen, zodat zij ervan op aan kunnen dat er ook een zekere omvang van Welzijn op Recept-verwijzingen zal worden gerealiseerd.

De uitdagingen voor de korte termijn voor een structurele financiering liggen dus zowel op het gemeentelijke als op het landelijke politieke vlak. Het is belangrijk voor gemeenten om te beseffen dat bezuinigingen op of aanbesteding van het welzijnswerk de voortgang van Welzijn op Recept en de samenwerking met de eerstelijnszorg kunnen bemoeilijken. Landelijk speelt daarnaast ook de discussie rondom de werkdruk van de eerstelijnszorg in het algemeen en de huisarts in het bijzonder.

9.5 Maatschappelijke kosten en baten

Traditioneel wordt binnen de gezondheidszorg en het sociaal domein vooral gekeken naar kosten, kostenbeheersing, kosteneffectiviteit en opbrengsten. En dan bij opbrengsten vooral naar de opbrengsten in het eigen domein: dus afzonderlijk naar kostenverlaging in de zorg en het sociaal domein. Terwijl we uit ervaring weten dat het bij interventies zoals Welzijn op Recept heel waarschijnlijk is dat investeringen in het ene domein kunnen leiden tot opbrengsten in andere domeinen. Daarom heeft het Landelijk kennisnetwerk besloten om onderzoek te doen naar de persoonlijke toegevoegde waarde van Welzijn op Recept. Het gaat uit van de persoonlijke toegevoegde waarde die klanten door het welzijnsrecept ervaren hebben. Dit onderzoek wordt verricht met behulp van onderzoeksmethodieken uit de retailsector, zoals de *value game*. Hierbij wordt een interactieve spelvorm gebruikt om de waarde van Welzijn op Recept voor de deelnemer enerzijds en de voorschrijvend huisarts anderzijds te bepalen. Voor meer informatie over de value game zie ook: ▶ www.valuegame.org.

Het eerste onderzoek met behulp van de value game naar de toegevoegde waarde voor de deelnemers en de huisartsen van Welzijn op Recept, zijn in het eerste halfjaar van 2019 in Den Haag verricht. De uitkomsten komen eind 2019 beschikbaar.

Naast de persoonlijke toegevoegde waarde voor de Welzijn op Recept-deelnemers en de huisartsen zijn er ook nog andere opbrengsten te verwachten. Een uitgebreide brainstorm met de leergemeenschap leverde op hoofdlijnen een aantal potentiële opbrengsten op, zie ◘ fig. 9.1.

Deze inventarisatie van potentiële opbrengsten vanuit de kennis en praktijkervaring van de professionals van zorg, welzijn en gemeente van de leergemeenschap wordt ondersteund door onderzoek in Nederland en Engeland (Bertotti et al. 2018; Heijnders et al. 2015; Kimberlee 2014, 2016; Polley et al. 2017; Weld et al. 2015).

Bovenstaande literatuur geeft duidelijke indicaties dat Welzijn op Recept leidt tot een toename van het welbevinden, de zelfredzaamheid en participatie. In Nieuwegein (2015) ging een derde van alle Welzijn op Recept-cliënten als vrijwilliger aan de slag. In Engeland zijn verschillende maatschappelijke kosten-batenanalyses uitgevoerd waarbij de opbrengst varieert van 1,69 tot maximaal 10 pond voor iedere geïnvesteerde pond (Bertotti et al. 2018; Dayson 2017; Kimberlee, 2014; Weld et al. 2015). Bij deze kosten-batenanalyses van Social Prescribing worden ook het aantal voorkomen zelfmoorden en de daling in criminaliteit en incidentele branden meegenomen. Het is immers aannemelijk dat ernstige, langdurige psychische en sociale problematiek tot problemen als zelfmoord, criminaliteit en incidentele branden (sigaret in bed?) leidt.

> Potentiële opbrengsten Welzijn op Recept:
> - toename welbevinden, levensplezier, leefstijl;
> - toename zelfredzaamheid en participatie;
> - toename groep vrijwilligers;
> - afname GGZ-problematiek en consulten POH-GGZ;
> - afname verwijzingen tweede lijn, diagnostiek en medicatie;
> - afname WMO-WLZ-hulpmiddelenindicaties;
> - afname schulden en uitkeringen;
> - afname geweld en ongelukken thuis;
> - toename langer thuis kunnen wonen;
> - toename werkplezier huisartsen/eerstelijnszorgprofessionals.

Figuur 9.1 Potentiële opbrengsten van Welzijn op Recept

9.6 Conclusie

De opstartfase wordt gekenmerkt door een grote diversiteit aan (co-)financiering. Daarna is de gemeente de belangrijkste financier voor het structureel implementeren van Welzijn op Recept. Belangrijk voor gemeenten is het besef dat de welzijnscoach de aanjager van de lokale samenwerking van Welzijn op Recept is, zowel naar de eerstelijnszorgverleners als naar de Welzijn op Recept-activiteiten. Hiervoor is naast cliëntgebonden financiering ook voldoende niet-cliëntgebonden financiering noodzakelijk. Bezuinigingen of aanbesteding van een gemeente op welzijn kunnen het voortbestaan van Welzijn op Recept in gevaar brengen. Het is goed om hier oog voor te hebben. Voor het optimaal benutten van het potentieel van Welzijn op Recept in de eerste lijn is het noodzakelijk dat de zorgverzekeraars Welzijn op Recept co-financieren om Welzijn op Recept door te ontwikkelen. Voor de duurzame ontwikkeling door middel van monitoring-en-evaluatie-instrumenten en wetenschappelijk onderzoek, is het noodzakelijk dat landelijke partijen (VWS, ZonMw, NWO, zorgverzekeraars) mee gaan investeren in Welzijn op Recept.

De bereidheid om ook op de langere termijn Welzijn op Recept te blijven financieren, staat of valt bij het beschikbaar komen van informatie over de effecten en resultaten ervan. Hiervoor is het noodzakelijk dat Welzijn op Recept eerst goed wordt ingevoerd en geborgd, inclusief monitoring en evaluatie. Pas daarna kan onderzocht worden wat de effecten en resultaten van Welzijn op Recept zijn.

Conclusies

10.1 Uitgangspunten – 135

10.2 Van patiënt via cliënt naar inwoner – 135

10.3 Domeinoverstijgende samenwerking – 138

10.4 Borgen – 139

10.5 Monitoren en evaluatie – 139

10.6 Financiering – 140

10.7 Welzijn op Recept en de toekomst – 140

10.8 Tot slot – 142

© Bohn Stafleu van Loghum is een imprint van Springer Media B.V., onderdeel van Springer Nature 2019
M. Heijnders en J. J. Meijs, *Handboek Welzijn op Recept*, https://doi.org/10.1007/978-90-368-2376-0_10

- **Inleiding**

In dit hoofdstuk 'Conclusies' pakken we alle voorgaande hoofdstukken concreet en praktisch samen tot één lopend verhaal over Welzijn op Recept. We leggen uit op welke manier, uitgaande van de kernelementen, kwaliteit van de uitvoering van Welzijn op Recept kan worden gerealiseerd. Dit in eerste instantie vanuit het perspectief van de eerstelijnszorgverlener, de welzijnscoach en de activiteitenbegeleider, omdat zij samen voor de patiënt, cliënt of inwoner het verschil moeten maken. Primaire doel is om het welbevinden van de patiënt, cliënt of inwoner te verhogen, want dat is uiteindelijk waar Welzijn op Recept voor bedacht en ontwikkeld is. Naast Welzijn op Recept in de dagelijkse praktijk geven we, met het oog op de toekomst, ook aan wat op dit moment op stedelijk, regionaal en landelijk niveau noodzakelijk is om Welzijn op Recept verder te ontwikkelen. Dit vanuit de ambitie van het Landelijk kennisnetwerk dat Welzijn op Recept tin 2022 voor 80 % van de huisartsen en andere eerstelijnszorgverleners in Nederland als verwijsmogelijkheid beschikbaar is.

10.1 Uitgangspunten

De uitgangspunten van Welzijn op Recept sluiten naadloos aan bij deze tijd en de lokale uitdagingen van de eerstelijnszorg, het welzijn, het sociaal domein, de gemeente en de zorgverzekeraars. De recente herwaardering van de kernwaarden van de huisarts als medisch generalist (RVS 2017; Taskforce Juiste zorg op de juiste plek 2018) vragen om een goed uitgevoerd welzijnsrecept voor de 20 tot 50 % van patiënten met klachten van psychosociale aard in de eerstelijnszorg. Zeker gezien het kortdurende en oplossingsgerichte karakter van het welzijnsrecept. Dit in combinatie met het persoonsgerichte versterken van eigen regie en zelfredzaamheid naar vermogen maakt Welzijn op Recept terecht een interventie waar de eerstelijnszorgverlener veel vaker naar moet verwijzen. Om het potentieel van Welzijn op Recept in de praktijk van eerstelijnszorg, welzijn en activiteitenaanbod maximaal te benutten, is het essentieel dat er een gezamenlijk geformuleerd doel en ambitieniveau is, dat de uitgangspunten van Welzijn op Recept worden onderschreven, en dat de verwachtingen naar elkaar zijn uitgesproken. Afspraken moeten worden vastgelegd in een gezamenlijk werkplan over de uitvoering van Welzijn op Recept.

10.2 Van patiënt via cliënt naar inwoner

- **Een keten van overdrachtsmomenten**

Bij de interactie van de professionals met de potentiële Welzijn op Recept-deelnemers is het belangrijk dat iedereen zich twee dingen realiseert:
1. Bij Welzijn op Recept doorloopt de deelnemer een traject bestaande uit drie verschillende domeinen.
2. De aanduiding van patiënt via cliënt naar inwoner is niet puur symbolisch, maar staat naast een domeinverandering ook voor een rolverandering en toename van zelfredzaamheid van de deelnemer.

De drie domeinen binnen Welzijn op Recept hebben ieder hun eigen rol, verantwoordelijkheid, professionaliteit en cultuur die passend wordt weergegeven in de veranderende aanduiding die de Welzijn op Recept-deelnemer ondergaat. Van patiënt in de eerste lijn wordt hij cliënt bij de welzijnscoach en inwoner bij de activiteit waar hij aan deelneemt. Deze rolverandering en veranderende aanduiding zijn niet alleen voor de professionals van belang, maar ook voor de Welzijn op Recept-deelnemer zelf, omdat het stappen zijn in zijn eigen carrière op weg naar verhogen van het welbevinden. Het is belangrijk om oog te hebben voor dit traject en voor de overgangen van het ene domein naar het andere domein, omdat hier de kans op uitvallen van Welzijn op Recept-deelnemers het grootst is. Hoe beter de samenwerking is en hoe beter de Welzijn op Recept-deelnemer via een warme overdracht van het ene naar het andere domein wordt begeleid, hoe groter de kans dat hij blijft deelnemen en zijn welbevinden uiteindelijk wordt verhoogd. Want uitval leidt automatisch tot (weer een) negatieve ervaring en vergroot de kans dat de patiënt de huisarts weer bezoekt met psychosociale klachten.

- **Een keten van interpersoonlijke relaties**

Welzijn op Recept is een keteninterventie. Naast dat in ieder domein gewerkt moet worden aan een positieve interactie tussen de Welzijn op Recept-deelnemer en de eerstelijnszorgverlener, de welzijnscoach en de activiteitenbegeleider, moet er ook oog zijn voor het ketenproces. De schakels van de keten, dat wil zeggen de overdrachtsmomenten, zijn kwetsbaar en hebben zorgvuldigheid en aandacht nodig. Vandaar dat vaak gesproken wordt van een warme overdracht. Bij de eerstelijnszorgverleners bestaat vaak al een langdurige vertrouwensrelatie. Deze vertrouwensrelatie kan ondersteunend werken om samen met de patiënt tot het inzicht te komen dat voor zijn psychosociale klachten een niet-medische oplossing het beste is. En dat vanuit de expertise en ervaring van deze eerstelijnszorgverlener een verwijzing naar de welzijnscoach hiervoor de juiste keuze is. De manier waarop de eerstelijnszorgverlener met vertrouwen over de welzijnscoach spreekt, zeker als die wordt versterkt door een warme overdracht, werkt ondersteunend aan het opbouwen van een vertrouwensrelatie met de welzijnscoach. De welzijnscoach werkt vanaf de intake aan een constructieve vertrouwensrelatie, zodat er een goede interpersoonlijke basis bestaat om verder samen met de cliënt te kijken naar een activiteit die het beste bij hem past. Ook hierbij is het belangrijk dat de welzijnscoach voorbereidend op de deelname aan een activiteit, met vertrouwen over de activiteit en de begeleider(s) spreekt en dat hij waar mogelijk zorgt voor een warme overdracht. Ook voor de activiteitenbegeleider(s) is het essentieel dat ze starten met werken aan een positieve interpersoonlijke relatie, waarbij ze iemand als persoon welkom heten en oog hebben voor de drempel die deze moet nemen om te starten met deelname en om te blijven deelnemen. Hier is gepaste persoonlijke aandacht voor nodig van zowel de activiteitenbegeleider als de andere deelnemers aan de activiteit. Het is belangrijk zowel voor de welzijnscoach als de activiteitenbegeleider om zich te realiseren dat het voor een Welzijn op Recept-deelnemer mogelijk nog moeilijker is dan voor een 'gewone' deelnemer om over de eerste drempel heen te stappen.

- **Een keten van motiverende ondersteuning**

De eerstelijnszorgverlener zal de patiënt moeten motiveren om deze niet-gebruikelijke stap te zetten. In plaats van een pilletje of een verwijzing naar de fysiotherapeut, psycholoog of medisch specialist krijgt hij een verwijzing naar het welzijn. Motiveren van patiënten is niets nieuws voor eerstelijnszorgverleners: denk bijvoorbeeld aan afvallen, meer bewegen of stoppen met roken. De kennis, kunde en vaardigheden om te motiveren mogen verondersteld worden aanwezig te zijn. De welzijnscoach is als sociaal werker getraind in het ondersteunen en motiveren van gedragsverandering, waarbij de regie en besluitvorming bij de cliënt zelf wordt gelaten. Dit is de kern van het vak van de sociaal professional en hoort bij alle welzijnscoaches tot het basisinstrumentarium. Voor de activiteitenbegeleiders kan dit een heel ander verhaal zijn, hoewel zij er natuurlijk op gericht zijn om deelnemers welkom te heten en zich thuis te laten voelen zodat ze ook blijven deelnemen. Het is daarom verstandig dat de welzijnscoach bij de contacten met de activiteitenbegeleiders bespreekt of ze voldoende in staat zijn om de deelnemers, die toch een net even andere aanvliegroute hebben dan gewone deelnemers, te motiveren en te ondersteunen om te blijven deelnemen en contacten aan te gaan. Hoogstwaarschijnlijk zijn er voldoende workshops en praktijkgerichte trainingen beschikbaar om daarvoor in te zetten.

- **Een keten van nazorg**

Als laatste is het belangrijk om oog te hebben voor gepaste nazorg. De praktijkervaring wijst uit dat het belangrijk is om dit vanuit alle drie de domeinen structureel te doen om Welzijn op Recept zo goed mogelijk uit te voeren. Voor de eerstelijnszorgverlener betekent dit dat het belangrijk is om te registreren wie een welzijnsrecept heeft gekregen. Tijdens een volgend contact met de betreffende patiënt kan dan gevraagd worden of hij nog deelneemt en hoe het gaat, maar beter nog is het om te vragen hoe het gaat en wat iemand ervan vindt. Wat de patiënt vertelt kan ook voor zowel de welzijnscoach als activiteitenbegeleider belangrijk zijn om vanuit de eerstelijnszorgverlener teruggekoppeld te krijgen. Ook dit hoort onderdeel te zijn van de nazorg vanuit de eerstelijnszorg. Voor de welzijnscoach bestaat nazorg in principe uit plannen van de noodzakelijke follow-up gesprekken en telefonisch een vinger aan de pols houden tijdens de periode van deelname aan de activiteit. Bij de nazorg hoort ook contact met de begeleider van de activiteit. De praktijk laat zien dat deze zaken er vaak bij inschieten. Wat is ervoor nodig om dit structureel te plannen? Een kort telefoontje over hoe het met iemand gaat is al voldoende. Voor de begeleider van de activiteit is het belangrijk om nazorg vooral te zien als even checken hoe het met iemand gaat, of hij zich op zijn plek voelt bij de activiteit en bij de groep en of er dingen zijn die spelen of opgelost moeten worden. Ook is het belangrijk om te stimuleren dat iemand blijft deelnemen aan de activiteit of een andere vorm van sociale participatie en dit te checken.

- **Privacy, kwetsbaarheid en oog voor de ander**

Een belangrijk aspect van Welzijn op Recept is de privacy van de patiënt, cliënt of inwoner. Het is belangrijk om de wettelijke voorschriften als organisatie en professionals voor het eigen domein goed te regelen conform de AVG. Daarnaast is het belangrijk om goede afspraken te maken over welke gegevens vanuit de eerstelijnszorg naar de welzijnscoach gaan en welke van de welzijnscoach naar de activiteitenbegeleider. Het is belangrijk de patiënt/cliënt goed te informeren en waar nodig of bij twijfel zijn toestemming vragen over wat je bij de verwijzing doorgeeft.

Een ander belangrijk aspect is dat Welzijn op Recept-deelnemers op het moment van verwijzen kwetsbaarder kunnen zijn als de andere deelnemers aan de activiteiten. Er blijft een spanningsveld dat je Welzijn op Recept-deelnemers net zo wilt behandelen als de andere deelnemers, maar ze vaak net even wat meer steun en aandacht nodig hebben dan de deelnemers die zich uit eigen beweging hebben aangemeld. Ze zijn vaak in het begin iets kwetsbaarder en lopen een groter risico op weer afhaken. Activiteitenbegeleiders die deze steun op een subtiele manier kunnen leveren zijn belangrijk voor Welzijn op Recept. Dit in nauwe samenwerking met de welzijnscoach die verantwoordelijk is voor de nazorg.

10.3 Domeinoverstijgende samenwerking

Domeinoverstijgende interprofessionele samenwerking is niet eenvoudig. Dit geldt niet alleen voor Welzijn op Recept, maar voor alle vormen van domeinoverstijgende samenwerking. Domeinen hebben ieder hun eigen taal, cultuur en werkwijze. Dit vraagt aandacht, inzet en volharding. In veel gemeenten zien we dat professionals elkaar opzoeken en een vorm vinden om elkaar te leren kennen. Wat minder voorkomt, maar wel noodzakelijk is om Welzijn op Recept te borgen in de dagelijkse uitvoeringsroutine, is een structurele vorm van terugkoppeling plannen van de welzijnscoach naar de eerstelijnsverwijzer en van de activiteitenbegeleider naar de welzijnscoach. Daarnaast is plannen van structureel overleg essentieel: overleg waarbij ingegaan wordt op het belang van alle partijen, de dingen die al goed gaan en wat beter kan. Succesverhalen zijn enorm belangrijk om elkaar te vertellen en te blijven vertellen.

Op organisatieniveau is het belangrijk dat iedere organisatie die betrokken is bij Welzijn op Recept de doelstelling en ambitie van Welzijn op Recept onderschrijft en hiervoor voldoende mensen en middelen vrijmaakt om Welzijn op Recept goed uit te voeren. Iedere organisatie zorgt voor één aanspreekpunt of regisseur en maakt voldoende tijd vrij voor niet-cliëntgebonden onderdelen, zoals overleg, administratie, gezamenlijke scholing, intervisie et cetera. Praktijk leert dat gesprekstraining voor 'het andere gesprek' en training op interprofessionele samenwerking aan te bevelen zijn, liefst gezamenlijk. Extra aandachtspunt zijn wisselingen van personeel. Het is belangrijk dat Welzijn op Recept integraal onderdeel uitmaakt van het inwerkprotocol.

Een belangrijk en vaak onbekend en onbenoemd onderdeel van de samenwerking specifiek voor Welzijn op Recept, is de rol van de welzijnscoach als aanjager en bewaker van de goede samenwerking. De leergemeenschap geeft aan dat de welzijnscoach degene is die Welzijn op Recept op de agenda van de eerstelijnszorgverlener zet en blijft zetten, die op de deur van deze zorgverlener blijft kloppen en die via terugkoppeling en succesverhalen Welzijn op Recept levend houdt. Dit interprofessioneel aanjagen vraagt om specifieke vaardigheden van de welzijnscoach.

Aan de activiteitenkant van Welzijn op Recept speelt de welzijnscoach ook een belangrijke rol. Hij is vaak degene die er zicht op heeft of er voldoende en geschikt activiteitenaanbod is voor Welzijn op Recept. Geschiktheid gaat dan zowel over de inhoudelijke kant van de activiteit, als over de leeftijd en leefstijl van de deelnemers, de persoonlijkheid en deskundigheid van de begeleider en de sfeer in de groep. De welzijnscoach moet dit in beeld hebben en werkafspraken maken met de begeleiders van de activiteiten over Welzijn op Recept-deelnemers. Ook is een (digitale) sociale kaart, waarop minimaal het Welzijn op Recept-aanbod eenvoudig beschikbaar is, onmisbaar. Deze (digitale) sociale kaart moet dan voor alle partijen inclusief de Welzijn op Recept-deelnemer toegankelijk zijn. Hier ligt nog een forse (ontwikkel)uitdaging, omdat tot op heden de focus vanuit Welzijn op Recept vooral gericht was op de samenwerking eerstelijnszorg met welzijn. Deelnemen aan een passende activiteit is evengoed essentieel.

10.4 Borgen

Borgen van Welzijn op Recept gebeurt nog niet op veel plekken in Nederland. Bij borgen gaat het over inbedden van Welzijn op Recept in de dagelijkse praktijkroutine. Voldoende inhoudelijke kennis van Welzijn op Recept, het lerend werken en de zogenaamde reminders zijn van groot belang om een interventie als Welzijn op Recept te borgen. Binnen Welzijn op Recept bestaan deze reminders: de zichtbaarheid van de welzijnscoach, de terugkoppeling over individuele verwezen patiënten en delen van succesverhalen. Een andere belangrijke bevorderende factor voor borgen, is feedback geven en krijgen. Daarnaast dragen intervisie en sterk leiderschap, bijvoorbeeld door een gemeentelijk of regionaal aangestelde projectleider, in belangrijke mate bij aan het borgen van Welzijn op Recept. Kortom over het *why* en *what* van borgen is voldoende bekend, het gaat nu vooral om het *how*! Op basis van de kennis in dit boek en de ervaringen in de praktijk is het belangrijk om nu gestructureerd op een aantal pilotplekken in Nederland Welzijn op Recept daadwerkelijk dusdanig door te ontwikkelen dat we echt van borgen kunnen spreken. Projecten die alvast willen starten met de eerste drie stappen naar borgen adviseren we het volgende:

1. proactief en gestructureerd kijken naar de patiëntdoelgroep voor Welzijn op Recept op het spreekuur en zoveel mogelijk welzijnsreceptgesprekken voeren;
2. structureel terugkoppelen over iedere verwezen patiënt aan de verwijzer;
3. structureel overleg plannen en houden, bijvoorbeeld casuïstiekbespreking, intervisie, procesevaluatie et cetera.

10.5 Monitoren en evaluatie

De monitoring geeft inzicht in de resultaten en uitkomsten van Welzijn op Recept. Door het cijfermatig karakter van de monitor is een vergelijking in de tijd mogelijk, zijn trends zichtbaar en zijn praktijken of projecten met elkaar te vergelijken. Een procesevaluatie kan de sterke en minder sterke punten en de bevorderende en belemmerende factoren van Welzijn op Recept achterhalen. Ook de ervaringen van professionals en patiënten/cliënten met Welzijn op Recept kunnen hierin worden meegenomen. Omdat alle Welzijn op Recept-projecten in Nederland in de procesfase van implementatie zitten, is het essentieel om te starten met goede monitoring op uitvoerend niveau.

Willen we met elkaar de kwaliteit van de uitvoering van Welzijn op Recept verhogen, en de continuïteit van Welzijn op Recept verzekeren, dan zullen we een begin moeten maken met het zichtbaar maken van het bereik van Welzijn op Recept en de resultaten. Eerste stappen hierin zijn met behulp van een minimale dataset het bereik inzichtelijk maken en een regelmatige procesevaluatie uitvoeren met bijvoorbeeld de checklijst kernelementen uit dit boek. Zie bijlage 5.

Dit zijn ook minimaal de gegevens waar de gemeente als hoofdfinancier terugkoppeling over moet ontvangen. Het is van belang om ook de gemeente en de gemeenteraad mee te nemen en te informeren over deze fase van ontwikkeling en hun verwachtingen goed te managen. Pas wanneer Welzijn op Recept voldoende modelgetrouw uitgevoerd wordt zoals het bedoeld is, is het mogelijk om onderzoek te doen naar de effecten en sociaalmaatschappelijke kosten en baten.

10.6 Financiering

Welzijn op Recept is een interventie die te maken heeft met de nodige financiële schotten, omdat zij zich over diverse domeinen uitstrekt. Belangrijkste belanghebbenden zijn huisartsen, welzijnsorganisaties, gemeenten en zorgverzekeraars. Op dit moment zijn het hoofdzakelijk de gemeenten die investeren in Welzijn op Recept. Om zoveel mogelijk patiënten met psychosociale problematiek in de eerstelijnszorg te verwijzen, is het belangrijk om naar stabiele en structurele financiering van Welzijn op Recept toe te werken, waarbij zowel de gemeenten als zorgverzekeraars moeten willen investeren. Want alleen bij een stabiele structurele financiering mag je verwachten dat Welzijn op Recept geborgd kan worden in de dagelijkse praktijk van de eerstelijnszorg, het welzijnswerk en het activiteitenaanbod. Om dit te bereiken is het noodzakelijk om te weten om hoeveel mogelijke patiënten het daadwerkelijk gaat en wat de effecten, resultaten en potentiële opbrengsten van Welzijn op Recept zijn. Om dit te bereiken zijn investeringen in de praktijken en meelopend onderzoek nodig. Onderzoeksuitkomsten uit Engeland en de eerste indicaties uit onderzoek in Nederland geven voldoende vertrouwen om nu te investeren in Welzijn op Recept, zowel door gemeenten, zorgverzekeraars als landelijke overheid.

Daarnaast is het belangrijk voor een gemeente en gemeenteraad om zich te realiseren dat Welzijn op Recept naast de cliëntgebonden uren en financiering ook een flinke niet-cliëntgebonden investering vraagt van de welzijnscoach als aanjager van de samenwerking zowel met de eerstelijnszorgverleners als het activiteitenaanbod/de sociale kaart. Gezien de energie en tijd die het kost om een stabiele relatie van de welzijnscoach met de eerstelijnszorgverleners op te bouwen, is het wenselijk om te beseffen dat het aanbesteden van het welzijnswerk deze relatie kan schaden en dat het daarmee de verwijzingen binnen Welzijn op Recept kan verstoren. Het meest verstrekkende gevolg kan zijn dat Welzijn op Recept hierdoor stopt. Het is goed om hier oog voor te hebben.

10.7 Welzijn op Recept en de toekomst

Vanuit landelijk perspectief bezien valt een aantal dingen op die aandacht, ontwikkeling en investering behoeven. Zonder er een prioritering in aan te brengen, laten we hieronder de belangrijkste met een korte toelichting de revue passeren. We maken onderscheid tussen wat nu al ontwikkeld kan en moet worden op praktijkniveau, op gemeentelijk of regionaal niveau en op landelijk niveau om Welzijn op Recept te gaan uitvoeren zoals bedoeld, om de kwaliteit te verbeteren en om het potentieel maximaal te gaan benutten. Tevens is het zinvol om meer zicht te krijgen op de resultaten van alle inspanningen van alle Welzijn op Recept-praktijklocaties in heel Nederland.

- **Praktijkniveau**

Op het niveau van de dagelijkse praktijk van Welzijn op Recept is het vooral de uitdaging om te evalueren op basis van de kernelementen en randvoorwaarden zoals beschreven in dit boek. Om dan vervolgens zelf een keuze te maken wat de eerste stappen zijn om Welzijn op Recept in de dagelijkse praktijk te borgen. Kernvraag hierbij is: wat hebben we in de praktijk van Welzijn op Recept nodig om minstens één welzijnsrecept per eerstelijnszorgverlener per week voor te schrijven en vervolgens door de hele keten Welzijn op Recept uit te voeren zoals bedoeld?

- **Gemeentelijk/regionaal niveau**

Op gemeentelijk/regionaal niveau liggen duidelijk andere uitdagingen. Deze zijn volledig gericht op het ondersteunen van het praktijkniveau, vanuit een ander perspectief. Hierbij kunnen de volgende stappen het verschil maken:

1. *Projectleider Welzijn op Recept aanstellen*
   Eén stedelijke of regionale projectleider voor Welzijn op Recept aanstellen. Dit kan zowel iemand van de gemeente als vanuit eerstelijnszorg of welzijn zijn. Rol van deze projectleider is om Welzijn op Recept bij alle organisaties op de agenda te houden en het borgen van Welzijn op Recept te stimuleren en ondersteunen.
2. *Minimaal één keer per jaar een stedelijke/regionale bijeenkomst houden*
   Op deze stedelijke/regionale bijeenkomst wordt de stand van zaken van Welzijn op Recept in de stad of regio besproken en worden enkele kerncijfers gepresenteerd per Welzijn op Recept-project. Dit meteen als een soort benchmark, waarbij het essentieel is dat er oog is voor het verschil in fase van de projecten. Een sfeer van samen leren en verbeteren is hier behulpzamer dan een sfeer van onderlinge competitie. Tijdens deze stedelijke bijeenkomst is het belangrijk om ook ruimte vrij te maken voor intervisie en praktische workshops met Welzijn op Recept-gerelateerde onderwerpen.
3. *Lerend werken binnen Welzijn op Recept faciliteren en ondersteunen*
   Organiseren van Welzijn op Recept-intervisiebijeenkomsten (bijvoorbeeld iedere vier maanden een tot anderhalf uur), ondersteuning bij het in de praktijk operationaliseren van monitoring en evaluatie, organiseren van Welzijn op Recept-specifieke of -gerelateerde trainingen (bijvoorbeeld gesprekstraining plus diverse gesprekinstrumenten, een workshop Positieve Psychologie en Welzijn op Recept, opzetten en gebruiken van een digitale sociale kaart et cetera).

Zowel op praktijk- als gemeentelijk/regionaal niveau kunnen de ROS of de lokale organisatie van de eerstelijnszorg (huisartsenzorggroep, O&I organisatie) een belangrijke, ondersteunende rol spelen.

- **Landelijk niveau**

Landelijk moeten we ons vooral richten op enerzijds de ondersteuning van het gemeentelijke/regionale niveau en anderzijds op het praktijkniveau waar het gemeentelijk/regionaal niveau hier (nog) niet voldoende voor is toegerust. De volgende onderwerpen vragen nu landelijke aandacht en ontwikkeling:

- *Structureel betrekken van deelnemers aan Welzijn op Recept*
  Op dit moment zijn patiënten/cliënten/inwoners veelal nog lijdend voorwerp binnen Welzijn op Recept, terwijl het toch om hén gaat. De ervaring in diverse fases van de ontwikkeling van Welzijn op Recept leert dat het ingewikkeld is om Welzijn op Recept-patiënten er actief bij te betrekken op lokaal projectniveau. Vandaar dat het wenselijk is om op landelijk niveau te onderzoeken op welke manier, met welk instrumentarium we de input en bijdrage van Welzijn op Recept-deelnemers structureel kunnen meenemen in het ontwikkelen en borgen van Welzijn op Recept op landelijk en op praktijkniveau. Want Welzijn op Recept blijft in hoge mate een lokaal gebeuren, waarbij de lokale context belangrijk is.
- *Borgen van Welzijn op Recept (uitvoeren zoals bedoeld)*
  Dit boek is een eerste stap op weg naar een duidelijk model van Welzijn op Recept. Landelijk zullen vervolgens instrumenten, voorbeelden en modellen van procesevaluaties, workshops en trainingen, voorbeelden van intervisie, masterclasses et cetera ontwikkeld worden.
- *Financiering van Welzijn op Recept*
  Binnen twee à drie jaar toewerken naar pilots met structurele financieringsvormen voor Welzijn op Recept, waarbij in principe gemeente en zorgverzekeraar samen betrokken zijn. Dit als opmaat naar een structureel financieringsmodel voor Welzijn op Recept.
- *Onderzoek naar effecten en resultaten*
  Komende jaren zal het Landelijk kennisnetwerk met de kennispartners en brancheorganisaties moeten toewerken naar een brede kennis- en onderzoekagenda, zodat nadat Welzijn op Recept geborgd is en uitgevoerd wordt zoals bedoeld ook de effecten en resultaten ervan kunnen worden onderzocht. Dit is noodzakelijk voor het structureel financieren en inbedden van Welzijn op Recept in de dagelijkse praktijk van zorg, welzijn, gemeente en zorgverzekeraar.
- *Landelijke lobby*
  Bovenstaande inhoudelijke ambities kunnen we alleen maar waarmaken als een landelijke lobby voor Welzijn op Recept actief blijft, die gevoed wordt met voorbeelden, succesverhalen en harde cijfers vanuit zowel het lokale praktijkniveau als het stedelijke en regionale niveau.

10.8 Tot slot

Welzijn op Recept is een prachtige interventie die het welbevinden van veel inwoners in Nederland kan verhogen en de hoge druk op de eerstelijnszorg kan beteugelen. Met dit boek willen we daar een bijdrage aan leveren. Wij zullen van onze kant ons steentje blijven bijdragen en wensen alle Welzijn op Recept-professionals en -deelnemers veel succes hiermee.

Bijlagen

Bijlage 1 Landelijke programma's – 144

Bijlage 2a Trajectbeschrijving Leiden – 147

Bijlage 2b Trajectbeschrijving Amsterdam – 148

Bijlage 3a Het 4D(omeinen)-gespreksmodel – 149

Bijlage 3b Motiverende gespreksvoering – 151

Bijlage 3c Oplossingsgerichte gespreksvoering – 152

Bijlage 3D Gespreksinstrument Positieve Gezondheid – 155

Bijlage 4 Concept functieprofiel welzijnscoach – 156

Bijlage 5 Checklijst kernelementen voor het monitoren en evalueren van Welzijn op Recept – 160

Literatuur – 163

Bijlage 1 Landelijke programma's

Welzijn op Recept blijkt naadloos aan te sluiten bij een aantal landelijke programma's. Zij weerspiegelen namelijk de huidige maatschappelijke context met bijbehorende vraagstukken. Het gaat dan om de volgende programma's:
a. Programma 'de Juiste Zorg op de Juiste Plek';
b. Programma 'Langer thuis';
c. Programma 'Eén tegen eenzaamheid'.

Deze programma's zijn ontworpen om een antwoord te kunnen geven op een aantal prangende maatschappelijke vraagstukken.

Het programma 'de Juiste Zorg op de Juiste Plek'

Bij dit programma is in eerste instantie gestart vanuit de ambitie om vooral de tweedelijnszorg te ontzorgen. Dit om de gezondheidszorg toegankelijk te houden en betaalbaar te maken. Voor het toegankelijk houden gaat het om drie essentiële elementen: voorkomen van duurdere zorg, verplaatsen van zorg dichter bij mensen thuis en introduceren van e-health. Dit vergroot, is de gedachte, direct ook de doelmatigheid van de zorg. Ook is er een ontschotting nodig in de zorg, zoals we kunnen concluderen uit het KPMG-rapport dat aan de basis lag voor dit actieprogramma.

Het KPMG-rapport dat de basis heeft gevormd voor de Juiste Zorg op de Juiste Plek (Ikkersheim 2018[1]) laat zien dat een brede, integrale aanpak nodig is om alle doelstellingen van het programma waar te maken. Het rapport geeft inzicht in de complexiteit van de opgave waar we met zijn allen voor staan. Het toont aan dat voor domeinoverstijgende samenwerking vertrouwen nodig is en dat er een gezamenlijke visie op gezondheid aan de samenwerking ten grondslag dient te liggen. Welzijn op Recept past hier als verbinder tussen zorg en welzijn dan wel sociaal domein goed bij.

De initiatieven binnen het programma de Juiste Zorg op de Juiste Plek gaan inmiddels veel verder dan alleen de verplaatsing van zorg uit het ziekenhuis naar de eerstelijnszorg. De interventies breiden zich uit naar alle domeinen en sectoren. Daarbij is het belangrijk om domein- en sectoroverstijgend samen te werken. Voorbeelden laten zien dat de vraagstukken waar we voor staan zich niet louter meer binnen één domein, sector of wet afspelen zoals alleen de zorgverzekeringswet, de Jeugdwet, de WMO et cetera. Maatschappelijke vraagstukken raken meestal allerlei domeinen en sectoren. Zo heeft het programma 'Huiselijk Geweld en Kindermishandeling' raakvlakken met de Jeugdwet, maar ook met de WMO. En een programma als de Juiste Zorg op de Juiste plek heeft zelfs vier verbindingslijnen: de Jeugdwet, de WMO, de WLZ en de ZVW. Doordat Welzijn op Recept in zichzelf al een domein- en sectoroverstijgende opzet kent, kan het de brug slaan tussen de eerstelijnszorg en het sociaal domein.

Cruciaal binnen het programma de Juiste Zorg op de Juiste Plek is dat de huisarts dan wel eerstelijnszorg enerzijds opereert op het kruispunt van patiënt-eerstelijn-tweedelijn en anderzijds functioneert op het kruispunt van inwoners-wonen-welzijn-zorg. Naast de natuurlijke verbinding die de huisarts met het ziekenhuis heeft, is het essentieel dat hij ook aan een open werkrelatie met het sociale domein en de gemeente bouwt.

---

1 Ikkersheim, D., Wittgen, H., Starmans, L., & Vecht, L. (2018). *Juiste zorg op de juiste plek*. KPMG.

Bijlage 1 Landelijke programma's

De Raad voor Volksgezondheid en Samenleving (RVS) publiceerde in maart 2017 het rapport *Recept voor maatschappelijk probleem*. Het rapport geeft de medicalisering van sociaal-maatschappelijke vraagstukken treffend weer. Daarnaast doet de RVS aanbevelingen voor de verandering in denken, die in haar ogen noodzakelijk is, van het puur medisch model naar ook andere benaderingen. Dit rapport vormt daarmee een onderlegger voor de ontwikkelingen die in de interventie van Welzijn op Recept geïncorporeerd zijn.

In het voorwoord van dit rapport schrijft de voorzitter van de raad, Pauline Meurs, het volgende:

> Druk gedrag bij kinderen, onzekerheid onder jongvolwassenen, afnemende vruchtbaarheid, overbelasting in het spitsuur van het leven, functievermindering met het ouder worden. Iedere levensfase gaat gepaard met verschijnselen die kunnen leiden tot vragen, ongemakken en problemen. Het valt de Raad voor Volksgezondheid en Samenleving (RVS) op dat verschijnselen die te maken hebben met een bepaalde levensfase haast automatisch worden geduid als een individueel medisch probleem, en dat de oplossing vervolgens bij een zorgprofessional wordt gezocht. Maar horen deze vraagstukken wel thuis op het bordje van een zorgprofessional? Dit is de kwestie die wij in dit advies centraal stellen. Een zorgprofessional om advies vragen is in onze maatschappij een legitieme, gebruikelijke en begrijpelijke route. Maar als de maatschappij het probleem is, dan is een recept niet de oplossing.

Dit rapport is een passende opvolger van het eerdere rapport van de toenmalige RVS *Zorg voor je gezondheid!* Daaruit blijkt dat een denkomslag in de huisartsenpraktijk steeds noodzakelijker wordt. De RVS constateert dat er bij zorgprofessionals al een voorzichtige verschuiving optreedt van het strikt handelen vanuit een medisch perspectief naar het zoeken naar mogelijk andere benaderingen. Dan gaat het bijvoorbeeld om de vraag hoe we als maatschappij dienen om te gaan met 'levensfasevraagstukken', zoals de opstellers van het rapport ze treffend noemen.

De RVS onderscheidt drie oplossingsrichtingen, waarmee zij haar visie praktisch maakt:
1. *Investeer in realistische verwachtingen van de verschillende fasen in het leven*
   Bij het gesprek in het publieke domein over de verwachtingen per levensfase spelen onder meer schrijvers, documentairemakers, kunstenaars, ervaringsdeskundigen, onderwijzers, schoolartsen, werkgevers en bedrijfsartsen een belangrijke rol.
2. *Verminder de aantrekkingskracht van een puur medisch-professioneel loket*
   De wijze waarop het zorgdomein is ingericht draagt bij aan medicalisering. Financiering van zorg is gericht en ingericht op het verrichten van medische handelingen. Er ligt een rol voor het ministerie van Volksgezondheid Welzijn en Sport (VWS) om samen met de zorgverzekeraars de eenzijdige prikkels die hiervan uitgaan weg te nemen.
3. *Versterk andere benaderingen*
   De wereld bestaat niet enkel uit patiënten en zorgprofessionals. Er zijn allerlei andere actoren die kunnen bijdragen aan gezond leven en verbeterd welzijn. Het is een opgave om deze andere benaderingen scherp in beeld te krijgen. Want als de maatschappij het probleem is, dan is een medisch recept niet de oplossing. Denk bij deze andere benaderingen bijvoorbeeld aan het uitschrijven van recepten voor andere zaken dan medicijnen, zoals Welzijn op Recept en Bewegen op Recept.

Al met al is het volgens dit rapport van belang dat er geïnvesteerd gaat worden in onderzoek naar de risico's van het medicaliseren. Het is daarnaast, aldus de RVS, zaak om kennis te genereren over andere routes naar gezondheid en welzijn dan de traditionele medische benadering.

Het programma 'Langer thuis'

Het programma 'Langer Thuis' is op 18 juni 2018 gelanceerd als een van de onderdelen van het zogenaamde Pact voor de ouderenzorg. In dit programma werkt het ministerie van Volksgezondheid, Welzijn en Sport (VWS) met alle relevante maatschappelijke partijen[2] samen aan één verbindend doel: zorg dat ouderen in hun eigen vertrouwde omgeving zelfstandig oud kunnen worden met een goede kwaliteit van leven. Hierbij benoemt het ministerie drie actielijnen:
1. ondersteuning en zorg thuis;
2. mantelzorgers en vrijwilligers in zorg en welzijn;
3. wonen.

Het eerdergenoemde programma de Juiste Zorg op de Juiste Plek wordt hierbij als gedachtegoed gehanteerd, evenals de uitgangspunten van het programma Eén tegen eenzaamheid.
Cruciaal is dat mensen in de levensloop op belangrijke kantelmomenten naar de juiste zorg op de juiste plek geleid worden en niet vast komen te zitten in het medisch (ziekte)model. Behoud van positieve gezondheid en veerkracht is hierbij essentieel.

Het programma 'Eén tegen eenzaamheid'

Een ander groot maatschappelijk vraagstuk is eenzaamheid. In het VWS-rapport dat behoort bij het actieprogramma 'Eén tegen Eenzaamheid' (VWS 2018[3]) staat dat eenzaamheid een urgent, groot en complex probleem is. VWS wil hier, via een apart en verticaal programma, extra aandacht aan besteden. Wat opvalt is dat dit rapport zich hoofdzakelijk richt op de groep mensen in de leeftijdscategorie 75+. Dit terwijl de ervaring leert dat eenzaamheid onder alle leeftijden voorkomt. In het rapport staat verder dat eenzaamheid leidt tot verlies van veerkracht. Daarmee raakt het aan een van de oorzaken van veelvoorkomende psychosociale klachten waarmee mensen naar de huisarts gaan. Met andere woorden: een van de belangrijkste achterliggende problemen voor verwijzing naar het welzijn is eenzaamheid.
Het rapport noemt Welzijn op Recept dan ook als kansrijke interventie in de aanpak tegen eenzaamheid: 'We zorgen ervoor dat Welzijn op Recept landelijk functioneert, waardoor iedere huisarts in iedere gemeente mensen met gevoelens van eenzaamheid kan doorverwijzen naar een gepaste welzijnsactiviteit.'

> **Welzijn op Recept als interventie binnen deze landelijke programma's**
> Belangrijk om te noemen is dat op vrijwel al deze landelijke programma's de interventie Welzijn op Recept naadloos aansluit en daarom een belangrijke rol kan spelen om de doelstellingen uit deze programma's te verwezenlijken. In diverse van deze landelijke programma's wordt Welzijn op Recept ook daadwerkelijk genoemd als concrete interventie.

---

2   VNG/NDSD, ZN, ActiZ, Aedes, LHV, InEen, KNGF, KNMP, PPN, V&VN, Sociaal Werk Nederland, Verenso, Mezzo, NOV, KBO-PCOB, ZorgthuisNL, Patiëntenfederatie, VNO-NCW en MKB-Nederland en BZK.
3   Ministerie van VWS (2018). *Actieprogramma. Een tegen eenzaamheid.* Den Haag: Ministerie van VWS.

Bijlage 2a Trajectbeschrijving Leiden

TRAJECT: PATIËNT >> DEELNEMER WELZIJN OP RECEPT — Leiden

Welzijn op recept — meedoen is gezond!

HUISARTS/POH/ASSISTENT

- **In gesprek** met patiënt: bespreekt oplossing in de vorm van welzijnsinterventies.

- **Schrijft** een welzijnsrecept (de verwijsbrief) indien patiënt interesse heeft. *(toestemming gegevens uitwisselen + vraag naar 06-nr.)*

- **Legt uit** dat patiënt zelf een afspraak kan maken met de welzijnscoach. Geeft mee: ingevulde welzijnsrecept + folder Welzijn op recept.

- **Registreert** episode (Z68) Wor in HIS.

- **Verstuurt** (de gegevens uit het) welzijnsrecept per e-mail met onderwerp "Wor" aan het *algemene* e-mailadres van het Sociaal Wijkteam.

Doelgroep

Mensen die zelf iets willen doen, maar dat niet uit zichzelf doen,

Met *psychosociale klachten* zoals:
- Eenzaamheid, somberheid
- Beperkt netwerk
- Angst, onveilig voelen

Met *lichte psychische problemen* zoals:
- Slaapproblemen, piekeren
- Ongezonde leefstijl
- Belastende omstandigheden
- Psychiatrisch: stabiel en behandeld

Die *frequent* de *huisartspraktijk bezoeken* met:
- Wisselende klachten
- Chronische lichamelijke ziekten
- Onverklaarde klachten

WELZIJNSCOACH:

- **Startgesprek.** (De patiënt neemt zelf contact op of) de welzijnscoach neemt na ontvangst van de e-mail of verwijzing z.s.m. contact op (in ieder geval binnen 2 weken). Als het na tenminste 3 pogingen niet lukt om een afspraak te maken wordt de huisarts hierover geïnformeerd per e-mail.

- **Registreert** als Wor + verwijzer in WIZ.

- **Standaard terugkoppeling aan de huisarts of andere verwijzer:**
  1. Ontvangstbevestiging na ontvangst welzijnsrecept of direct na de eerste afspraak.
  2. a. Bericht zodra de patiënt gaat deelnemen aan een welzijnsarrangement, *of*:
     b. Wanneer duidelijk is dat patiënt *niet* bereikt is / *niet* gaat deelnemen (dit dient ook altijd teruggekoppeld te worden).

 Contactgegevens Welzijnscoaches

SWT **Mors** *naam en email*

SWT **Stevenshof** *naam en email*

SWT **Noord** *naam en email*

SWT **Bos&Gasthuis** *naam en email*

SWT **Merenwijk** *naam en email*

SWT **Roodenburg** *naam en email*

SWT **Binnenstad** *naam en email*

SWT **Boerhaave** *naam en email*

Op www.welzijnopreceptleiden.nl/informatie-voor-professionals vindt u de actuele versie van dit document. Momenteel vermelden we namen en 06 nummers van de welzijnscoaches voor verwijzers)

Versie NL 09-03-2018 © Wor contactpersoon *naam en email* www.welzijnopreceptleiden.nl

Bijlage 2b Trajectbeschrijving Amsterdam

Bijlage 3a Het 4D(omeinen)-gespreksmodel

Huisartsen in Overvecht, een wijk waar veel mensen sinds jaar en dag kampen met complexe problematiek, signaleerden rond 2008 dat zij niet monodisciplinair voor doelgroepen met complexe problemen konden werken. Want niet-medische aspecten interfereerden met de gezondheid(sbeleving) en als deze niet bij de behandeling werden betrokken, bleven de klachten bestaan. Ook worstelden zij ermee hoe zij de patiënt zelf konden bewegen om verantwoordelijkheid te nemen voor zijn gezondheid (Stichting Volte 2015). Om dit vraagstuk aan te pakken, ontwikkelden twee huisartsen van het eerstelijns samenwerkingsverband Stichting Overvecht Gezond het 4Domeinen(4D-)model.

Het 4D-model geeft op een visuele manier inzicht in vier levensgebieden: lichaam, geest, maatschappelijk en sociaal, die allemaal invloed hebben op hoe gezond en gelukkig iemand zich voelt. De persoon zelf staat centraal.

Het 4Domeinenmodel van Volte

Het model wordt gebruikt bij patiënten met complexe problematiek die hun gezondheid als slecht ervaren en problemen hebben in meerdere levensgebieden en om samen met hen te achterhalen wat prioriteit heeft en zo een plan te kunnen maken om te werken aan de belangrijkste problemen.

In een handleiding ontwikkeld door de stichting Volte (Wiersma 2015) wordt vermeld dat het model ingezet kan worden:
1. Als de patiënt komt met vragen waar de zorgverlener geen antwoord op heeft, omdat het niet zijn domein is.

Hier kan het model verhelderend werken om aan de patiënt uit te leggen wat de zorgverlener voor de patiënt kan betekenen en waar hij expertise van anderen moet of kan zoeken. Het 4D-model helpt hier de verwachtingen van de patiënt te managen.

2. Als de patiënt het verband niet lijkt te zien tussen problemen in verschillende levensgebieden en zijn gezondheid.

Aan de hand van het model kan de zorgverlener uitleggen dat verschillende factoren van invloed zijn op iemands gezondheid. Deze uitleg is dan een vorm van psycho-educatie en vergroot het inzicht van de patiënt.

3. Als de patiënt onvoldoende zorg draagt voor zijn eigen gezondheid.

In het model staat de patiënt in het midden en laat hiermee zien dat iemand ook zelf dingen kan doen of laten om zich beter te gaan voelen.

4. Er geen vooruitgang is; de behandeling of begeleiding stagneert.

Door alle vier de domeinen na te lopen kan meer zicht verkregen worden op alle factoren die spelen, alle domeinen. Hiermee wordt inzicht verkregen in mogelijke andere problemen die de oorzaak zijn van de stagnatie, kunnen prioriteiten worden gesteld en een plan van aanpak gemaakt.

Voor aanvullende informatie zie: ▶ www.stichtingvolte.nl.

Bijlage 3b Motiverende gespreksvoering

Het doel van motiverende gespreksvoering is patiënten zelf in beweging te brengen om hun eigen levenswijze te veranderen. Vaak wordt motiverende gespreksvoering ingezet bij problemen zoals stoppen met roken of verminderen van alcoholgebruik, maar kan ook goed gebruikt worden om mensen letterlijk weer in beweging te krijgen of om weer in contact te komen met andere mensen. De kern van deze benadering is dat mensen gaan inzien dat zij een probleem hebben en zelf gemotiveerd raken om dit aan te pakken.

Een uitgangspunt van deze benadering is dan ook dat bereidheid tot veranderen niet gezien wordt als een vaststaand kenmerk van een patiënt, maar als een resultaat van de interactie tussen zorgverlener en patiënt. Als zorgverlener heb je een bepaald doel voor ogen en ondersteun je de patiënt om alle 'mitsen en maren' van het nastreven van dat doel tegen elkaar af te wegen (Dekker en De Kanter 2017[4]). Het gaat erom dat zorgverlener en patiënt samenwerken, waarbij ieder zijn eigen inbreng heeft.

Binnen de motiverende gespreksvoering worden verschillende technieken gebruikt:
- Reflectief luisteren: samenvatten en reflecteren van de eigen woorden van de patiënt is erg belangrijk, hiermee voelt de patiënt zich begrepen. Reflecties gaan over de inhoud van wat een patiënt zegt en onderzoeken de betekenis van de daarbij passende gevoelens.
- Omgaan met weerstand: mensen vinden het vaak lastig om te veranderen, dit roept ambivalente gevoelens op. Ze weten vaak wel wat goed voor hen is. Mensen kunnen vaak wel argumenten bedenken waarom ze zouden moeten veranderen, maar willen dat liever niet op dit moment. Meebewegen met de patiënt is belangrijk zodat deze zijn weerstand kan overwinnen.
- Uitlokken van verandertaal: motiverende gespreksvoering gaat ervan uit dat mensen meer accepteren en eerder handelen wanneer zij iets zelf willen. Belangrijk is dat patiënten zelf argumenten bedenken en aandragen waarom zij wel van gedrag zouden moeten veranderen. Als zorgverlener gaat het erom verandertaal te herkennen. Bij verandertaal gebruiken patiënten woorden als willen, zou moeten, denken en kunnen. Verandertaal ontlok je door aan de patiënt door te vragen waarom hij doet wat hij doet.
- Agenda bepalen en toestemming vragen: door patiënten te vragen wat zij willen bespreken in het gesprek nemen patiënten actief deel aan het proces.

Dekker en De kanter (2017) onderscheiden vijf stappen bij motiverende gespreksvoering:

Stap 1 Vraag toestemming aan de patiënt om over bepaald gedrag met elkaar te praten. Geef geen ongevraagd advies.

Stap 2 De waaromvraag: vraag waarom iemand doet wat hij doet of nalaat wat hij eigenlijk zou moeten doen. Luister empathisch en reflecteer.

Stap 3 Laat de patiënt zijn eigen motivatie een cijfer geven. Een motivatiecijfer roept verandertaal op. Bekijk samen wat kan helpen om de motivatie te verhogen.

Stap 4 Vertrouwen in de gedragsverandering: samen vaststellen hoe groot het vertrouwen van de patiënt is dat hij zijn gedrag ook daadwerkelijk zou kunnen veranderen, mocht hij daartoe besluiten.

Stap 5 De wanneervraag: vraag wanneer de patiënt wil beginnen met zijn gedragsverandering.

---

4 Dekker, P., & De Kanter, W. (2017). *Motiveren kun je leren. gidsen naar gezond gedrag, het handboek voor hulpverleners.* Amsterdam: Thoeris.

Bijlage 3c Oplossingsgerichte gespreksvoering

Oplossingsgerichte gespreksvoering is gericht op het stellen van positieve doelen en om erachter te komen wat werkt om die doelen te behalen. Zij richt zich niet op een diagnose of probleem, maar op de oplossing. Wat iemand wel wil, wat iemand wel kan, dat zijn de uitgangspunten van deze benadering. Naast dat zij oplossingsgericht is, richt zij zich ook op de toekomst en niet op het verleden.

Oplossingsgerichte gespreksvoering heeft twee kernactiviteiten: duidelijk geformuleerde doelen ontwikkelen binnen het referentiekader van de cliënt en oplossingen gebaseerd op uitzonderingen ontwikkelen. Met uitzonderingen worden momenten in het leven van de cliënt bedoeld, waarin de problemen niet voorkwamen. Oplossingsgericht praten is praten over wat de cliënten willen dat er anders gaat in hun leven.

Er zijn enkele verschillen in de fasen van probleemoplossend werken en oplossingsgericht werken. Bij het construeren van oplossingen is de eerste fase het probleem beschrijven. Er wordt minder tijd besteed aan het uitdiepen van het probleem dan bij de probleemoplossende benadering. De tweede fase is het ontwikkelen van duidelijk geformuleerde doelen. De professional en de cliënt werken hierin samen om te ontdekken wat de cliënt zou willen veranderen in zijn leven en wat het uiteindelijke resultaat zou moeten zijn. Gestart kan worden met de vier oplossingsgerichte basisvragen. Daarnaast kan, om de wensen van de cliënt te ontdekken, ook gebruikgemaakt worden van de wondervraag (zie uitleg basisvragen en wondervraag verderop). Daarna is het tijd om de uitzonderingen te exploreren; op welke momenten waren er geen problemen in het leven van de cliënt en hoe komt het dat het toen zo was. De vierde fase is feedback geven en krijgen aan het eind van het gesprek. In de laatste fase draait het om de evaluatie van de vooruitgang van de cliënt, hier wordt bijvoorbeeld gebruikgemaakt van de schaalvraag (zie uitleg verderop).

De laatste fase van het oplossingsgericht werken draait om feedback geven en de evaluatie van de vooruitgang van de cliënt. In een vervolggesprek is het belangrijk dat de dienstverlener zoekt naar uitzonderingen die hebben plaatsgevonden sinds het laatste gesprek. Een methode hiervoor is EARS. Hierbij gaat het om Eliciting (uitzonderingen ontdekken), Amplifying (deze uitzonderingen uitvergroten), Reinforcing (deze uitzonderingen versterken en bekrachtigen) en Start (opnieuw beginnen, wat is er nog meer beter geworden?).

De vier oplossingsgerichte basisvragen

Om een oplossingsgericht gesprek of behandeling te starten zijn de volgende vier basisvragen voldoende:
1. Waar hoopt u op?
2. Welk verschil zal dat maken?
3. Wat werkt?
4. Wat zal een volgend teken van vooruitgang zijn? Of: wat zal uw volgende stap(je) zijn?

Met deze vier basisvragen kan ieder oplossingsgericht gesprek gevoerd worden. Voor meer informatie over het oplossingsgerichte gesprek of behandeling in de eerstelijnszorg is het boek 'Positieve Gezondheidszorg' van Frederike Bannink en Pieter Jansen (2017)[5] aan te raden.

---

5 Bannink, F., & Jansen, P. (2017). *Positieve gezondheidszorg. Oplossingsgericht werken in de huisartsenpraktijk.* Pearson Benelux BV.

De Wondervraag

Belangrijk in het gesprek tussen de professional en de cliënt is het uitvergroten van wensen om tot goed geformuleerde doelen te komen. Volgens De Jong en Berk (2010) hebben goed geformuleerde doelen een aantal kenmerken:
- De doelen moeten van belang zijn voor de cliënt.
- Het moet interactionele termen hebben, er moet dus contact zijn met anderen.
- Het moet situationele kernmerken hebben, dus wat een cliënt anders zou willen in een bepaalde situatie.

Naast dat de doelen goed geformuleerd moeten zijn, is het ook belangrijk om ze realistisch en haalbaar te maken. Ze moeten aansluiten bij de capaciteiten van de cliënt maar ook bij het referentiekader van de cliënt. Om het gesprek over doelen te introduceren kan de dienstverlener gebruikmaken van een wondervraag. Voorbeelden van wondervragen zijn:
 '*Stel dat morgenochtend als je wakker wordt er een wonder is gebeurd. Wat zou dit wonder zijn?*'
 '*Als nu de wereld anders zou zijn en bij elk persoon een wonder zou gebeuren. Wat zou jouw wonder zijn?*'
 '*Als er nu een wonder gebeurt en al je problemen zijn opgelost. Wat zou dan anders zijn in je leven?*'
 Aan de hand van de antwoorden die de cliënt op de wondervraag geeft, kunnen doelen worden opgesteld. De Jong en Berk (2010) geven in hun boek enkele richtlijnen voor het stellen van de wondervraag:
- Als de cliënt terugvalt in probleemgericht praten, vraag dan wat er anders *zal* zijn als er een wonder gebeurt.
- Benadruk dat het een wondervraag is.
- Geef het begin van het oplossingsgerichte proces aan en zeg dat de wondervraag iets unieks is en niet iets alledaags.
- Geef de cliënt tijd om te schakelen van de probleemfocus naar de oplossingsfocus.
- Richt je op de toekomst van de cliënt.

De Schaalvraag

Schaalvragen geven inzicht in complexe situaties en ze leggen belemmerende en stimulerende factoren bloot. In het oplossingsgericht werken zijn ze volgens De Jong en Berk (2010)[6] vooral van toepassing bij zoeken en uitwerken van uitzonderingen. Door hier aandacht aan te besteden, worden cliënten zich bewuster van hun sterke kanten in relatie tot hun doelen. Sjef de Vries (2002)[7] voegt hieraan toe dat schaalvragen cliënten uitnodigen om na te denken over de kleinst mogelijke veranderingen. Schaalvragen geven dus toegang tot de percepties van de cliënt. Ze worden tijdens de eerste ontmoeting met de cliënt vaak voor twee doeleinden gebruikt: om de verandering tussen het moment dat de afspraak voor het gesprek is gemaakt en de eerste ontmoeting in kaart te brengen en om de motivatie en het zelfvertrouwen van de cliënt in te schalen.
 Om een schaalvraag te stellen vraagt de dienstverlener aan de cliënt een vraag te scoren op een schaal van 0 (negatief, ontevreden, zeer onbelangrijk) tot 10 (positief, tevreden, zeer belangrijk). Hierbij is het fijn om een tijdsindicatie te geven. Om de situatie verder te verkennen kan de dienstverlener doorvragen

---

6 De Jong, P., & Berg, I. K. (2010). *De kracht van oplossingen*. Pearson.
7 De Vries, S. (2002). Kortdurende oplossingsgerichte therapie: Helpen met vragen en complimenten. *Maatwerk, 1*(6).

op de redenen waarom de cliënt dat cijfer geeft en waarom niet hoger of lager. Daarnaast geeft dit de mogelijkheid om te bespreken wat de cliënt nodig heeft voor een kleine verbetering. Soms kan het ook nuttig zijn om te vragen waarom het gegeven cijfer niet lager is.

Ook voor de schaalvraag hebben De Jong en Berk (2010) enkele richtlijnen opgezet:
- Vraag hoe uitzonderingen verschillen van problematische situaties.
- Vraag regelmatig naar uitzonderingen.
- Luister aandachtig naar de uitzonderingen.
- Parafraseer en bevestig de successen en sterke kanten van de cliënten die een rol spelen bij de uitzonderingen.

Onderzoek wie een rol spelen en wat diegene doet om een uitzondering te laten gebeuren.

Bijlage 3D Gespreksinstrument Positieve Gezondheid

Het Institute for Positive Health (IPH) heeft een gespreksinstrument ontwikkeld om de beweging rond Positieve Gezondheid te stimuleren, te versterken en te versnellen. Het gespreksinstrument (spinnenweb) is bedoeld om het gesprek over positieve gezondheid in de dagelijkse praktijk te ondersteunen. Het is een gespreksinstrument waarbij je kunt achterhalen op welke domeinen het goed gaat met je cliënt en op welke domeinen het minder goed gaat. Het spinnenweb zorgt dus voor vraagverheldering, met name wat de patiënt zelf belangrijk vindt en wat hij zou willen veranderen.

Het spinnenweb dient als handvat om door te vragen op de zes domeinen verder dan alleen het eigen vakgebied van de huisarts of welzijnscoach. De zes domeinen van het gespreksinstrument zijn: lichaamsfuncties, mentaal welbevinden, zingeving, kwaliteit van leven, meedoen en dagelijks functioneren.

Voor meer informatie zie: ▶ https://iph.nl/.

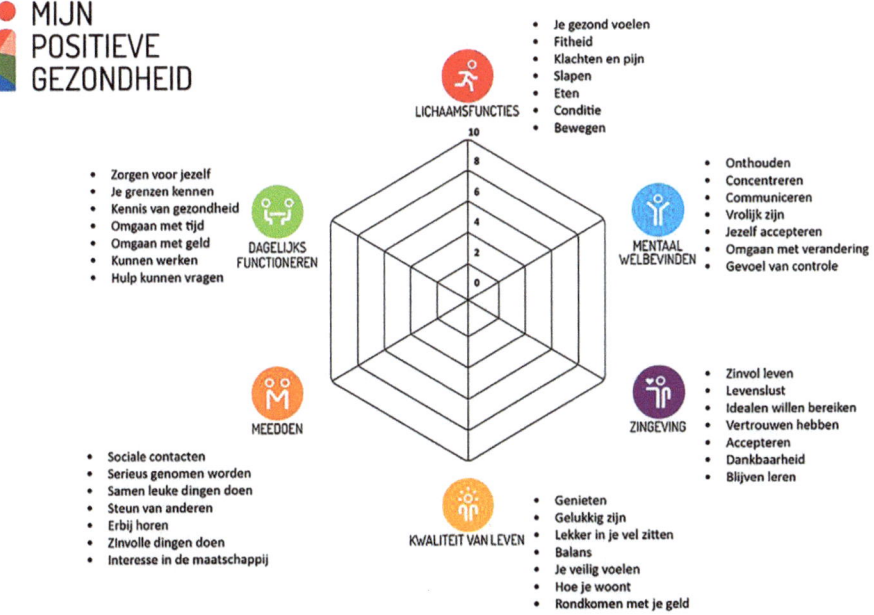

Bijlage 4 Concept functieprofiel welzijnscoach

Inleiding

Dit functieprofiel hebben de auteurs in verschillende sessies met de welzijnscoaches van welzijnsorganisatie MOvactor ontwikkeld. Deze versie is een uitgebreide conceptversie. MOvactor heeft op basis hiervan een kortere versie voor de eigen organisatie gemaakt. Door voor deze eerdere versie te kiezen laten we goed zien wat de verschillende stappen zijn in het proces binnen Welzijn op Recept en de daarbij behorende taken.

Concept functieprofiel welzijnscoach

Algemene kenmerken

De welzijnscoach is een (gedragsdeskundige) professional die zelfstandig werkt aan het versterken van het welbevinden van mensen met een ondersteuningsvraag in het sociale domein. Hij bevordert participatie en stimuleert mensen om stappen te zetten en contacten te leggen en deel te nemen aan activiteiten of aan vrijwilligerswerk. De welzijnscoach heeft kennis van de wijk of het werkgebied om zo beter deze verbinding met de samenleving (vanuit de ondersteuningsvraag) te kunnen maken.

De welzijnscoach biedt kortdurende ondersteuning aan volwassenen met een (al dan niet tijdelijke) kwetsbaarheid op een of meerdere leefdomeinen, waarbij sociale verbinding een antwoord is. De klanten zijn zelf niet in staat om tot een oplossing voor hun situatie te komen of maken niet voldoende gebruik van bestaande voorzieningen. De welzijnscoach werkt vraag- en oplossingsgericht en zoveel mogelijk vanuit eigen regie van de inwoner. Hij ondersteunt de inwoner om de weg te vinden naar de juiste ondersteuning of naar een passende daginvulling. De welzijnscoach coacht de inwoner om zijn eigen vragen en wensen duidelijk te krijgen, helpt de inwoner haalbare doelen te formuleren, stimuleert de inwoner stappen te zetten, monitort de ontwikkelingen en houdt tijdelijk de vinger aan de pols. Voorwaarde voor een traject bij de welzijnscoach is dat de klant bereid is iets aan de eigen situatie te doen. Als de inwoner is gaan participeren en het zelf gestelde doel bereikt is, wordt het contact afgerond.

Context waarin de welzijnscoach opereert: De welzijnscoach is direct toegankelijk voor wijkbewoners van Nieuwegein, maar werkt ook op verwijzing van zorg- en hulpverleners. De welzijnscoach heeft een uitgebreid netwerk in de wijk om inwoners te verbinden aan daginvullingsactiviteiten en vrijwilligerswerk en heeft toegang tot een stedelijk netwerk voor daginvullingsactiviteiten en vrijwilligerswerk.

De welzijnscoach functioneert in een MOvactor wijkteam bestaande uit een sociaal beheerder en jongerenwerker, een functioneel team van welzijnscoaches en werkt daar waar nodig met andere MOvactor-teamleden.

Doel van de functie

Het welbevinden en de zelfredzaamheid van het individu versterken en hiermee de participatie in de wijk en de samenleving bevorderen door informatie en voorlichting te verstrekken en kortdurende begeleiding te geven. Waarbij de nadruk ligt op het inzetten van iemands eigen kracht, vergroten van de eigen regie op het leven en inzet van het eigen of omliggende sociale netwerk vanuit de relatie die er is tussen de persoon en zijn omgeving, de buurt en de samenleving.

Organisatorische positie

- De welzijnscoach ressorteert hiërarchisch onder de leidinggevende van het team welzijnscoaches.
- Het team draagt zorg voor het opdelen van vragen binnen het werkgebied en houdt daarmee rekening met de kwaliteit en competenties in het team.
- De teamleden kunnen elkaar onderling vervangen bij ziekte en afwezigheid.
- Het team organiseert kennisdeling en ontwikkeling binnen het team.
- De welzijnscoach neemt deel aan overleggen, volgens matrix x.
- De welzijnscoach werkt nauw samen met de sociaal beheerder bij het beantwoorden van de participatievraag en bij het versterken van initiatieven in de buurt.
- De welzijnscoach werkt nauw samen met andere sociaal-professionals binnen de organisatie.
- De welzijnscoach werkt samen met informele en formele partners binnen de zorg en het sociale domein.

Resultaatgebieden

De welzijnscoach verricht de taken, heeft de bevoegdheden en draagt de verantwoordelijkheden vermeld bij de hierna onderscheiden resultaatgebieden.

1. *Contact leggen met en ondersteunen van klanten met een individuele ondersteuningsvraag*

Resultaat: Contact is gelegd en de ondersteuningsvraag is duidelijk. Er is duidelijkheid over het traject dat wordt aangegaan en de af te spreken acties. Er is een koppeling gemaakt tussen de vraag en een antwoord uit het sociale netwerk van de klant of diens buurt.

Kerntaken:
- contact leggen en een vertrouwensrelatie opbouwen met de klant;
- oriënteren juistheid doorverwijzing;
- vraag verhelderen: signaleren, inventariseren en onderzoeken;
- sterke kanten, kwaliteiten en mogelijke belemmeringen of drempels van de klant inventariseren en in beeld brengen;
- aansluitend bij de wensen en behoeften van de klant oplossingsmogelijkheden formuleren binnen de mogelijkheden die er zijn binnen het eigen sociale netwerk van de klant en in diens buurt;
- voorlichting, informatie en advies geven over activiteiten, (vrijwilligers)werk, maatjes, wonen, financiën et cetera;
- samen met de klant haalbare acties afspreken;
- stimuleren om (opnieuw) een verbinding te maken met de buurt en de samenleving;
- stimuleren dat de klant het netwerk vergroot;
- zicht houden op het verloop van het participatieproces;
- met de klant evalueren hoe het ondersteuningsproces verloopt.

Afgeleide taken:
- stemt af met verwijzer en aanbieder activiteit over het ondersteuningstraject of coördineert dat;
- schakelt andere expertise in waar nodig;
- koppelt overeenkomstige individuele vragen aan elkaar om zo de mogelijkheid te creëren tot nieuwe initiatieven in de wijk;

- verwijst door bij praktische ondersteuningsvragen naar relevante aanbieders;
- registreert gesprekken met klanten en verwijzers;
- schrijft verslagen van gesprekken met klanten.

2. *Dienstverlening borgen en optimaliseren*
Resultaat: Verwijsvragen bereiken de welzijnscoach. De klant van de welzijnscoach is op de hoogte van de dienstverlening. Andere signalen uit de klantengroep en van verwijzers worden opgevangen en in kaart gebracht. De welzijnscoach kent de verwijzers, samenwerkingspartners en de welzijnscoach is op de hoogte van initiatieven, activiteiten en dienstverlening die aansluiten op de ondersteuningsvragen van de klant. Zodanig dat de organisatie kan inspelen op de maatschappelijke ontwikkelingen.
Kerntaken:
- werkt samen met interne en externe, formele en informele partners en netwerken;
- stemt af en koppelt terug naar verwijzers over de genomen acties bij de ondersteuningsvraag;
- is proactief in op de hoogte blijven van initiatieven, activiteiten en diensten in buurt en samenleving;
- signaleert knelpunten die niet in het werkveld opgelost kunnen worden en stuurt die terug naar het management;
- is zichtbaar en aanwezig voor mensen in de wijk zodat zij weten waarvoor en waarom zij bij hen terecht kunnen met ondersteuningsvragen;
- levert een bijdrage aan de maatschappelijke profilering en legitimering van de functie;
- neemt deel aan overleg, participeert in werk- en klankbordgroepen en levert een bijdrage aan het beleid;
- geeft desgevraagd projecten en activiteiten vorm;
- denkt actief mee over de verbetering van de dienstverlening.

Afgeleide taken:
- draagt bij aan externe publicatie-uitingen over de dienstverlening;
- neemt deel aan de gebruikelijke werkoverleggen;
- neemt deel aan intervisie en supervisie ter versterking van het professioneel handelen;
- begeleidt vrijwilligers of stagiaires.

3. *Benaderen van potentiële klanten naar aanleiding van een signaal in de buurt of samenleving*
Resultaat: Signalen zijn opgevangen, zodanig dat op basis hiervan wensen, behoeften, problemen en hulpvragen van potentiële klanten van de welzijnscoach in kaart zijn gebracht en adresseert deze bij een relevante partij.
Kerntaken:
- haalt vragen en signalen op uit de samenleving, inventariseert, onderzoekt en adresseert deze;
- op basis van een signaal actief benaderen van potentiële klanten.

Kennis
- HBO-werk- en denkniveau;
- kennis van de sociale kaart en het zorgnetwerk;
- kennis van informele en professionele netwerken;
- kennis van algemene gesprekstechnieken;
- kennis van en kunnen toepassen van specifieke gesprekstechnieken die ondersteunend zijn aan het individuele ondersteuningstraject;
- kennis van en kunnen toepassen van instrumenten die ingezet kunnen worden ter ondersteuning van gesprekstechnieken en vraagverheldering;

- kennis van en inzicht in de doelgroep in samenhang met ontwikkelingen in de maatschappij;
- kennis van maatschappelijke ontwikkelingen en problematiek;
- kennis van maatschappelijke vraagstukken in het werkgebied.

Competenties

- klantgerichtheid en een dienstverlenende instelling;
- analytisch vermogen om de vraag en de behoeften te vertalen naar de verbinding met de buurt of samenleving;
- gespreksvaardigheden;
- sociale vaardigheden om een vertrouwensrelatie en een samenwerkingsrelatie op te bouwen en de klanten te motiveren en te stimuleren;
- vaardigheden om iemand in beweging te krijgen om vanuit eigen motivatie te werken aan eigen welbevinden en participatie;
- zelfreflectie ten aanzien van eigen professioneel handelen;
- samenwerkingsvaardigheden;
- sensitiviteit ten aanzien van opvangen van signalen in de buurt of samenleving;
- proactief handelen.

Bijlage 5 Checklijst kernelementen voor het monitoren en evalueren van Welzijn op Recept

BIJLAGE
CHECKLIJST KERNELEMENTEN
voor het monitoren en evalueren
van Welzijn op Recept

UITGANGSPUNTEN

- Visie van Welzijn op Recept wordt onderschreven door alle samenwerkingspartners.
- Er is een gezamenlijk doel ten aanzien van Welzijn op Recept geformuleerd.

PROCESMATEN

ZORGVERLENER

- Interactie zorgverlener-patiënt ☐
  Bieden van ondersteuning bij het maken van alternatieve keuzes op basis van persoonsgerichte zorg.
- Motivatie patiënt ☐
  Patiënt is bereid om met welzijnscoach het gepsrek te voeren.
- Verwijzing ☐
  Op basis van criteria Welzijn op Recept.

WELZIJNSCOACH

- Juiste verwijzing ☐
  Welzijnscoach gaat na of verwijzing aan de criteria van Welzijn op Recept voldoet.
- Interactie welzijnscoach – cliënt ☐
  Werken aan een vertrouwensrelatie.
- Interactie welzijnscoach – cliënt ☐
  Ondersteunen van mensen bij het maken van keuzes waarbij sociale verbinding een antwoord is.
- Follow-up ☐
  Na het intakegesprek plannen van vervolgafspraken op basis van behoefte cliënt.
- Nazorg ☐
  Welzijnscoach plant een afspraak met de cliënt nadat deze is gaan deelnemen.

ACTIVITEITENBEGELEIDER/VRIJWILLIGER

- Interactie deelnemer-begeleider/vrijwilligers activiteit ☐
  Een warm welkom bieden en aandacht en steun geven om deel te nemen en contacten te leggen.
- Juiste match ☐
  Activiteit en groep past bij behoefte en mogelijkheden deelnemer.

RANDVOORWAARDEN

WELZIJNSCOACH IS AANJAGER VAN DE SAMENWERKING

- Welzijnscoach koppelt terug naar zorg. ☐
- Welzijnscoach informeert bij activiteiten begeleider. ☐
- Welzijnscoach heeft werkafspraken met de eerstelijn. ☐
- Welzijnscoach heeft afspraken met activiteiten begeleider. ☐

(IN)FORMEEL OVERLEG

- Zorg en welzijn ontmoeten elkaar informeel. ☐
- Zorg en welzijn ontmoeten elkaar op structureel overleg. ☐
- Resultaten over verwijzen en terugkoppelen worden gedeeld. ☐
- Casuïstiek wordt gedeeld. ☐
- Succesverhalen worden gedeeld. ☐
- 2x per jaar vindt feedback plaats. ☐

VAKMANSCHAP

- Zorgverleners hebben kennis over de doelgroep voor Welzijn op Recept. ☐
- Zorgverleners hebben kennis van de verwijsprocedure. ☐
- Zorgverleners en welzijnscoaches hebben gespreksvaardigheden om het gesprek over Welzijn op Recept te voeren. ☐
- Zorgverleners en welzijnscoaches hebben samenwerkingsvaardigheden. ☐
- Aanwezigheid (online) sociale kaart. ☐
- Activiteitenbegeleiders zijn in staat de doelgroep van Welzijn op Recept te ondersteunen. ☐

ORGANISATIE VAN WELZIJN OP RECEPT

- Projectleider
  Er is een centrale gemeentelijke of regionale projectleider.
- Werkplan
  In een werkplan staan de plannen, afspraken, taken en rollen beschreven.
- Eigenaarschap
  Iedere deelnemende organisatie heeft een kartrekker/regisseur benoemd die binnen zijn organisatie Welzijn op Recept op de agenda houdt.

MONITOREN EN EVALUEREN

- Er wordt regelmatig gemonitord met een basisset van gegevens.
- Er wordt regelmatig met elkaar geëvalueerd.
- Er wordt voor alle professionals regelmatig inzicht gegeven in de resultaten.
- Ervaring van patiënten/cliënten wordt betrokken bij Welzijn op Recept.

COMMUNICATIE

- Voortgang van Welzijn op Recept en de succesverhalen worden naar alle samenwerkingspartners gecommuniceerd.
- Informatie over Welzijn op Recept wordt gecommuniceerd naar inwoners.

FINANCIERING

- Er is voldoende financiering voor formatie welzijnscoach.
- Er is zowel financiering voor cliënt als niet-cliënt gebonden tijd voor welzijnscoach.

MIDDELEN

- Er is tijd voor overleg bij alle deelnemende organisaties ingepland.
- Trainingen over Welzijn op Recept, gespreksvaardigheden en samenwerkingsvaardigheden worden gepland.
- Materialen voor professionals en inwoners zijn beschikbaar.

Literatuur

Annegarn, A. (2016). *Evaluatie welzijn op recept onder huisartsenpraktijken*. Amsterdam: 1ste Lijn Amsterdam.
Becker, U. (2015). *Welzijn op recept, evaluatieverslag, pilot "welzijn op recept gemeente bergen"*. Cuijk: RMC Radius.
Bertotti, M., Frostick, C., Hutt, P., Sohanpal, R., & Carnes, D. (2018). A realist evaluation of social prescribing: An exploration into the context and mechanisms underpinning a pathway linking primary care with the voluntary sector. *Primary Health Care Research & Development, 19*(3), 232–245. ▶ https://doi.org/10.1017/s1463423617000706.
Bickerdike, L., Booth, A., Wilson, P. M., Farley, K., & Wright, K. (2017). Social prescribing: Less rhetoric and more reality. A systematic review of the evidence. *BMJ Open, 7*(4), e013384. ▶ https://doi.org/10.1136/bmjopen-2016-013384.
Bijl, R., Boelhouwer, J., & Wennekers, A. (2017). *De sociale staat van Nederland. 2017*. Den Haag: Sociaal Cultureel Planbureau.
Blickem, C., Kennedy, A., Vassilev, I., Morris, R., Brooks, H., Jariwala, P., et al. (2013). Linking people with long-term health conditions to healthy community activities: Development of Patient-Led Assessment for Network Support (PLANS). *Health Expectations, 16*(3), e48–e59. ▶ https://doi.org/10.1111/hex.12088. Epub 2013 Jun 3.
Boekee, S., & Hoekstra, H. (2018). *Meer tijd voor de patient. Uitkomsten onderzoek*. Enschede/Amsterdam: Newcom Research & Consultancy B.V/LHV.
Bolier, L., Haverman, M., Westerhof, G. J., Riper, H., Smit, F., & Bohlmeijer, E. (2013). Positive psychology interventions: A meta-analysis of randomized controlled studies. *BMC Public Health, 13*(1), 119. ▶ https://doi.org/10.1186/1471-2458-13-119.
Carnes, D., Sohanpal, R., Frostick, C., Hull, S., Mathur, R., Netuveli, G., et al. (2017). The impact of a social prescribing service on patients in primary care: A mixed methods evaluation. *BMC Health Services Research, 17*(1), 835. ▶ https://doi.org/10.1186/s12913-017-2778-y.
CBS (2017, 18-5-2017). Zorguitgaven stijgen in 2016 met 1,8 %. ▶ https://www.cbs.nl/nl-nl/nieuws/2017/20/zorguitgaven-stijgen-in-2016-met-1-8-procent.
Chatterjee, H. J., Camicb, P. M., Lockyerb, B., & Thomsona, L. J. M. (2018). Non-clinical community interventions: A systematised review of social prescribing schemes. *Arts & Health, 10*, 97–123. ▶ https://doi.org/10.1080/17533015.2017.1334002.
Cooke, A., Friedli, L., Coggins, T., Edmonds, N., Michaelson, J., O'Hara, K., et al. (2011). *Mental well-being impact assessment: A toolkit for well-being*. London: the National MWIA Collaborative.
Dayson, C. (2017). Social prescribing 'plus': A new model of asset-based collaborative innovation? *People, Place and Policy, 11*(2), 90–104.
De Beurs, D., Prins, A., & Nielen, M. (2018). *Psychische en sociale problematiek in de huisartsenpraktijk in de periode 2011–2017*. Utrecht: Nivel.
De Lange, M. I., & Chenevert, C. (2009). *Borgen van interventies: Onderhouden en monitoren van de uitvoering*. Utrecht: Nederlands Jeugd Instituut.
Dijkstra, M. (2016). *Tussenevaluatie project welzijn op recept, periode september 2015–juli 2016*. Schiedam: Senioren Welzijn.
Elkhuizen, D. (2016). *Welzijn op recept. Vakmanschap van de welzijnscoach: Gesprekscompetenties en methodieken*. Nieuwegein: MOvactor.
FrankWatching (20 juni 2018). Leer je buren kennen: 9 digitale buurtplatforms vergeleken. ▶ https://www.frankwatching.com/archive/2018/06/20/leer-je-buren-kennen-9-digitale-buurtplatforms-vergeleken/.
Fredrickson, B. L. (2001). The role of positive emotions in positive psychology. The broaden-and-build theory of positive emotions. *The American Psychologist, 56*(3), 218–226.
Fuller, M. (2017). Patient empowerment: A prescription for success. *Trends in Urology and Men's Health*, 32–33.
Gray, C., & Corish, M. (2013). *Developing a social prescribing approach for Bristol*. Bristol: Bristol Health and Wellbeing Board.
Grol, R., & Wensing, M. (2011). *Implementatie. Effectieve verbetering van de patiënten zorg* (5de druk, 2de oplage ed.). Amsterdam: Reed Business Education.
Gruen, R., Elliot, J., & Nolan, M. L. (2008). Sustainability science: An integrated approach for health-programma planning. *Lancet, 372*(9649), 1579–1589.
Hart, W. (2015). *Verdraaide organisaties. Terug naar de bedoeling*. Deventer: Vakmedianet.
Haslam, C., Jetten, J., Cruwys, T., Dingle, G. A., & Haslam, S. A. (2018). *The new psychology of health. unlocking the social cure*. London and New York: Routledge, Taylor and Francis Group.
Heijnders, M., & Meijs, J. J. (2018). *Welzijn op recept. De uitdaging van samenwerken tussen zorg en welzijn*. Nieuwegein: In Zicht/Landelijk Kennisnetwerk Welzijn op Recept.
Heijnders, M. L., Meijs, J. J., & De Groot, C. M. (2015). Welzijn op Recept: een duwtje in de rug bij het weer aangaan van sociale contacten. Kwalitatief deelonderzoek. *Bijblijven, 31*, 926–934.
Hendrix, H., & Konings, J. (2000). *De kracht van het verschil. Samen werken aan gezondheid en welzijn*. Molenhoek: Interakt.
Huber, M., Knottnerus, J. A., Green, L., Van der Horst, H., Jadad, A. R., Kromhout, D., et al. (2011). How should we define health? *BMJ, 343*, d4163. ▶ https://doi.org/10.1136/bmj.d4163.

Husk, K., Lovell, R., Cooper, C., Stahl-Timmins, W., & Garside, R. (2016). Participation in environmental enhancement and conservation activities for health and well-being in adults: A review of quantitative and qualitative evidence. *Cochrane Database of Systematic Reviews*, (5). ▶ https://doi.org/10.1002/14651858.cd010351.pub2.

Hutt, P. (2017). Social prescribing: A new medicine? *10*(2), 90–95. ▶ https://doi.org/10.1177/1755738016682266.

Jones, M., Kimberlee, R., Deave, T., & Evans, S. (2013). The role of community centre-based arts, leisure and social activities in promoting adult well-being and healthy lifestyles. *International Journal of Environmental Research and Public Health*, *10*(5), 1948–1962. ▶ https://doi.org/10.3390/ijerph10051948.

Kamphuis, G. (2016). *Project evaluatie WoR*. Apeldoorn: Stimenz Apeldoorn.

Kim, E. S., Nansook, P., Sun, J. K., Smith, J., & Peterson, C. (2014). Life satisfaction and frequency of doctor visits. Doctor visits. *Psychosomatic Medicine*, *76*(1), 1–8.

Kimberlee, R. (2013). *Developing a social prescribing approach for Bristol*. Bristol, UK: Bristol Health & Wellbeing Board.

Kimberlee, R. (2015). What is social prescribing? *Advances in Social Sciences Research Journal*, *2*(1). ▶ https://doi.org/10.14738/assrj.21.808.

Kimberlee, R. (2016). What is the value of social prescribing? *Advances in Social Sciences Research Journal*, *3*(3). ▶ https://doi.org/10.14738/assrj.33.1889.

Kimberlee, R., Ward, R., Jones, M., & Powell, J. (2014). *Proving our value: Measuring the economic impact of wellspring healthy living Centre's social prescribing wellbeing programme for low level mental health issues encountered by GP services*. Bristol: University of the West of England.

Loftus, A. M., McCauley, F., & McCarron, M. O. (2017). Impact of social prescribing on general practice workload and polypharmacy. *Public Health*, *148*, 96–101. ▶ https://doi.org/10.1016/j.puhe.2017.03.010.

Lub, V. (2014). *Kwalitatief evalueren iin het sociale domein. Mogelijkheden en beperkingen*. Amsterdam: Booms Lemma Uitgevers.

Machielse, A. (2011). Sociaal isolement bij ouderen: Een typologie als richtlijn voor effectieve interventies. *Journal of Social Intervention: Theory and Practice*, *20*(4), 40–61.

Magnee, T. (2017). *Mental health care in general practice in the context of a system reform*. Groningen: (PhD), Rijksuniversiteit Groningen.

May, C., Finch, T., Mair, F., Ballini, L., Dowrick, C., Eccles, M., et al. (2007). Understanding the implementation of complex interventions in health care: the normalization process model. *BMC Health Services Research*, *7*, 148. ▶ https://doi.org/10.1186/1472-6963-7-148.

Meije, D., Peterse, A., & Sinnema, H. (2017). *De match tussen bewoner en welzijnsactiviteit*. Utrecht: Trimbosinstituut.

Mercer, S. W., Fitzpatrick, B., Grant, L., Chng, N. R., O'Donnell, C. A., Mackenzie, M., et al. (2017). The Glasgow 'Deep End' Links Worker Study Protocol: A quasi-experimental evaluation of a social prescribing intervention for patients with complex needs in areas of high socioeconomic deprivation. *Journal of Comorbidity*, *7*(1), 1–10. ▶ https://doi.org/10.15256/joc.2017.7.102.

Morton, L., Ferguson, M., & Baty, F. (2015). Improving wellbeing and self-efficacy by social prescription. *Public Health*, *129*(3), 286–289. ▶ https://doi.org/10.1016/j.puhe.2014.12.011.

Mossabir, R., Rebecca, M., Kennedy, A., Blickem, C., & Rogers, A. (2015). A scoping review to understand the effectiveness of linking schemes from healthcare providers to community resources to improve the health and well-being of people with long-term conditions. *Health and Social Care in the community*. ▶ https://doi.org/10.1111/hsc.12176.

Omlo, J., Bool, M., & Rensen, P. (Red.). (2013). *Weten wat werkt. Passend evaluatieonderzoek in het sociale domein*. Amsterdam: Uitgeverij SWP.

Pescheny, J., Randhawa, G., & Pappas, Y. (2018). Patient uptake and adherence to social prescribing: A qualitative study. *BJGP Open*, *2*(3), bjgpopen18X101598. ▶ https://doi.org/10.3399/bjgpopen18x101598.

Polley, M., Bertotti, M., Kimberlee, R., Pilkington, K., & Refsum, C. (2017). *A review of the evidence assessing impact of social prescribing on healthcare demand and cost implications*. London: University of Westminster.

Polley, M., Fleming, J., Anfilogoff, T., Carpenter, A., Kimberlee, R., Bertotti, M., et al. (2018). *Making sense of social prescribing*. London: University of Westminster.

Pomp, M., Velthuijzen, I., Smiesing, J., De Groot, K., & Heijnders, M. (2015). *Effectstudie welzijn op recept. Studie naar zorggebruik, sociale participatie en kosten*. Nieuwegein: Gezondheidscentrum De Roerdomp.

Ranke, S., Van Haren, J., & Groenewoud, S. (2018). *Welzijn op Recept (WOR): Hoe werkt het? Literatuuronderzoek naar de cruciale bestanddelen, hun werking en geschikte methoden voor het meten en monitoren van Welzijn op Recept (WOR)*. Nijmegen: IQ Health Care.

Reijnen, L. (2017a). *Evaluatierapport pilot Welzijn op Recept Zoeterwoude*. Zoeterwoude: GGD Hollands Midden.

Reijnen, L. (2017b). *Evaluatierapport pilot Welzijn op Recept: Mors en Stevenshof*. Zoeterwoude: GGD Hollands Midden.

Rempel, E. S., Wilson, E. N., Durrant, H., & Barnett, J. (2017). Preparing the prescription: A review of the aim and measurement of social referral programmes. *BMJ Open*, *7*(10), e017734. ▶ https://doi.org/10.1136/bmjopen-2017-017734.

Rijcken, R. (2017). *Jaar rapport Welzijn op Recept*. Vianen: Stichting Welzijn Vianen.

Rogers, C. R. (2007). The 'Necessary and sufficient conditions' for facilitating change. *Psychotherapy: Theory, Research, Practice, Training, 44*(3), 240–248.

Rosenberg, E., Lussier, M.-T., Beaudoin, C., Kirmayer, L. J., & Dufort, G. G. (2002). Determinants of the diagnosis of psychological problems by primary care physicians in patients with normal GHQ-28 scores. *General Hospital Psychiatry, 24*(5), 322–327. ▶ https://doi.org/10.1016/S0163-8343(02)00197-4.

Rotteveel, A.-M. (2018). *Productomschrijving welzijn op recept 2018*. Amsterdam: gemeente Amsterdam.

RVS (2017). *Recept voor maatschappelijk probleem. Medicalisering van levensfasen*. Den Haag: Raad voor de Volksgezondheid en Samenleving.

RvZ (2010). *Zorg voor je gezondheid! Gedrag en gezondheid: De nieuwe ordening*. Den Haag: Raad voor de Volksgezondheid en Zorg.

Scheffer, R. D., & Van den Muijsenbergh, M. E. T. C. (2019). Integrale zorg: Ervaringen en opvattingen van huisartsen. *Tijdschrift Gezondheidswetenschappen, 97*(1–2), 48–54.

Scheirer, M. (2005). Is sustainability possible? A review and commentary on empirical studies of program sustainability. *American Journal of Evaluation, 26*(3), 320–347.

Seligman, M. E. P., & Csikszentmihalyi, M. (2000). Positive psychology: An introduction. *American Psychologist, 55*(1), 5–14. ▶ https://doi.org/10.1037/0003-066X.55.1.5.

Sin, N. L., & Lyubomirsky, S. (2009). Enhancing well-being and alleviating depressive symptoms with positive psychology interventions: A practice-friendly meta-analysis. *Journal of Clinical Psychology: In Session, 65*(5), 467–487.

Sinnema, H., Smiesing, J., De Ruiter, M., Vossepoel, L., Bolier, L., Muntingh, A., et al. (2014). *Welzijn op recept; Handleiding voor de ontwikkeling en invoering van het welzijnsrecept*. Utrecht: Trimbosinstituut.

Smeulers, I. (2014). *Eindrapportage welzijn op recept*. Amsterdam: Alliantie Welzijn, AKROS Buurtparticipatie Combiwel.

Smits, F. T., Brouwer, H. J., Ter Riet, G., & Van Weert, H. C. (2009). Epidemiology of frequent attenders: A 3-year historic cohort study comparing attendance, morbidity and prescriptions of one-year and persistent frequent attenders. *BMC Public Health, 9*, 36. ▶ https://doi.org/10.1186/1471-2458-9-36.

Southby, K., & Gamsu, M. (2018). Factors affecting general practice collaboration with voluntary and community sector organisations, *26*(3), e360–e369. ▶ https://doi.org/10.1111/hsc.12538.

Spiers, M., Sprinkhuizen, A., Scholte, M., Hoijtink, M., De Jonge, E., & Van Doorn, L. (2017). *De brede basis van het sociaal werk*. Bussum: Coutinho.

Stichting Farmaceutische Kengetallen (2017). *Data en feiten 2017: Het jaar 2016 in cijfers*. Den Haag: Stichting Farmaceutische Kengetallen.

Stickley, T., & Hui, A. (2012). Social prescribing through arts on prescription in a U.K. city: Participants' perspectives (part 1). *Public Health, 126*(7), 574–579. ▶ https://doi.org/10.1016/j.puhe.2012.04.002.

Taskforce de juiste zorg op de juiste plek (2018). *De juiste zorg op de juiste plek, wie durft?* Den Haag: Ministerie van VWS.

Thio, S., & Van Balkom, A. J. (2009). Effectiveness of antidepressants. Implications of two meta-analyses for clinical practice. *Tijdschrift voor Psychiatrie, 51*(12), 887–891.

Thomson, L. J., Camic, P. M., & Chatterjee, H. J. (2015). *Social prescribing: A Review of Community Referral Schemes* from London: University College London.

Van Arum, S., & Van den Enden, T. (2018). *Sociale (wijk) teams opnieuw uitgelicht. Derde landelijke peiling onder gemeenten*. Utrecht: Movisie.

Van der Horst, A., Van Erp, F., & Van Jong, J. (2011). *Omgevingsscenario's voor gezondheid en zorg. Achtergronddocument*. Den Haag: Cultuteel Planbureau.

Van der Zwet, R., & Van de Maat, J. W. (2016). *Wat werkt bij de aanpak van eenzaamheid*. Utrecht: Movisie.

Van Steekelenburg, E., & Van Dijk, A. (2017). *Welzijn op recept in noordwijk*. Noordwijk: Evaluatie van de pilot.

Vektis (2017). Vektis Intelligence publiceert nieuwe inzichten over zorg in gemeentes. ▶ https://www.vektis.nl/nieuws/Vektis-Intelligence-publiceert-nieuwe-inzichten-over-zorg-in-gemeentes.

Vissers, D. (2015). *Eindrapport welzijn op recept delft*. Delft: Zorgorganisatie Eerste Lijn.

VTV (2018). *Volksgezondheid toekomstverkenning*. ▶ www.vtv2018.nl.

Walburg, J. A. (2008). *Mentaal vermogen. Investeren in geluk*. Amsterdam: Nieuw Amsterdam Uitgevers.

Walters, K., Buszewicz, M., Weich, S., & King, M. (2008). Help-seeking preferences for psychological distress in primary care: Effect of current mental state. *British Journal of General Practice, 58*(555), 694–698. ▶ https://doi.org/10.3399/bjgp08X342174.

Weld, S., Kimberlee, R., Biggs, O., Blackburn, K., Clifford, Z., & Jones, M. (2015). *For all healthy living centre's healthy connections project. Final evaluation report and Social Return on Investment (SROI) Analysis*. Bristol: UWE Bristol.

White, J. M. (2012). *Social prescribing: The perspectives of service users, providers and prescribers*. Glasgow: Glasgow Caledonian University.

Whitelaw, S., Thirlwall, C., Morrison, A., Osborne, J., Tattum, L., & Walker, S. (2017). Developing and implementing a social prescribing initiative in primary care: Insights into the possibility of normalisation and sustainability from a UK case study. *Primary Health Care Research and Development, 18*(2), 112–121. ▶ https://doi.org/10.1017/s1463423616000219.

Wilson, P. M., Boaden, R., & Harvey, G. (2016). Plans to accelerate innovation in health systems are less than IDEAL. *BMJ Quality & Safety, 25*(8), 572. ▶ https://doi.org/10.1136/bmjqs-2015-004605.

Wood, S., Finnis, A., Khan, H., & Ejbye, J. (2016). *At the heart of health realising the value of people and communities.* London: The Health Foundation UK.

Woodall, J., Trigwell, J., Bunyan, A.-M., Raine, G., Eaton, V., Davis, J., et al. (2018). Understanding the effectiveness and mechanisms of a social prescribing service: A mixed method analysis. *BMC Health Services Research, 18*(1), 604. ▶ https://doi.org/10.1186/s12913-018-3437-7.

MIX
Papier aus verantwortungsvollen Quellen
Paper from responsible sources
FSC® C105338

If you have any concerns about our products,
you can contact us on
ProductSafety@springernature.com

In case Publisher is established outside the EU,
the EU authorized representative is:
**Springer Nature Customer Service Center GmbH
Europaplatz 3, 69115 Heidelberg, Germany**

Printed by Libri Plureos GmbH
in Hamburg, Germany